말의 권세를 사용하여 날마다 승리하게 하는 가이드

말의 권세를 사용하라

강요셉 지음

자신의 말 속에 성공과 실패가 들어있다.

말은 자신의 영육의 상태를 알리는 중요한 매게체이다.
성령의 임재하에 권능있는 말을 하는 습관을 들여야 한다.

말에는 태산을 움직이는 권세와 창조력이 있다.

말의 권세를 사용하라.

성령

들어가는 말

말에는 강력한 힘이 있습니다. 말이 인생 흥망의 2/3 이상을 이끌어갈 정도로 중요합니다. 우리 생활의 모든 것이 언어를 기본으로 이루어지기 때문입니다. 언어란 인생이란 배의 키와 같습니다. 인생의 배는 환경이나 능력에 따라 크기가 다르고 속도도 저마다 다릅니다.

그러나 아무리 크고 호화로운 배일지라도 가고자하는 방향을 정하는 것은 오로지 방향키 밖에 없습니다. 말은 바로 배의 키와 같습니다. 내가 하는 말에 따라서 내 삶의 방향이 달라지기 때문입니다.

도박을 잘하는 사람은 도박에 관한 이야기를 많이 하게 되고 사기꾼의 입은 항상 거짓으로 치장되어 있습니다.

링컨은 유명한 게티즈버그 연설을 통해 남북전쟁을 승리로 이끌었고 윈스턴처칠은 연설을 통해 영국 국민들을 공포에서 구해냈습니다. 이처럼 말의 힘은 대단합니다. 당신은 평소 어떤 말, 어떤 언어를, 자주 사용하십니까? 당신이 자주 사용하는 언어가 바로 당신 자신입니다. 이와 같이 말에는 힘이 있습니다. 그 힘은 양면성이 있습니다. 말로 사람을 살릴 수도 있고, 죽일 수도 있기에 양면성이라 합니다.

신약성경 야고보서 3장 2절에 말에 실수가 없는 사람을 참 성숙한 사람이라 하였습니다. "우리가 다 실수가 많으니 만일 말에 실수가 없는 자라면 곧 온전한 사람이라. 능히 온 몸도 굴레 씌우리라" 이 말씀에서 "온전한 사람"이란 성숙한 사람, 곧 사람다운 사람을 일컫습니다. 그리고 3장 9절과 10절에서 이르기를 "이것으로 우리가 주 아버지를 찬송하고 또 이것으로 하나님의 형상대로 지음을 받은 사람을 저주하나니 한 입에서 찬송과 저주가 나오는 도다"하였습니다.

언어분석학에 의하면 어느 사람에 관하여 그 사람이 어떤 사람인지에 대한 판단의 기준은 그 사람의 말이 어떠하냐를 기준으로 삼는다고 했습니다. 그래서 그 사람의 말을 분석하면 그 사람의 됨됨이와 그 사람의 본질을 파악할 수 있다고 주장합니다.

이런 말의 중요성을 부각하여 "말의 권세를 사용하라"는 제목으로 책을 출간하게 되었습니다. 이 책을 통하여 독자 여러분의 인생에 중요한 전환기가 되시기를 소원합니다.

주후 2013년 7월 20일
충만한 교회 성전에서
저자 강요셉목사.

말의 권세 세부목차

들어가는 말 -3

1장 권능의 말을 선포하여 체험한 사례 -7

2장 성공하려면 믿음의 생각과 말을 선포하라. -29

3장 말의 권세를 알고 쓰는 것이 복이다. -44

4장 말의 권세를 삶에서 누리는 비결 -60

5장 창조력 있는 담대한 말을 하는 비결 -78

6장 초자연적인 힘이 있는 말을 하는 법 -94

7장 성령으로 믿음의 말을 선포하라. -114

8장 삶에서 말의 권세를 사용하는 법. -137

9장 영력 있고 창조적인 말을 하는 법 -155

10장 말에 권세를 알고 사용하는 자가 되라 -175

11장 초자연적인 강자다운 말을 하는 법 -192

12장 자신의 말을 분별하는 비결 -211

13장 믿믿음에 어깃장 놓는 말을 찾아내는 법 -229

14장 인생을 성공하게 하는 말을 하는 법 -248

15장 성공적인 삶의 세 가지 조건 -264

16장 말과 의식을 혁명해야 성공한다. -282

17장 적극적인 말과 행동을 하는 법 -303

18장 말의 권세를 바르게 사용하는 법 -321

19장 말로 귀신이 나가고 들어온다. -332

20장 말씀을 믿으면 기적을 체험한다. -349

1장 권능의 말을 선포하여 기적체험

(고전14:8-12)"만일 나팔이 분명하지 못한 소리를 내면 누가 전투를 준비하리요. 이와 같이 너희도 혀로써 알아듣기 쉬운 말을 하지 아니하면 그 말하는 것을 어찌 알리요 이는 허공에다 말하는 것이라. 이같이 세상에 소리의 종류가 많으나 뜻 없는 소리는 없나니, 그러므로 내가 그 소리의 뜻을 알지 못하면 내가 말하는 자에게 외국인이 되고 말하는 자도 내게 외국인이 되리니, 그러므로 너희도 영적인 것을 사모하는 자인즉 교회의 덕을 세우기 위하여 그것이 풍성하기를 구하라."

하나님은 믿음의 말을 하는 성도를 축복하십니다. 저는 말의 중요성을 누구보다도 많이 체험 했습니다. 제가 우울증 환자를 만나면 이렇게 말합니다. 제가 귀하에게 드리고 싶은 질문이 있습니다. 지금 당신의 그 우울증이 치유된다고 생각하십니까? 아니면 치유되어지지 않을 것이라고 믿습니까? 아니면 치유되어질 것을 믿습니까? 아니면 치유되어지지 않을 것이라고 믿습니까? 저는 우울증에 걸린 분께 꼭 질문합니다.

당신은 지금 이 우울증 때문에 정상적인 생활이 안 되고 있는데, 이 정상적인 생활을 못하도록 만드는 이 병이 치유될 수 있겠습니까? 치유가 안 되겠습니까? 물어봅니다. 이때 그 사람의 고백대로 됩니다. 어떤 분은 아예 안 됩니다. 하는 분도 있습니다. 왜 안 된다고 말하는가 하면 지금까지 자신의 우울증을 고치기 위해서 유명하다는 의사들 유명하다는 상담학자들을 다 만나 보았는데 지금까지 치유가 되지 않았다는 것입니다. 그런데 내가 오늘 목사님을 만났다고 치유가 되겠습니까? 목사님! 저는 치유 안 됩니다. 이런 분들도 있었습니다. 저는 깜짝 놀랐습니다. 나는 지금 자기를 도와주려고 왔는데, 그래서 몇 시간을 이야기를 들어 줬는데, 그래서 치유 될 수 있겠는가를 물었더니 안 된다는 거예요. 왜 지금까지 안 됐으니까. 치유가 안 된다는 것입니다. 이런 분은 100% 치유가 되지 않습니다.

그런데 어떤 분은 글쎄요 합니다. 이런 분도 치유가 잘 안됩니다. 이제라도 치유되었으면 좋겠습니다. 이렇게 말하는 분과 치유되었으면 좋겠다고 말씀하시는 분들은 거의 100%가 조금만 도와주면 치유됩니다. 그런데 제가 지금까지 체험한 바로는 보통 자신이 고백한 말 그대로 됩니다. 벌써 안 된다고 생각하고 자신이 마음의 문을 닫고, 그렇게 말을 하면 안 될 가능성이 80%입니다. 자신이 치유 받고 싶은 욕망이 있어서, 자신의 입에서 치유 받고 싶습니다. 나를 도와주세요. 라고 말하는 사람들은 거의 100% 치유됩니다. 제가 사역해 보니 그런 통계가 나오는 것입니다. 그래서 지금 도움을 받는 사람들의 자세가 치유에 있어서 많은 영향을 끼친 다는 것을 알게 되었습니다. 말이 이렇게 중요합니다. 말을 긍정적이고 믿음이 있는 말을 해야 문제도 해결됩니다.

1.긍정의 말을 선포하여 가난을 청산하다.

저는 항상 이렇게 말합니다. 어떤 사람이든지 말을 하는 것을 들어보면 영적인 상태를 알 수가 있다고 말합니다. 그만큼 말이 중요하다는 것입니다. 저는 여러 책에서 간증한 것과 마찬가지로 가난하게 살았습니다. 그러나 목회자가 되어서 어느 정도 가난에서 탈출했다고 자부하고 있습니다. 그것은 믿음의 말을 통하여 그렇게 된 것입니다.

목회자가 되면 금방 가난에서 탈출할 줄 알았는데 그렇지 못했습니다. 저는 낙심하지 아니하고 긍정의 말과 믿음의 말을 선포하므로 하나님의 복을 실제적으로 받은 목사입니다. 필자가 군대에서 명퇴를 하고 나올 때의 솔직한 심정은 우리 식구들 모두 굶어서 죽는 줄만 알았습니다. 아무것도 보이지 않았습니다. 그러나 하나님에게 기도하고 하나님에게만 소망을 두고 하나님이 지시한 일을 하면서 순종하고 성령의 인도를 따라오니 지금은 영육으로 부자가 되었습니다. 시시때때로 있어야 할 것을 아시고 채워주시는 하나님이라는 것을 몸으로 눈으로 체험하게 하십니다. 하나님은 말씀하시고 이루시는 하나님이라는 것을 체험하게 하십니다. 하나님에게 소망을 가지시기를 바랍니다.

저는 교회를 개척하고 전도를 열심히 해도 교회가 부흥되지 않아 부르짖어 기도하다가 앞으로는 영성이다. 21세기는 영성이다. 영성! 영성! 영성! 이라는 하나님을 음성을 듣고 영의 눈을 뜨기 시작하여 영적인 사역에 관심을 가졌습니다. "성령의 불세례를 체험하라"와 "성령의 불로 충만받는 법"이라는 책에서 간증한 바와 같이 성령의 강한 불도 여러번 체험하고, 내적치유도 일년을 받고, 혈통의 대물림을 끊는 세미나도 4번이나 참석하여 받았습니다. 그래서 그때부터 혈통에 대물림되는 마귀의 저주가 있다는 것을 인정하고 사모하고 함께 본격적으로 영적전쟁에 돌입하여 계속 대적기도하며 마귀와 일전을 벌였습니다. 그러면서 제가 혈통의 대물림을 끊는 세미나도 수없이 진행하여 왔습니다. 특히 마귀 저주를 끊는 세미나에 참석하고 우리 친가의 죄악을 회개하고 마귀저주를 끊고 역사하는 악귀를 쫓아내고, 외가에 역사하는 무당의 영들에 의한 우상숭배의 죄악을 회개하고 마귀의 저주의 줄을 끊고 가난으로 저주하던 악귀를 축사했습니다. 그럴 때 마다 수많은 악귀들이 쫓겨 나갔습니다.

한번은 이런 일이 있었습니다. 그때는 성령의 체험도 했을 때이고, 성령치유 사역을 한창 하던 시기입니다. 낮에 사모하고 교회에서 기도하고 있는데 갑자기 성령께서 "너의 목회를 방해하고 가난하게 하는 악귀를 몰아내라."는 감동을 주시는 것입니다. 그래서 제가 "예수 이름으로 명하노니 나의 목회를 방해하고 가난하게 하는 더러운 귀신은 예수 이름으로 명하노니 떠나갈지어다." "예수 이름으로 명하노니 나의 목회를 방해하고 가난하게 하

는 더러운 귀신은 예수 이름으로 명하노니 떠나갈지어다." "예수 이름으로 명하노니 나의 목회를 방해하고 가난하게 하는 더러운 귀신은 예수 이름으로 명하노니 떠나갈지어다."하고 세 번 이상을 명령하면서 올라오라고 명령 했더니 막 하품이 나오기를 한 20번 이상 나오면서 더러운 악한 영들이 떠나가는 것이었습니다. 하품하기를 한참 했더니 이제 아랫배가 뒤틀리고 아프면서 악한 영들이 떠나갔습니다. 교회당 안에서 그렇게 강력한 불의 역사가 일어나고 제가 성도들을 붙잡고 기도하며 악한 영들을 축사하고 사역을 해도 나를 괴롭히고 목회를 방해하고 가난하게 하던 악한 영들이 떠나가지를 않은 것입니다.

그러므로 예수만 믿으면 악한 영은 자동으로 떠나간다는 말은 근거 없이 체험 없이 하는 말입니다. 제가 임상적으로 경험한 바로는 악한 영은 본인이 인정하고 예수 이름으로 대적할 때 떠나가는 것입니다. 인정하지 않고 대적하지 않으면 절대로 떠나가지 않습니다. 우리가 알아야 할 것은 가난하게 하는 것은 하나님의 뜻이 아니라, 가난의 배후에는 가난의 악귀가 있다는 것입니다. 그래서 성령의 임재 가운데 가난의 악한 영을 쫓아내야 하는 것입니다.

교회를 개척하고 영육으로 고생을 많이 했습니다. 특히 물질로 고생을 많이 했습니다. 그러나 저는 반드시 축복을 받는다는 믿음으로 믿음의 말을 선포했습니다. 우리 교회와 가정에 물질 고통을 주고 있는 악한 영은 예수 이름으로 명하노니 떠나갈지어다. 떠나간 곳에 재정축복의 영이 임할지어다. 정말 많은 날을 믿음의 말을 선포하며 기도했습니다. 심지어 찬양도 축복을 받는 찬양을 불렀습니다. 제가 즐겨 부르던 찬양이 "반드시 내가 너를 축복하리라"입니다.

1절→반드시 내가 너를 축복하리라. 반드시 내가 너를 들어 쓰리라. 천지는 변해도 나의 약속은 영원히 변치 않으리. 두려워 말라 강하고 담대하라. 낙심하며 실망치 말라. 낙심하며 실망치 말라 실망치 말라. 네 소원 이루는 날 속히 오리니 내게 영광 돌리리. 영광의 그날이 속히 오리니 내게 찬양하여라.

2절→반드시 내가 너를 축복하리라. 반드시 내가 너를 들어 쓰리라. 세상의 소망이 사라졌어도 온전히 나를 믿으라. 두려워 말라 강하고 담대하라. 인내하며 부르짖으라. 인내하며 부르짖으라. 부르짖으라. 네 소원 이루는 날 속히 오리니 내게 영광 돌리리. 영광의 그 날이 속히 오리니 내게 찬양하여라.

3절→반드시 내가 너를 축복하리라. 반드시 내가 너를 들어 쓰리라. 사단의 역사가 강할지라도 온전히 나를 믿으라. 두려워 말라 강하고 담대하라. 담대하게 전진하여라. 담대하게 전진하여라. 전진하여라. 네 소원 이루는 날 속히 오리니 내게 영광 돌리리. 영광의 그 날이 속히 오리니 내게 찬양하여라. 두려워 말라. 강하고 담대하라. 담대하게 전진하여라. 담대하게 전진하여라. 전진하여라. 네 소원 이루는 날 속히 오리니 내게 영광 돌리리. 영광의 그 날이 속히 오리니 내게 찬양하여라.

찬양을 인도하면서 계속 불렀습니다. 하도 많이 부르니까, 우리 사모하고 아이들이 그만 부르자고 했습니다. 그러나 저는 반드시 축복을 받는다는 믿음을 가지고 축복 송을 불렀습니다. 그 결과 믿음의 말을 선포한 대로 지금 축복을 받고 있습니다.

좌우지간 저는 목회를 방해하고 가난하게 하는 악귀을 쫓아내는 믿음의 말로 영적전쟁을 치루면서 성령치유집회를 하고, 성령 충만한 기도로 성전을 장악하는 활동을 강하게 한 이후부터 서서히 교회의 재정이 풀리고 교회가 부흥하여 교회 뒤에서 칸을 막고 4년이나 거지같이 살던 생활을 접고 아파트도 얻어서 밖으로 나가고, 교회도 서울로 이전하여 지금 목회를 잘하고 있는 것입니다.

그리고 물질도 서서히 풀려서 어려움이 없어지고 필자가 하나님의 진리의 말씀의 비밀이 깨달아지는 만큼씩 영안이 열리고 성령께서 깨닫게 해주시는 죄악들을 회개하여 심령을 정화하여 영적으로 깊어져서 하나님을 기쁘시게 하는 만큼씩 교회도 부흥하고 여러 가지 환경이 눈에 보이게 좋아지고 있는 것입니다.

지금 재정적인 고통을 당하고 계십니까? 마귀와 영적전쟁을 하시기를 바랍니다. 그러면 서서히 재정의 문제가 풀리기 시작할 것입니다. 그러므로 가난의 배후에는 악한 마귀 악귀의 역사가 있습니다. 책을 읽는 분들은 긍정적인 믿음을 가지고 선포하시기를 바랍니다. 그러면 빠르면 일 년 늦으면 삼년이내에 가난의 고통이 물러가고 하나님의 축복이 임하는 것을 체험하게 될 것입니다. 우리 자녀들이 서울로 이전하니 이렇게 이야기 합니다. 우리가 지금 이렇게 된 것은 하나님이 일으킨 기적이라고 간증합니다. 도저히 사람의 힘으로는 벗어날 수 없었던 가난의 환경을 성령의 역사로 바꾸어 하나님은 기적을 일으키는 분이라고 어린아이들이 간증하게 하시는 것입니다.

하나님은 기적의 하나님 이십니다. 그리고 체험하게 하시는 하나님 이십니다. 그런데 그냥 기적을 체험하게 하시는 하나님은 아닙니다. 마음이 치유되어 심령이 하나님의 마음에 합하면 합한 만큼 서서히 여러 가지 환경을 풀어주시는 하나님 이십니다. 하나님의 말씀에 요행이라는 것은 없습니다. 마음과 정성을 드리고 심은 만큼 보답해주시는 하나님이십니다.

2. 권능의 말을 선포하니 가게 수입이 증가

우리교회가 지방에 있을 때 조그마한 중소기업을 하는 성도가 있었습니다. 이 성도가 영적인 것을 알고 순수하여 조그마한 개척 교회에 다닌 것입니다. 이 성도에게 긍정의 말을 선포하는 방법을 알려주었습니다. 방법은 특별한 것이 아니고 영적인 것입니다. 아침마다 공장의 문을 열기 전과 문을 닫을 때 문고리를 잡고 기도하는 것입니다. 성령이여 임하소서. 성령이여~ 우리 공장을 점령하여 주옵소서. 성령님! 우리 공장을 장악하여 주옵소서. 영광의 하나님 은혜를 주셔서 공장을 주시고 사업을 하게 인도 하시니 감사합니다. 우리 공장이 하나님의 나라 확장에 크게 쓰임을 받도록 인도하여 주옵소서. 우리 공장을 통하여 하나님의 영광이 나타나게 하옵소서. 천군 천사를 통원하여 둘러서 진을 치고 보호하게 하시고. 우리 공장의 거래처가 날마다 늘어나게 하옵소서. 우리 공장을 통하여 하나님이 영광을 받으시옵소서. 내가 나사렛 예수 이름으로 명하노니 우리 공장에 역사하는 흑암의 권세는 물러갈지어다. 우리 공장에 역사하는 흑암은 떠나갈지어다. 천사들아 공장 앞에 둘러 진을 칠지어다. 손님들을 많이 모시고 올지어다. 거래처가 날마다 늘어나도록 도울지어다. 수입이 달마다 늘어나도록 도울지어다. 이렇게 날마다 대적 기도를 하라고 했습니다. 그리고 아침에 공장을 가동하기 전에 전 직원을 모아놓고 간단하게 예배를 드리고 일을 시작하도록 알려주었습니다. 이분이 순종을 했습니다. 믿음의 말을 선포한 대로 정말로 거래처가 늘어났습니다. 거래처가 늘어나니 매출이 늘어났습니다. 항상 지난달보다 이번 달의 수입이 늘어나는 것입니다. 믿음의 말을 선포한대로 역사가 일어난 것입니다. 어느 달은 배로 수입이 늘어나기도 했습니다. 하나님에게 십일조를 빠짐없이 드렸습니다. IMF 시절이라 다른 모든 공장이 어려워도 어려움을 몰랐습니다. 하나님이 믿음을 보시고 역사하신 것입니다. 이렇게 믿음으로 하는 선포기도는 기적을 체험하게 하십니다. 성령의 임재 하에 담대하게 선포하시기를 바랍니다. 그러면 눈에 보이는 가시적인 현상이 일어날 것입니다. 여기에는 아주 중요한 영적인 원리가 있습니다. 공장을 성령의 권능으로 장악하게 했다는 것입니다. 아침, 저녁으로 공장 문을 잡고 대적하며 선포하며 기도를 했습니다. 날마다 업무 시작 전에 예배를 드렸습니다. 이 모든 것이 성령께서 공장 지역과 장소를 장악하도록 하는 적극적인 영적인 활동 이었다는 것입니다. 사업장이든지, 공장이든지, 교회이든지, 성령이 장악을 해야 성장하는 것입니다. 우리 모두 성령으로 충만한 상태에서 영적으로 사고합시다. 이렇게 하면 누구든지 하나님의 기적적인 역사를 체험하게 될 것입니다.

더 많은 축복에 관한 말씀은 "형통의 복을 받는 법"책을 읽고 적용하셔서 아브라함의 축복을 받으시기를 바랍니다.

3. 믿음의 말을 선포하니 결석이 부수어지다.

제가 병원에 능력전도하면서 체험한 바로는 예수를 믿으면서도 자녀나 본인이 질병이 있어 고생하는 사람들을 만나 대화하다보니 신앙생활을 열심히 잘하는 사람이 병들어 입원하는 경우는 드물었습니다. 70% 이상이 믿음 생활을 잘못했다고 대답했습니다. 어느 날 이런 여자 집사를 만나 기도를 해준 적이 있습니다. 읍 정도의 시골에서 살다가 시화로 올라온 여성도인데 대화 하다 보니 이랬습니다. 시골에 있을 때 남편 집사는 남전도 회장을 했고, 여 집사는 여전도 회장을 했답니다. 그런데 가산이 점점 탕진되어 시화까지 올라온 것입니다.

그래서 내가 집사님 그렇게 남편하고 같이 교회 봉사하면서 예수님의 이름으로 했습니까? 아니면 집사님 부부의 얼굴을 드러내면서 했습니까? 하고 질문을 하니 아무런 대답을 하지 못하다가 하는 말이 교만했던 것 같습니다. 겸손하지 못하고… 그래서 지금 믿음생활은 제대로 하고 있습니까? 질문하니 시골에서 그렇게 열심히 했는데도 아무것도 되는 것이 없어서 남편이 시험이 들어서 지금은 교회를 나가지 않는다는 것입니다. 그래서 무슨 병이 있어서 입원을 했느냐고 질문을 하니 간과 쓸개 그리고 신장에 결석이 박혀서 너무 통증이 심해서 일을 못하고 수술을 해서 치유받으러 왔다는 것입니다.

그래서 제가 예수이름으로 기도를 해 드릴까요 했더니 기도를 해달라고 해서 머리와 등에 손을 얹고 성령이여 임하소서. 우리 사랑하는 딸이 하나님의 살아 역사하심과 지금도 변함없이 사랑하고 있다는 것을 체험하게 해달라고 하며, 간구한 후 "예수 이름으로 명하노니 쓸개에 있는 결석과 간에 있는 결석과 신장에 있는 결석은 부수어지고 소변으로 나올 지어다" "예수 이름으로 명하노니 쓸개에 있는 결석과 간에 있는 결석과 신장에 있는 결석은 부수어지고 소변으로 나올 지어다" "예수 이름으로 명하노니 쓸개에 있는 결석과 간에 있는 결석과 신장에 있는 결석은 부수어지고 소변으로 나올 지어다"하고 명령 했더니 기침을 한동안 사정없이 합니다. 기침이 멈춘 다음에 여 집사가 하는 말이 목사님 구멍이란 구멍으로 귀신이 다 나갑니다. 해서 내가 웃었습니다. 수술 하려고 검사 해보니 결석이 하나도 보이지 않아서 삼일 후에 퇴원 했습니다. 그래서 제가 아무리 벌어먹고 살기 힘이 들어도 긍정의 말을 하고 믿음의 말로 선포하며 믿음생활을 하라고 했습니다. 그리고 가까운 교회에 등록하여 열심히 예배생활을 잘하라고 조언하니 이제 열심히 믿겠습니다. 하고 퇴원 했습니다.

4. 담대한 말을 선포하니 고장 난 프린터가 정상 작동

주중에 오셔서 치유를 받으며 은혜를 체험하던 여 집사가 이러는 것입니다. 믿음의 말로 기도하며 선포를 했더니 고장 난 프린터가 작동이 되었다는 것입니다. 자초지종은 이렇습니다. 자신의 아들이 중학교를 다니는데 영어 숙제를 해가지고 프린트 해서 가지고 가야 된다는 것입니다. 프린트를 하려고 하니 전날까지도 멀쩡하던 프린터가 작동이 안 되는 것입니다. 그것도 숙제를 학교 가는 아침까지 했다는 것입니다. 학교가기 20분 전에 숙제를 완료한 것입니다. 이제 아침을 먹고 학교를 가려고 프린터를 작동하니 되지 않는 것입니다. 어머니를 불러서 안 된다고 소리를 지르는 것입니다. 어머니도 당황하여 어떻게 해야 하나 하고 고민을 했습니다. 옆집에 가서 프린트를 해 와야 되나 하고 생각하는 데 갑자기 프린터에게 믿음의 말을 선포하고 명령을 하라는 감동이 오더랍니다. 그래서 프린터 위에 손을 얹고 내가 예수 이름으로 명하노니 프린터는 정상으로 작동이 될지어다. 하고 두 번 명령을 했더니 순간 프린터가 작동되는 것입니다. 조금 전까지 아들이 땀을 뻘뻘 흘리면서 아무리 프린트를 하려고 해도 되지 않았는데 예수 이름으로 선포하고 명령하니 프린터도 예수님의 명령에 작동 되었다는 것입니다. 그래서 출력을 잘 해 가지고 학교에 가서 제출을 했다는 것입니다. 믿음의 말을 선포하고 명령하는 기도는 이렇게 기적을 체험하게 하십니다. 기계가 작동이 안 될때도 창조력이 있는 믿음의 말을 선포합시다.

5. 믿음의 말을 선포하니 위경련이 즉석에서 치유

시화병원에 능력전도를 하러갔습니다. 저는 항상 맨 위층인 5층에서 전도를 시작합니다. 5층은 일인실과 산부인과가 있는 곳입니다. 일 인실을 지나가다 보니 문이 열린 것입니다. 그래서 저 목사입니다. 들어가도 좋습니까? 그랬더니 들어오라는 것입니다. 들어갔더니 사십대 초반의 여성은 딸로서 보호자로 와있고, 60대 중반의 여성은 환자로 누워있었습니다. 자초지종을 물었습니다. 그랬더니 위경련이 와서 15일 동안 물도 넘기지 못하여 입원 했다는 것입니다. 안수를 해달라고 했습니다. 그런데 제가 누누이 이야기하는 것이지만, 선포기도로 질병이 기적적으로 치유가 되려면 성령이 장악을 해야 합니다. 물어보니 배가 아파서 15일 동안 기도를 못했다는 것입니다. 제가 환자에게 호흡을 깊게 들이쉬고 내쉬면서 기도하라고 알려주었습니다. 그리고 기도 했습니다. "성령이여 임하소서. 이 집사님을 사로잡아 주옵소서. 예수 이름으로 명하노니 위경련은 치유될 지어다." 하고 기도 했습니다. 아무런 현상이 나타나지 않았습니다. 저는 당황하지 않고 성령의 임재기도를 드렸습니다. 본인에게 호흡을 깊게 들이쉬고 내쉬면서 호흡 기도를 하라고 알려주었습니다. 호흡을 들이쉬면서 "예수님"내쉬면서 "내 병을 치유해주세요"이렇게 기도하라고 하고 병실을 나왔습니다. 하루가 지난 다음에 병실을 찾았습니다. 병실에 들어가 보니 하루 동안 본인이 기도를 하여 상당히 편안해진 것이 눈에 보였습니다. 제가 다리를 구부리고 침대 옆에 앉았습니다. 환자의 손을 위장이 있는 곳에 올리라고 했습니다. 환자의 손위에 제 손을 올렸습니다. 성령의 임재를 요청했습니다. 성령이여 임하소서. 성령이여 사로잡아주옵소서. 본인에게 호흡을 깊게 들이쉬고 내쉬라고 했습니다. 조금 지나니 성령께서 역사하시는 것이 눈에 보였습니다. 그리고 성령께서 감동을 하셨습니다. 믿음의 말을 명령하고 선포하라고 말입니다. "내가 예수님의 이름으로 명하노니 위경련은 풀릴지어다." "내가 예수님의 이름으로 명하노니 위경련은 풀릴지어다." "내가 예수님의 이름으로 명하노니 위경련은 치유될지어다." "예수 이름으로 위경련은 풀릴지어다."하고 명령하니 배가 출렁하는 것입니다. 마치 세숫대야에 물을 담아놓고 비누를 빠뜨릴 때

출렁하는 것과 같이 배가 출렁했습니다. 그 다음 환자가 기침을 사정없이 하는 것입니다. 숨을 제대로 쉬지 못할 정도로 기침을 한 오 분을 하는 것입니다. 저는 더 강하게 하면서 "위경련을 일으키던 악한 영은 모두 떠나가라." "모든 것을 정상으로 돌려놓고 떠나가라"명령 했습니다. 어느덧 기침이 멈추었습니다. 치유하여 주신 하나님 감사합니다. 예수님의 이름으로 기도합니다. 아멘. 한 다음에 딸에게 물을 드려보라고 했습니다. 물을 한 컵을 드렸습니다. 벌컥벌컥 한 컵을 다 마시는 것입니다. 16일 동안 한 모금의 물도 넘기지 못한 위경련이 두 번의 대적기도로 깨끗하게 치유가 되었습니다. 저에게 감사하다고 했습니다. 제가 아닙니다. 하나님이 하신 것입니다. 하나님에게 영광을 돌립니다. 하고 병실을 나왔습니다. 다음날 병실을 찾으니 퇴원을 했습니다. 하나님은 이렇게 병원에서 의사가 고치지 못하는 질병을 순간 기적적으로 치유하십니다.

6. 권능의 말을 선포하여 반신불수를 치유하다.

저는 허리에서부터 얼굴까지 반신불수가 되어 12월 20일부터 4월 25일 충만한 교회에 오기 전까지 반신불수가 되어 거동을 못하며 집안에서 지냈습니다. 그러다가 저의 친한 친구 목사님들이 충만한 교회에 가면 치유 된다는 말을 듣고 차에 실려 충만한 교회 성령치유 집회에 참석하여 은혜를 받았습니다. 그런데 참석한 첫날부터 강한 성령의 불을 받고 온몸이 불덩어리가 되더니 몸이 뒤틀리기 시작 했습니다. 악한 귀신들이 발작을 한 것입니다. 강 목사님이 "예수 이름으로 명하노니 허리를 잡고 있는 더러운 귀신은 떠나가라" 하고 선포기도를 할 때마다 수많은 귀신들이 발작을 하면서 떠나고 소리를 지르면서 떠나갔습니다. 저는 이때까지 내가 허리디스크와 죄골 신경통으로 이렇게 거동을 못하게 되었지, 악한 영의 역사로 이렇게 되었다고는 꿈에도 생각을 하지 않고 병원치료만 하였습니다. 한마디로 영적인 무지한 이었습니다. 성령님의 인도로 충만한 교회에 와서 성령의 불을 받고 아~ 이것이 영적으로 문제가 되어 발생한 것이구나! 체험적으로 인정했습니다. 저는 충만한 교회에 오기 전에 영적인 집회에 참석을 많이 했습니다. 심지어는 미국에 가서 빈야드 집회도 참석 했습니다. 그때도 몸이 뒤틀리고 발작을 했습니다. 거기 있는 사역자들이 성령의 불을 받은 것이라고 했습니다. 저는 성령의 불을 받았기 때문에 저에게 악한 영이 역사한다는 것은 꿈에도 생각 못했습니다. 저의 허리를 아프게 하는 것은 악한 영의 역사라고 인정을 하니 치유되기 시작하다가 며칠 지나니 저 혼자도 걸을 수가 있었습니다. 강 목사님이 안수하며 선포기도를 하면 할수록 몸이 편안해졌습니다. 허리 아픈 것이 점점 없어졌습니다. 그래서 제가 손수 운전을 하면서 열심히 다녔습니다. 그러다가 여러 가지 성령의 은사와 은혜를 체험했습니다. 질병의 배후에도 영적인 세계가 결부되어 있다는 것을 체험적으로 알게 되었습니다. 선포기도의 중요성을 체험적으로 알게 되었습니다. 치유가 되고 능력을 받으니 심령이 읽어지는 지식의 말씀의 은사가 나타나고 안수기도하면 강요셉 목사님 같이 성령의 역사가 강하게 나타납니다. 그래서 다시 목회를 시작하니 교회가 점점 부흥 되었습니다. 몇 개월 다니면서 치유 받으니 이제 몸도 완치가 되었습니다. 남편도 너무나 좋아하는 것이었습니다. 정말 하나님은 못하시는 것이 없으십니다. 특히 선포기도는 기적을 체험하게 합니다. 저를 치유하신 하나님에게 영광을 돌립니다. 그리고 시간시간 선포기도하며 안수하여 주신 목사님에게도 감사를 드립니다. 인천 은혜교회 김목사

7. 믿음의 말을 선포하여 문제를 해결하다.

저는 믿음의 말을 선포하여 문제를 해결합니다. 성령의 임재 하에 믿음의 말을 담대하게 선포하는 것입니다. 제가 사용하는 믿음의 말의 일부를 공개하면 이렇습니다.

물질빈곤: 성령이여 임하소서. 이 가정에 물질고통을 주고 있는 악한 영은 예수 이름으로 명하노니 떠나갈지어다. 떠나간 곳에 재정축복의 영이 임할지어다.

매출을 늘리고 싶다. 성령이여 임하소서, 사업장에 복이 임할지어다. 사업장에 거래처가 늘어날 지어다. 매출이 날마다 늘어날 지어다. 천사들아 이 사업장을 도와 하나님의 영광을 드러낼

지어다. 그리고 믿음의 십일조를 하는 등의 기타 추가적인 조치가 필요합니다.

가게에 손님이 없다. 성령이여 임하소서. 이 사업장에 역사하면서 손님 들어오지 못하게 방해하는 악한 영은 예수 이름으로 명하노니 물러갈지어다. 천사들아 손님들을 많이 모시고 올지어다.

잦은 사고: 성령이여 임하소서. 이 가정에 잦은 사고를 일으키는 악한 영은 예수 이름으로 명하노니 떠나갈지어다. 떠나간 곳에 유화의 영이 임할지어다.

부부불화: 성령이여 임하소서. 이 가정에 부부간에 불화를 일으키는 악한 영은 예수 이름으로 명하노니 떠나갈지어다. 떠나간 곳에 부부 화평의 영이 임할지어다.

자녀문제: 성령이여 임하소서. 이 가정의 자녀들의 문제를 일으키는 악한 영은 예수 이름으로 명하노니 떠나갈지어다. 떠나간 곳에 평안의 영이 임할지어다.

불임: 성령이여 임하소서. 이 부부간에 역사하며 생육하고 번성하는 것을 방해하는 악한 영은 예수 이름으로 명하노니 떠나갈지어다. 태문을 막고 있는 더러운 영은 물러갈지어다. 생육하고 번성하지 못하게 하는 영은 물러갈지어다. 태문이 열리고 잉태의 축복이 임할지어다.

이 믿음의 말을 선포하여 문제를 해결한 사례는 이렇습니다. 빌라를 팔려고 2년 전에 내 놓았는데 팔리지 않은 성도의 치유

예입니다. 평소 친분이 있는 전도사님이 집을 새로 구입해서 심방을 해달라고 부탁 했습니다. 그래서 거절하지 못할 관계라 심방을 갔습니다. 가서 심방을 해드렸습니다. 많은 치유의 역사가 일어났습니다. 가정을 성령으로 충만하게 하고 성령으로 장악을 하는 것을 목적으로 심방을 했습니다. 심방을 끝내고 점심을 대접한다고 하기에 점심을 먹기로 하고 식당에 가서 점심을 먹는데 이왕 여기까지 오셨으니 사정이 있는 집이 있는데 한 가정 심방을 해달라고 했습니다. 그래서 그러자고 하고 그 집을 방문했습니다. 가정 사정을 들어보니 2년 전에 빌라를 팔려고 부동산에 내 놓았는데 지금까지 팔리지 않는다는 것입니다. 한 달 후면 분양받은 아파트에 들어가야 하는데 빌라가 나가야 중도금을 주고 들어갈 수가 있는데 팔리지 않는다는 것입니다. 그래서 예배를 드렸습니다. 성령의 임재를 요청하고 빌라를 팔리지 못하게 하는 요소를 대적기도로 제거하고 속히 나가도록 믿음의 말을 선포기도하고 왔습니다. 그런데 일주일이 지나자 집이 팔린 것입니다. 하나님이 저의 기도를 들어주신 것입니다. 그래서 정확한 시간에 중도금을 지불하고 이사 갈 수가 있었습니다. 집을 내 놓으면 나가야 하는데 나가지 않는 경우에 우리 성도들이 저에게 심방을 요청합니다. 지금까지 이런 경우가 상당히 많습니다. 이런 심방을 가는 것은 상당한 부담이 됩니다. 그러나 성령께서 저의 기도를 들어주셔서 해결하여 주신 다는 믿음을 가지고 가서 심방하고 돌아오면 모두 나갔다고 좋아합니다. 물질의 문제에 봉착한 가정이나 사업장 심방도 많이 다녔습니다. 그때마다 가정과 사업장의 재정문제가 풀렸습니다. 필자가 지금까지 문제 있는 가정이나 사업장에 열 곳을 심방하면 8-9가정이나 사업장은 문제가 풀렸습니다. 이렇게 심방하면 해결되는데 무슨 큰 비결이 있는 것도 아니고, 그저 필자가 지금까지 목회하면서 나름대로 터득한 성령의 인도를 받는 영적 비결을 가지고 심방을 다닙니다. 무엇보다도 사역자와 성령님과 인격적인 관계가 중요합니다. 성령께서 감동하시는 레마를 담대하게 선포합니다. 그리고 사역자나 심방을 받는 성도들이나 모두 하나님이 꼭 해주신다는 믿음이 중요합니다. 능력 심방하는 비결을 간단하게 요약해서 설명한다면 그 가정과 사업장을 성령으로 장악하고 문제에 맞는 말씀을 전하여 믿음을 유발시키고 방해하는 세력을 성령의 역사로 몰아내고 반대 영을 공급하고 천사의 도움을 요청하고, 개인별 안수기도로 성령의 임재를 충만하게 받도록 합니다. 이는 이론으로 배운다고 되는 것이 아니고 사역자가 체험하고 터득해야 된다고 생각 됩니다. 하나님은 축복하시는 하나님 이십니다. 믿음을 가지시고 성령의 능력으로 능력심방을 해서 문제를 해결하시기를 바랍니다.

8. 담대한 선포기도로 귀신을 축사

전북 익산에서 8년 동안 오십견과 어깨 근육통증으로 고생하다가 치유 받은 목사님의 이야기입니다. 이 목사님이 우리교회에 치유의 능력을 받기 위해서 오셨습니다. 하루가 지나고 이틀이 지났습니다. 3일째 되던 날, 내가 오십견이나 근육통으로 고생하는 분이 있으면 앞으로 나오라고 했습니다. 그랬더니 이분이 손을 들고 앞으로 나왔습니다. 나와서 나에게 이렇게 말했습니다.

"목사님 저는 8년 동안 오십견과 어깨 근육통증으로 오른쪽 팔을 사용하지 못합니다." 그래서 내가 "성령께서 이 시간 치유하여 주실 것입니다."그랬더니 이분이 비웃는 것입니다. 8년 동안 이 방법, 저 방법을 다 사용해도 낫지 않았는데 어떻게 금방치유 되냐는 것입니다. 내가 아무 소리도 하지 않고 어디가 아프냐고 하니까, 오른쪽 팔이라는 것입니다. 그래서 내가 어깨에 손을 대니까, "아~"하면서 괴성을 질렀습니다. 아프다는 오른쪽 어깨에 손을 얹고 본인에게 호흡을 들이쉬고 내쉬라고 하면서 성령의 불을 집어넣었습니다. 어느 정도 성령으로 장악이 되었습니다. 원래 오십견이나 근육통은 성령의 불을 집어넣어 성령으로 장악 되면 순간 치유가 됩니다. 그래서 내가 "목과 어깨를 잡고 팔과 연결된 신경과 인대 디스크는 제자리에 들어갈지어다."하고 명령을 했습니다. "오십견과 어깨 근육통증은 치유될지어다." 그러면서 성령의 감동을 받으니 성령께서 어깨를 악한 영이 잡고 누르고 있으니 귀신을 물리치라는 것입니다. 그래서 어깨를 잡아서 "오십견을 일으키는 귀신은 정체를 밝힐 지어다."했더니 기침을 하면서 팔을 막 돌리다가 흔드는 것입니다. 성령께서 역사하시는 것이 눈으로 보였습니다. 그래서 "성령님 더 강하게 역사하여 주옵소서."하면서 계속 불을 집어넣으면서 강하게 역사하여 주실 것을 명령했습니다. 조금 지나니 팔 흔드는 것이 약해지는 것입니다. 성령의 권능에 의하여 오십 견을 일으키는 질병의 영이 제압을 당한 보증입니다. 제가 선포기도를 했습니다. "지금 이렇게 팔을 흔들었던 더러운 질병의 영은 떠나갈지어다."하니까 기침을 사정없이 한 동안 했습니다. 기침이 잠잠해졌습니다. 그래서 목사님에게 팔을 올려보라고 했습니다. 그랬더니 어깨통증이 있어 올리지를 못하겠다는 것입니다. 그래서 내가 어깨에 손을 얹고 "어깨 통증을 일으키는 사기는 예수 이름으로 명하노니 떠나가라."했더니 막 소리를 지르는 것입니다.

　그러면서 기침을 했습니다. 나는 계속 어깨에 손을 얹고 뿌리까지 빠질 지어다. 하면서 명령을 했습니다. 한 5분 동안 기침을 하다가 멈추었습니다. 그래서 목사님에게 팔을 올려보라고 했더니 머리위로 쑥 올리는 것입니다. 통증이 없느냐고 했더니 어깨에 통증이 조금 있다는 것입니다.

　그래서 어깨에 손을 얹고 통증은 완전하게 치유될 지어다. 하고 한참 안수를 하고 팔을 올려보라고 하니 잘도 올리는 것입니다. 8년 동안 고생하던 오십견과 어깨통증이 단 10분 만에 치유된 것입니다. 이렇게 믿음의 말을 통한 선포기도를 통한 축귀는 오십견과 어깨통증도 치유합니다.

2장 성공하려면 믿음의 생각과 말을 선포하라.

(마 12:34-37)"독사의 자식들아 너희는 악하니 어떻게 선한 말을 할 수 있느냐 이는 마음에 가득한 것을 입으로 말함이라. 선한 사람은 그 쌓은 선에서 선한 것을 내고 악한 사람은 그 쌓은 악에서 악한 것을 내느니라. 내가 너희에게 이르노니 사람이 무슨 무익한 말을 하든지 심판 날에 이에 대하여 심문을 받으리니, 네 말로 의롭다 함을 받고 네 말로 정죄함을 받으리라"

하나님은 감사와 긍정의 말을 하는 성도를 축복하신다고 알고 믿고 있습니다. 그래서 저는 항상"감사와 긍정의 말을 하라. 혀의 힘을 기억하라."강조를 많이 합니다. 얼마 전 MBC 다큐에서 '말의 힘'을 테스트한 실험을 방영했습니다. 똑같은 밥을 두 개의 유리병에 담아서 한쪽에는 '고맙습니다'라는 말을 써 놓고, 다른 한쪽에는 '짜증나'라고 써 붙여 놓았습니다.

그리고 사람들이 지날 때마다 한쪽에는 '고마워', '사랑해' 등의 긍정의 말을, 다른 쪽 병에는 '미워', '싫어', '짜증나' 등의 부정의 말을 하게 했습니다. 3주 뒤에 긍정적인 말을 들은 밥은 하얗고 뽀얀 곰팡이가 피며 구수한 누룩 냄새를 풍겼습니다.

반면 부정적인 말을 들은 밥은 썩어서 고약한 냄새가 나며, 푸르고 시커먼 곰팡이가 피어 있었습니다. 이처럼 생명이 없는 밥조차 긍정의 말과 부정의 말을 구분해서 알아듣는데, 하물며 사람은 어떻겠습니까?

우리는 입에서 나오는 말로 인해 우리 인생의 열매를 거두게 될 것입니다. 긍정의 말과 생각을 심어야 한다는 것입니다. 영육의 행복한 삶을 위해서는 날마다 조금씩 영성(예수님의 성품)에 대한 씨앗들을 심어야 합니다. 지금부터 영적인 것들을 꾸준하게 심으면 당장은 아니더라도 반드시 서서히 열매가 나타나게 될 것입니다.

우리의 삶은 심은 대로 거두는데 그 거두는 것의 종류는 뿌린 종류와 같은 열매라는 것입니다. 사랑을 심으면 사랑을 거두게 되고, 악으로 심으면 악으로 거두는 것이 영계의 법칙입니다.

상대를 위하여 평안과 복을 빌어도 그 사람의 영적인 상태가 빌어준 복을 받아들일 수 있는 합당한 그릇이 아니라면 그에게는 그러한 복을 받을 수 없습니다.

왜냐하면 평안, 사랑, 기쁨과 같은 것은 비슷한 종류끼리 서로 모이는 성질이 있기 때문입니다. 평안은 평안끼리, 기쁨은 기쁨끼리, 미움은 미움끼리, 분노는 분노끼리 같이 모이는 성질이 있습니다. 왜냐하면 모든 사물이 유유상종(類類相從)하기 때문입니다.

그렇기 때문에 다른 사람을 미워하고 있는 사람에게는 아무리 평안을 빌어도 평안의 에너지가 그 사람에게 가까이 갈 수가 없는 것입니다. 빌어준 평안은 상대방에게 가지 않고 그 축복을 빈 사람에게 다시 돌아오게 된다는 것입니다.

내가 심지 않은 것이 내게로 돌아오는 일은 없습니다. 우리가 어떤 아픔을 겪는 것은 우리가 과거에 상대방에게 비슷한 종류의 아픔을 주었을 가능성이 많기 때문에 자신을 돌아보고 회개하는 것이 좋습니다. 우리는 직접 겪어보지 않고는 그것이 상대방에게 얼마나 고통이 되었는지를 잘 알 수 없기 때문에 주님은 똑같은 경험을 시켜 깨닫게 해주십니다.

남을 해롭게 하거나 상처를 주는 사람은 결국 자기 자신을 괴롭게 하는 것이고, 남을 섬기고 행복하게 하는 사람은 결국 자신을 행복하게 하는 것입니다.

우리가 하나님으로부터 복을 받기 위해서는 먼저 생각과 말부터 바꾸어야 합니다. 무하마드 알리는 "나비처럼 날아서 벌처럼 쏜다." "소련 전차처럼 쳐들어갔다가 프랑스 미꾸라지처럼 빠져 나오겠다." "일본군의 진주만 기습같이 하겠다." 수많은 승리의 월계관을 받은 그는 후에 이런 말을 했습니다. "나의 승리의 반은 주먹이었고, 반은 말에 있었다." 이처럼 우리가 내뱉는 말에는 놀라운 힘이 숨겨져 있습니다. 말에는 다음 세 가지의 힘이 있다고 합니다.

첫째, 각인력이 있습니다. 어느 대뇌학자는 뇌세포의 98%가 말의 지배를 받는다고 발표한 적이 있습니다. 프랑스의 약사였던 에밀 쿠에는 환자들에게 다음과 같이 반복해서 말하라고 권했습니다. "나는 매일 모든 면에서 점점 더 나아지고 있다." 그는 이 요법을 통해 수많은 사람들의 몸과 마음을 치료했습니다.

둘째, 견인력이 있습니다. 말은 행동을 유발하는 힘이 있습니다. 말하면 뇌에 박히고, 뇌는 척추를 지배하고, 척추는 행동을 지배하기 때문에, 내가 말하는 것이 뇌에 전달되어 내 행동을 이끌게 되는 것입니다. '할 수 있다'라고 말하면 할 수 있게 되고, '할 수 없다'라고 말하면 할 수 없게 되는 것입니다. 그래서 언행일치라고 합니다. 그러므로 항상 적극적이고 긍정적인 말을 해야 합니다.

셋째, 성취력이 있습니다. 말은 견인력을 넘어 성취력이 있습니다. 가수들은 노래 한 곡을 취입하기 위하여 수천 번의 연습을 한다고 합니다. 그래서 대부분의 가수들은 그들이 부른 노래와 같이 인생을 살게 된다고 합니다. "쨍 하고 해 뜰 날 돌아온다네!"라고 부른 송대관은 그 노래로 인하여 쨍하고 빛을 보았고, "돌아가는 삼각지"를 부른 배호는 돌아가는 삼각지처럼 폐병으로 쓸쓸하게 돌아갔고, "산장의 연인"을 부른 한경애는 노래 가사처럼 한평생을 독신으로 살았습니다.

데일 카네기는 말하기를, 성공한 사람은 세 가지 말, 즉 "없다, 잃었다, 한계가 있다"라는 말을 절대로 하지 않았다고 합니다.

그러므로 이런 말들은 농담으로라도 하지 말아야 합니다. 너는 그것을 못해, 사람이 되기는 틀렸어, 그런 짓을 하면 못써,

보나마나 실패할 거다, 기회가 없었던 거야, 모두가 네 잘못이다, 그건 절대로 안돼, 쓸데없는 짓 하지마라, 이 어리석은 녀석아 등의 말을 절대로 하지 말아야 합니다.

자신에게 긍정적인 말을 하기 위해서는

첫째, 당신이 원하는 성과를 결정하세요. 세일즈 목표도 좋고, 건강에 관한 성과도 좋습니다.

둘째, 당신이 가진 장점과 태도를 규정하세요. 열정, 끈기, 따뜻한 마음, 긍정적인 태도 등 말입니다.

셋째, 장점과 태도를 어떻게 응용할 것인지 서술하세요. "나는 열정적이다. 나는 프로다, 프로답게 실천하겠다, 등을 말입니다. 열정이 없이 성취된 위대한 일은 하나도 없습니다. 끊임없이 자신에게 말하세요. 무의식에 심길 때가지 말하세요. "나는 나 자신을 좋아하며, 나는 최고다. 나는 프로다." 긍정적인 말은 '나'를 삽입해서 현재 시제로 해야 합니다.

개인적 의지가 들어가고, 미래에 성취된 느낌을 미리 느낄 수가 있기 때문입니다. 당신이 원하는 것을 분명히 하세요. 그리고 계속해서 자신에게 긍정적인 말을 하세요. 비젼을 실현시키고 있는 자신의 모습을 발견하게 됩니다.

예수를 믿고 성령으로 거듭난 그리스도인들은 주위에서 아무리 불가능하다고 말해도 하나님이 함께 하시면 모든 일이 가능하다는 믿음을 가져야 합니다. 긍정적인 생각을 품은 인생은 긍정적인 방향으로 흘러갑니다. 삶의 변화는 바로 생각의 변화에서 출발합니다. 우리가 먼저 생각을 바꿔야 하나님이 우리 인생을 바꿔주십니다. '난 안 돼. 내 삶은 불행해'라고 생각하면 그 삶은 불행한 인생을 살게 될 것입니다.

아무리 기도를 해서 어둠을 물리쳐 주고 병을 고쳐준다 해도 내 의지로 생각을 바꾸려고 하지 않는 한 효과는 그때 뿐 얼마가지 못합니다. 그야말로 치유기도를 해주어도 효과가 그때 뿐, 밑 빠진 독에 물 붓기 식입니다.

주님 뜻대로 살고자하는 마음이 없는 사람에게는 하나님도 어찌할 수 없다는 것이죠. 내 맘대로 행하지는 못해도 주님 뜻대로 살고자하는 마음이 충만하다면 주님은 역사하십니다.

또한 하나님을 막는 유일한 장애물은 우리의 불신과 의심이라는 것입니다. 우리가 늘 은혜를 사모한다면 어디를 가나 우리에게 유익한 쪽으로 상황이 바뀌게 됩니다. 과정에서 어려움이 따른다 해도 항상 결과는 좋게 된다는 것입니다.

그런데 많은 분들이 하나님으로부터 복만 받기를 원하지 시험 당하는 것은 싫어합니다. 학생들이 시험이 없다면 공부를 제대로 하지 않을 것입니다. 영적으로도 마찬가지입니다. 시험을 통해서 연단 받은 의지가 생겨 죄를 끊어내고 마귀의 유혹을 뿌리칠 수 있는 힘이 주어지고, 영혼이 성장합니다. 큰 시험을 당하면 크게 쓰임을 받습니다. 적은 시험을 받으면 적은 일에 쓰임을 받게 됩니다. 시험을 통해서 주님께서 우리가 잘한 만큼 복을 주시고, 하늘에 상급을 쌓아주시는 것입니다. 하나님의 은혜는 시련 속에서 찾아온다는 것입니다.

외국의 어떤 경영자는 매일 아침 일어나면서 자기 암시를 한다고 합니다. 오늘이야말로 좋은 날이다. 내 생애 최고의 날이 된다. 저녁에는 일기에 그날의 좋은 일을 쓰고 그러므로 좋았다. 라고 끝을 맺습니다.

잠자리에 들어서는 "내일은 나의 생애 최고의 날이 된다." 라는 암시로 신념을 강화한다고 합니다. 긍정적인 말을 습관적으로 하는 사람은 부정적인 말을 습관적으로 하는 사람보다 밝고 활력적이어서 성공자, 승리자가 되는 것입니다.

그래서 이분은 시합에 지고서도 "졌다"라고 하는 소극적인 말이 싫어서 이번에는 자네가 이겼네! 다음에는 내가 이긴다. 밝고 긍정적으로 말하는 습관을 가지면 말이 자기 암시, 자기 세뇌를 일으켜 밝고 적극적인 행동을 일으키고 드디어는 목표한 일을 성취시킨다고 합니다. 문제는 하루, 이틀로 결과가 나오는 것이 아니기 때문에 시간과 정성을 들여 지속해야 한다는 것입니다.

긍정의 말도 훈련을 통해서 이루어지는 것이라 생각합니다. 행복한 삶을 누리고 싶다면 어렵지 않은 숙제를 해야겠지요. 신앙인인 우리에게는 더욱 더 믿음을 통해서 부정적인 생각과 말을 지워낼 수 있지 않을까요? 우리 만나는 모든 이에게 칭찬과 배려의 말을 하는 습관이 되어야 하겠습니다.

우리가 당장 회복의 기미가 보이지 않고 사방이 절망스런 일 뿐이라도 하나님의 때에 모든 것이 잘될 거라고 기대하고 믿기만 하면 하나님의 은혜는 반드시 나타납니다.

우리가 인내하지 못하고 당장 해결만 받으려고 안달해서 그렇지 주님은 적절한 시기와 때에 반드시 응답해주시고 모든 꼬인 문제들을 풀어주신다는 것입니다.

그리고 세상 사람을 더럽다고 악하다고 정죄하지 말아야 합니다. 악한 사람들도 선하고 아름다운 구석이 있습니다. 우리가 어떻게 보느냐는 각자의 관점에 달려있습니다.

많은 불행들이 자기가 보고 생각하는 그 가치관에 의해서 만들어지는 것입니다. 어두운 세상관, 어두운 인간관이 삶을 비참하고 우울한 것으로 만드는 것입니다.

그러므로 우리는 가능하면 아름답고 행복한 가치관을 가져야 합니다. 세상을 향한, 사람을 향한 아름답고 따뜻한 시선을 가져야 합니다. 그렇게 우리의 의식을 바꿀 수 있을 때 우리는 행복해질 수 있을 것입니다.

우리는 모든 사람을 사랑하며 따뜻한 시선을 가지고 대할 때, 이 세상에 존재하는 기쁨을 발견할 수 있습니다. 우리가 마음과 가치관을 바꿀 때 우리는 삶을 바꿀 수 있습니다.

우리는 따뜻하고 포근한 사람, 경건한 사람보다는 사람의 마음을 따뜻하게 해주는 사람이 되어야 합니다. 영적으로 성장한 사람일수록 사람들을 편안하게 대해줍니다.

우리가 종교적이고 정죄적이고 가르치려는 자세로 대하면 사람들은 마음의 문을 닫을 것입니다. 저도 과거에 뭘 모를 때 복음전한다고 하며 얼마나 가르치려고 했는지, 지금도 가끔 실수를 할 때도 있지만 그럴 때마다 너무 부끄러워 반성하곤 합니다. 우리는 상대를 가르치기 전에 먼저 그 사람의 친구가 되는 것이 필요합니다.

우리가 따뜻한 사람이 될 때 우리는 이세상의 삶이 고독하지 않게 될 것이고, 우리는 사람의 마음을 알며 사람의 마음을 얻을 수 있을 것입니다.

밝은 미래로 나아가려면 먼저 우리의 시각과 생각부터 바꿉시다. 의심이 아니라 믿음을 품어야 하는데 모든 것이 우리의 시각과 생각에 달려 있습니다.

믿음의 눈으로 보면 보이지 않는 세계에서 하나님이 우리를 위해 일하고 계시는 것을 깨닫게 됩니다. 믿음의 눈을 통해 보이지 않는 초자연적인 세계를 봐야 합니다. 분명 고난이 기쁨과 평화로 바뀌는 광경이 눈에 들어올 것입니다.

하나님이 창조하신 그대로 자신을 사랑하고 자신을 남과 비교하지 말고 하나님이 만들어 주신 그대로 만족하는 법을 배워야 합니다. 남의 것을 탐내지 말고 자신의 주어진 것에 만족하며 감사하며 살아야 합니다. 남을 모방하려고 애쓰지 말고 하나님이 창조하신 그대로의 모습을 가지고 최선을 다해 주님을 위해 살아야 합니다.

남이 내 뜻에 맞지 않는다고 화도 내지 말고, 우리 각자가 하나님이 창조하신 모습 그대로 서로를 인정해 주어야 합니다. 많은 사람들이 만족하지 못하는 주된 이유는 남과 비교하기 때문입니다.

사단이 노리는 표적은 우리의 생각입니다. 사단이 우리의 생각을 통제하고 조정함으로써 우리의 인생 전체를 자기 마음대로 주무를 수 있습니다.

부정적인 생각에 빠질수록 부정적인 사람이 되고, 부정적인 시각에 머무는 한 우리는 부정적인 삶에서 영원히 벗어날 수 없습니다. 항상 긍정적이고 기쁜 생각을 하면 그런 사람이 되어 가고 우리 주위에 행복하고 긍정적인 사람이 모여드는 것입니다.

부정적인 생각을 마귀가 심어주고 떠오르게 하기 때문에 그 순간순간마다 대적하고 자아를 십자가에 못 박아야 합니다. 인생과 실패는 우리 마음에서 비롯하며 우리 마음이 어디에 거하느냐에 따라 우리의 미래가 결정됩니다.

우리가 아플 때는 그것을 인정하고 우리 생각의 치료자 되시는 하나님께 향해야 합니다. 몸을 고칠 수 있다고 생각하지 않는 한 병마는 사라지지 않습니다. 그렇기 때문에 아픈 성도는 "하나님께서 내 병을 반드시 치료해 주실거야"라고 믿고 입술로 선포해야 합니다. 하나님께서 상황을 바로잡을 능력이 있음을 믿지 않으면 하나님은 능력을 발휘하지 않으십니다.

우리의 삶은 우리를 지배하고 있는 생각을 따라간다고 합니다. 우리가 마음을 바꾸면 하나님은 우리 삶을 바꿔주십니다. 걱정하고 분노하고 절망하는 것은 승리를 주시려는 하나님을 방해하는 일입니다. 하나님은 믿음이 있는 곳에서 역사하십니다. 우리가 하나님을 신뢰할 때 하나님은 대신 싸워주십니다.

많은 사람이 부정적인 말을 함으로써 실패의 삶을 삽니다. 말은 씨앗과 비슷해서 입 밖으로 나온 말은 우리의 무의식속에 심어져 생명력을 얻습니다. 그리고 뿌리를 내리고 자라서 그 내용과 똑같은 열매를 맺습니다.

우리가 긍정적인 말을 하면 우리 삶은 긍정적인 방향으로 펼쳐짐을 잊지 마십시오. 부정적인 말은 당장은 모르지만 분명히 부정적인 결과를 낳게 됩니다.

패배와 실패를 말하면서 승리의 삶을 살려고 애써봐야 아무 소용없습니다. 뿌린 대로 수확한다는 것을 기억하고 이제부터 열심히 선의 씨앗을 심어 아름다운 열매를 추수하십시다.

우리는 마음과 혀를 다스리고 오직 믿음의 말만 선포해야 합니다. 우리의 말은 우리를 흥하게도 망하게도 할 수 있습니다.

부정적인 말을 삼가는 데에 그치지 말고, 적극적으로 긍정적인 말을 해야 합니다. 사랑과 인정, 포용, 격려의 말을 하고 말로써 아이들의 삶에 복을 불어넣어야 합니다. 일단 내뱉은 말은 살아 움직이는 능력이 있기에 되도록 남을 축복하는 말을 많이 하십시오.

과거의 상처와 고통을 털어버리고 우리에게 잘못한 사람을 용서하며 무엇보다도 우리 자신이 저지른 실수를 용서해야 합니다. 그리고 과거의 쓰라린 경험들에 대한 기억과 아픔은 주님으로부터 치유 받아야 합니다. 내면 깊숙이 원망 쓴 뿌리를 제거하지 않는 한 행복한 삶은 찾아오지 않습니다.

용서야 말로 우리가 원망이라는 독에서 벗어날 수 있는 열쇠입니다. 우리에게 상처를 준 사람을 용서하고 우리를 부당하게 대한 사람을 용서하고 배반한 사람을 용서해야 합니다. 상처 준 사람을 용서해야 내가 지옥 같은 감옥에서 벗어날 수 있습니다.

주님께서도 마6:14-15절에 "너희가 사람의 과실을 용서하면 너희 천부께서도 너희 과실을 용서하시려니와 너희가 사람의 과실을 용서하지 아니하면 너희 아버지께서도 너희 과실을 용서하지 아니하시리라"고 말씀하십니다.

용서는 다른 누구를 위한 것이 아닌 우리 자신을 위한 것입니다. 과거의 앙금을 날려버리고 마음의 독을 뽑아낼 때 우리 기도는 더 빨리 응답될 것입니다.

우리가 항상 용서의 손길을 펼치고 사랑으로 악을 갚을 때, 때가 되면 하나님이 좋은 것으로 30배 60배 100배로 갚아주실 것입니다.

이 세상은 천국가기 위해 준비하는 장소인 광야의 삶입니다. 영적 광야의 삶속에서 실수하고 쓰러지고 넘어지고 죄를 범하는데 시간을 사용하면 안 됩니다. 우리가 저지른 잘못에 얽매이기 시작하면 결국 자신만 파멸합니다. 우리는 용감하게 주님의 십자가를 바라보고 잘못을 인정하고 용서를 구한 다음에 앞으로 나아가야 합니다.

실수하지 않는 사람은 세상에 단 한 명도 없습니다. 실수했을 때 올바른 태도는 자신을 낮추고 하나님의 용서와 자비를 받아들이는 것입니다. 믿음 안에서 최선을 다하며 기다리면 정한 때가 되면 하나님은 일을 이루실 것입니다.

하나님의 목적은 상황이 아닌 우리 자신을 바꾸시는데 있습니다. 시험의 목적은 우리를 단련시키는 것입니다. 하나님은 우리를 빚으시고 단련시키십니다.

하나님이 우리를 자주 궁지에 모시는 이유는 시험을 통해 우리를 성장시키시려는 것입니다. 우리의 인생길에 마음에 들지 않는 사람과 상황이 끼어들지만 그것은 하나님이 우리의 거친 모서리를 둥글게 깎아내기 위해 주시는 시험일 뿐입니다.

우리가 시험을 통과할 때까지 하나님은 문제점을 계속해서 끄집어내십니다. 시험은 우리의 믿음과 인격, 참을성을 한 단계 끌어올리기 위한 하나님의 방법입니다.

인생의 어려운 순간은 십중팔구 시험의 순간입니다. 이때 고집을 부리면 시험기간만 길어질 뿐입니다. 하나님이 우리의 거친 모서리를 깎아 둥근 자갈로 만들려고 하시는 것입니다.

대부분의 사람들은 고난을 통해 복을 주시는 하나님을 믿지 못하고 당장 눈에 보이는 현실만 가지고 불평만 늘어놓습니다. 하나님은 고난을 사용하여 우리를 더 높은 단계로 인도하십니다.

하나님을 사랑하고 이웃을 사랑하는 것이 율법의 완성이라고 했습니다. 하나님사랑과 이웃사랑, 경건생활과 봉사생활에 힘쓰는 삶이 복된 삶입니다.

남의 필요를 채워주면 하나님은 반드시 우리의 필요를 채워주십니다. 하나님은 우리가 베푼 그대로 갚아주십니다.

우리가 어려운 사람에게 아낌없이 베풀면 하나님은 우리가 어려울 때 남을 통해 도움을 받게 하십니다.

우리가 땅에 씨를 뿌려야 수확을 기대할 수 있습니다. 이것은 하나님이 정하신 원칙입니다. 마찬가지로 복을 거두고 싶다면 복의 씨앗을 뿌려야 합니다. 행복을 거두고 싶다면 행복의 씨앗을 뿌려야 합니다. 재물의 복을 거두고 싶다면 물질로 심어야 합니다.

우리가 영적으로 성장하지 못하는 이유는 씨를 뿌리지 않기 때문입니다. 현대인들이 스트레스를 많이 받는데, 그때마다 자신에게서 시선을 떼고 남을 돕고 선을 행할 때 스트레스에서 탈출하게 될 줄 믿습니다. 하나님에게 성령으로 기도할 때 스트레스를 이기게 될 줄 믿습니다. 사랑을 할 때 우리는 행복하도록 지어졌기 때문입니다.

하나님은 우리가 뿌린 모든 씨앗을 세고 계십니다. 우리의 선행은 그냥 잊어지는 법이 없습니다. 천국은 믿음으로 가고 행함으로 이루어진 곳입니다. 이 땅에서 잘 살기 위해서 엄청난 노력을 쏟아 붓지만 천국을 위해서 상급 쌓는 일을 게을리 하는 것이 얼마나 바보 같고 어리석은 일인지 모릅니다.

하나님은 우리의 일거수일투족 다보고 계시며 우리가 어려울 때 도와줄 사람을 보내주십니다. 남에게 베푼 은혜는 그대로 우리에게 돌아오는 것입니다.

하나님은 지금도 우리가 바뀌길 기다리고 계십니다. 우리의 태도가 바뀌고 현재의 상황에서 기뻐할 때 하나님이 우리 삶에 나타나셔서 역사하시기 시작하는 것입니다.

이제부터 우리가 긍정적인 생각과 말로 심으려면 말씀과 기도로 충만한 삶을 살아야 합니다. 하나님이 싫어하시는 것은 과감하게 끊고 늘 주님의 보혈을 의지하여 보호해달라는 기도를 드릴 때 주님께서 도와주실 줄 믿습니다.

오늘부터 부정적인 말을 하고 싶을 때 십자가에 자아를 못 박고 긍정적인 말, 다른 사람을 살려주는 말을 하여 말이 씨가 되어 우리 삶 속에 행복한 복된 삶으로 바꾸시기를 예수님의 이름으로 부탁드립니다.

3장 말의 권세를 알고 쓰는 것이 복이다.

(약 3:5-12) "내 형제들아 너희는 선생된 우리가 더 큰 심판을 받을 줄 알고 선생이 많이 되지 말라. 우리가 다 실수가 많으니 만일 말에 실수가 없는 자라면 곧 온전한 사람이라 능히 온 몸도 굴레 씌우리라. 우리가 말들의 입에 재갈 물리는 것은 우리에게 순종하게 하려고 그 온 몸을 제어하는 것이라. 또 배를 보라 그렇게 크고 광풍에 밀려가는 것들을 지극히 작은 키로써 사공의 뜻대로 운행하나니, 이와 같이 혀도 작은 지체로되 큰 것을 자랑하도다. 보라 얼마나 작은 불이 얼마나 많은 나무를 태우는가, 혀는 곧 불이요 불의의 세계라 혀는 우리 지체 중에서 온 몸을 더럽히고 삶의 수레바퀴를 불사르나니 그 사르는 것이 지옥 불에서 나느니라. 여러 종류의 짐승과 새와 벌레와 바다의 생물은 다 사람이 길들일 수 있고 길들여 왔거니와 혀는 능히 길들일 사람이 없나니 쉬지 아니하는 악이요 죽이는 독이 가득한 것이라. 이것으로 우리가 주 아버지를 찬송하고 또 이것으로 하나님의 형상대로 지음을 받은 사람을 저주하나니 한 입에서 찬송과 저주가 나오는도다. 내 형제들아 이것이 마땅하지 아니하니라. 샘이 한 구멍으로 어찌 단 물과 쓴 물을 내겠느냐 내 형제들아 어찌 무화과나무가 감람 열매를, 포도나무가 무화과를 맺겠느냐 이와 같이 짠 물이 단 물을 내지 못하느니라"

말은 두 얼굴을 가지고 있습니다. 하나는 축복하고 찬송하는 말이고, 다른 하나는 저주하고 악을 행하는 말입니다. 우리의 말은 어디에 속합니까? 저주하고 악을 행하는 말을 버립시다. 축복하고 찬송하면서도 여전히 저주하는 말을 이중적으로 가지고 있다면 하나의 말, 축복하고 찬송하는 말만 가집시다.

우리 속담에 말 한마디로 천 냥 빚을 갚는다고 합니다. 천 냥이 얼마입니까? 상놈이 양반 될 수 있는 큰돈입니다. 옛날에 상놈이 양반이 되는데 천 냥이면 양반의 신분을 살 수 있었다고 합니다. 말 한마디로 인생을 바꾸고 신분을 바꿀 수 있습니다. 우리의 말은 잘 사용하면 이 보다 더 큰 축복과 생명을 얻을 수 있습니다. 말은 큰 자산이고 보화입니다. 그러나 말을 잘못 사용하면 재앙이고 파멸입니다. 우리의 말을 어떻게 사용할 것인지 함께 은혜를 나누고자 합니다.

책에서 본 이야기 하나 소개하겠습니다. 88올림픽 당시 미국 텍사스 의대 심장학 교수가 한국을 방문했습니다. 그는 아주 특별한 경험을 했고, 그 경험을 온 세계에 전하기 위해 학교에 7년간 휴직계를 내고 세계를 순회하는 길에 한국을 방문한 것입니다. 그는 어느 날 학교에서 강의를 하다가 심장마비로 쓰러졌습니다. 심장학 교수도 자기 심장의 이상을 막지는 못했습니다. 급하게 인공호흡을 실시했지만 소용이 없었고, 급기야 병원으로 옮겨져서도 소생하지 못하고 사망 판단을 받았습니다. 아주 죽은 것은 아니었고, 네 시간 반 후에 깨어났는데, 그는 그 동안에

신비한 체험을 했습니다. 병원의 동료 교수 몇이 둘러선 가운데 주임교수가 사망 진단을 하고 하얀 천으로 그의 몸을 덮을 때, 그의 영혼은 미끄러지듯 어디론가 빨려 들어가기 시작했습니다. 흔히 말하는 유체이탈을 경험한 것입니다. 그는 어느 듯 여섯 명의 심판관이 앉아 있는 넓은 방에 있게 되었습니다. 그들은 차례로 자기에게 질문했습니다.

"지금껏 살아오면서 당신은 입으로 얼마나 많은 사람들의 가슴에 못을 박았습니까? 또 얼마나 많은 사람들에게 소망을 주었습니까?" 지난날들이 스쳐지나갔습니다. 순식간이었지만 마치 영화의 한 장면처럼 생생하게 자신이 살아온 날들이 펼쳐졌습니다.

"저렇게 많은 사람들이 내 말에 상처를 받다니" 그렇게 얼마의 시간이 흘렀습니다. 심판장이 빙그레 웃으면서 그에게 다시 한 번 기회를 주겠다고 말했습니다. 네 시간 반이 지나서 그는 다시 살아났습니다. 이것이 그가 학교를 휴직하고 전 세계를 순회하면서 전하게 된 사연입니다.

1. 말의 권세

말은 우리 신체 중의 극히 작은 일부분입니다. 그러나 말의 권세는 온 몸을 지배합니다. 오늘 성경 본문에는 말의 권세가 얼마나 큰지를 몇 가지 비유로 말합니다. 먼저 말은 말을 어거하는 재갈과 같습니다. "우리가 말들의 입에 재갈 물리는 것은 우리에게 순종하게 하려고 그 온 몸을 제어하는 것이라(약3:3절)." 말은 야성이 있습니다. 야생마라고 합니다. 말이 이리 뛰고 저리 뛰는데 사람이 어떻게 다룹니까? 재갈입니다. 재갈은 작지만 말이 가는 방향을 지시할 수 있습니다. 재갈은 작지만 말이 하는 모든 행동을 효과적으로 다스릴 수 있습니다. 말을 어거하기 위해서는 재갈을 놓치지 않아야 합니다.

또 다른 비유는 배의 키입니다. "또 배를 보라 그렇게 크고 광풍에 밀려가는 것들을 지극히 작은 키로써 사공의 뜻대로 운행하나니(약3:4절)." 큰 배가 광풍에 밀려갈 때 어떻게 방향을 잡고 균형을 잡습니까? 키입니다. 키는 작지만, 배의 전체를 통제합니다. 사공이 키를 놓치면 그 배는 표류합니다.

그리고 다른 비유는 불입니다. 불은 얼마나 급속하게 번지는지 모릅니다. 작은 불씨 하나가 온 산을 태우고도 남습니다. "이와 같이 혀도 작은 지체로되 큰 것을 자랑하도다. 보라 얼마나 작은 불이 얼마나 많은 나무를 태우는가(약3:5절)." 여기서 나무는 어떤 것입니까? 푸른 소나무입니까? 메마른 지중해 기후로 인해 불꽃에 의해 쉽사리 재가 되어 버릴 수 있는 팔레스틴 언덕이 산림입니다. 참 말이나 진리의 말은 쉽게 전파되지 않습니다. 그러나 루머나 뒤에서 수군거리고 헐뜯는 말은 얼마나 급속하게 전파됩니까? 썩은 사과 하나가 상자를 다 썩게 합니다. 발 없는 말이 천리를 간다는 속담과 같습니다. 말은 얼마나 파괴적인지 모릅니다.

　말이 얼마나 축복하고 사람을 살리는 권세가 있는지 모릅니다. 이것을 증거 하는 몇 가지 예를 소개합니다. 여기서 소개한 몇 가지 예들은 제가 읽은 책에서 참고한 것입니다. 한 젊은이가 절에 들어가서 이상한 행동을 했습니다. 죽겠다고 소리치는데, 스님이 아무리 설득해도 듣지 않습니다. 집에 가라고 해도 가지 않습니다. 자초지종을 알아보니까, 대학 예비고사를 망쳐서 죽겠다고 소리치는 것입니다. "서울대학을 못가는 놈은 죽어야 해" 하고 악을 씁니다. 얼마나 시험을 못 쳐서 서울대학을 못 간다고 할까 궁금합니다. 170점을 받았답니다. 170점으로는 무슨 서울대학입니까?

　서울대학은 고사하고 다른 대학도 못 갑니다. 이 사람이 정신병자입니까? 아닙니다. 170점을 받아서 억울합니다. 모의고사에서는 서울대학 갈 점수를 받는데, 막상 중요한 대학시험은 망칩니다. 벌써 세 번째입니다. 이 학생은 중요한 시험만 앞두면 가슴이 두근거리고 잠을 못 이룹니다. 며칠이고 잠도 못자고 심하면 밥도 못 먹어서 막상 시험 치는 날이면 어지럽고 앞이 캄캄합니다. 그렇게 치는 시험에 170점도 다행입니다.

　왜 이 사람에게 이런 일이 일어나는 것입니까? 중학교 1학년 때 병으로 시험을 제대로 치지 못한 적이 있었습니다. 마침 담임 선생님은 교통사고로 죽었고, 새로운 선생님이 담임으로 부임했습니다. 새로 온 선생님은 자기 반을 전교에서 가장 공부 잘하는 반으로 만들겠다는 의욕이 넘쳤습니다.

학생들의 시험 성적을 보면서 문제의 학생을 여러 학생들 앞에 불러내서 말합니다. "야 이 새끼야! 시험으로 네 인생 꽃피우기에는 애초에 글러 먹었어" 하면서 주먹으로 이마를 툭툭 쳤습니다. 가벼운 주먹에도 이 학생은 힘없이 뒤로 넘어졌고, 그 모습을 본 학생들은 다 같이 "와" 하고 웃음을 터뜨렸습니다. 그 충격으로 그 학생을 정신을 잃었습니다. 가뜩이나 내성적이던 그 학생에게 그 상처는 늘 유령처럼 따라 다녔습니다. "시험으로 네 인생을 꽃피우기는 애초에 글러 먹었어!" 말 한마디가 한 사람의 인생을 망친 것입니다. 말이 이렇게 한사람을 살리기도 하고 죽이기도 하는 것입니다. 우리 말을 잘합시다. 생각하여 보고 말을 합시다.

말 한마디로 한 사람이 얼마나 망가지는데 다른 예를 하나 더 들겠습니다. 유학생이 많지 않던 시절, 미국 유학을 와서 13년째 학위를 받지 못하고 빌빌거리는 한 청년이 있었습니다. 나이가 37살입니다. 미국에서만 그런 것이 아닙니다. 한국에서도 제 앞가림 못하기는 마찬가지였습니다. 대학을 졸업해도 취직도 못하고 장래가 없어서 미국 유학이라도 가면 나아질까 해서 부모가 유학을 보낸 것이었습니다.

풀죽은 이 청년의 모습을 안타깝게 여긴 여학생 몇 명이 있었습니다. 어떻게 하면 이 사람을 도울 수 있을까 기도하다가 좋은 방법을 생각했습니다. 아무리 못난 사람이라도 장점은 있을 것인데, 그 청년이 가진 장점을 찾아내서 그것으로 그를 격려하기로 한 것입니다. 물론 그 청년이 눈치 채지 못하게 하는 것입니다. 여학생들의 의도적인 접근으로 이 청년은 고무되기 시작했습니다. 결정적으로 한 여학생이 그와 두어 시간을 그와 함께 이야기하면서 격려했습니다. 효과는 대단했습니다. 그 날 이 청년은 거울 앞에서 달라진 자신을 발견했습니다. 키가 180이나 되고 얼굴도 잘 생긴 한 청년이 웃고 있는 것입니다. 기적입니다. 다른 사람이 아닙니다. 자기 자신입니다.

왜 이런 일이 일어났습니까? 그는 지난 28년 동안 "저 애는 왜 저렇게 비쩍 마르고 눈만 커다랄까, 정말 보기 싫구나!" 하는 말에 사로잡혀 살아왔습니다. 아홉 살 때 동네 우물가를 지나다가 동네 아낙들이 자기를 가리키며 수군거리는 말을 들었습니다. 가슴에 박힌 이 악한 말이 28년을 유령과 같이 그를 따라다니면서 괴롭혔습니다. 그 날부터 그 청년은 열심히 공부해서 박사 학위를 마치고 자기를 격려한 여학생과 결혼해서 한국에 돌아와서 교수로 재직하면서 행복하게 살고 있답니다. 말 한마디가 사람을 살리기도 하고 죽이기도 합니다. 우리 자녀들에게 무엇을 줄 것입니까? 우리 이웃에게 무엇을 줄 것입니까? 용기를 주고 힘을 주고 생명을 주는 말을 사용합시다. 교회와 목사님에게 무엇을 줄 것입니까? 축복의 말 한마디입니다.

말 한마디로 사람 살린 이야기를 좀 더 하겠습니다. 강원도 홍천의 어느 깊은 산골에 가난한 농부의 딸이 살았습니다. 어머니는 그녀가 철들기 전에 세상을 떠났고, 아버지는 재혼했지만 어느 날 스스로 목숨을 끊고 말았습니다. 이 불행한 아이에게 남겨진 것은 계모와 계모가 낳은 동생들과 지독한 가난뿐이었습니다.

생활이 이러니 학교 갈 형편이 아니었습니다. 학교를 가도 말이 학생이지 거지나 다름없는 자기와 놀아줄 친구들도 없었습니다. 그런데 운동장을 걷고 있을 때, 담임선생님이 뒤에서 부드럽게 어깨를 두드리면서 말씀하셨습니다. "영주야 넌 보통 놈이 아니다. 학교를 못 다닐 것 같은데 학교에 나오는 것만으로도 장하지." 이것만 아닙니다. 한번은 교무실에 들어갔다가 담임선생님이 다른 선생님에게 자기 이야기를 하는 것을 들을 수 있었습니다. "어린 녀석이 그 형편으로 사는 것도 고단할 텐데, 공부하겠다고 열심히 학교에 나오는 걸 보면 기특하다 못해 대견스럽습니다." 다음날부터 이상한 증세가 나타나기 시작했습니다. 영주는 굶어도 배가 고프지 않았습니다. 친구들 앞에서도 자신이 부끄럽지 않았습니다. 영주는 열심히 공부해서 초등학교를 졸업했습니다.

돈이 없어서 중학교 진학은 생각도 할 수 없었습니다. 그러나 수 십리 길을 걸어서 면장님을 찾아가서 사정을 이야기 했습니다. 다음에 꼭 갚을 테니 중학교 입학금을 빌려 달라고 부탁해서 중학교 공부를 할 수 있었습니다. 대학과 대학원을 마치고 세상 사람들이 흔히 말하는 성공을 했답니다. 선생님의 한 마디는 한 사람을 살리는 생명이고 축복이었습니다.

장군이 되게 한 축복과 생명의 말 하나를 더 소개합니다. 경상도 안동에 권 장로님이라는 분이 계셨습니다. 장로님은 안동 지역에서 이름 있는 선생님이셨습니다. 이 지역 사람들은 자녀들이 권 장로님 밑에서 공부하는 것을 영광으로 생각했습니다. 권 선생님의 명성은 안동에서 70 리나 떨어진 궁벽한 시골에 살던 한 농부에게도 들렸습니다. 아들에게 열심히 공부해서 권 선생님 학교에 입학하라고 했습니다.

농부의 기대대로 아들이 공부를 열심히 해서 중학교에 합격했습니다. 입학식 날이 되었습니다. 너무나 기쁜 농부는 계란 한 줄을 짚으로 꾸며서 들고 아들과 함께 입학식에 참석하기 위해 길을 떠났습니다. 날이 제법 추울 때, 이른 아침에 학교에 도착했습니다. 학교 문 앞에서 서성거리는 부자를 제일 먼저 맞이한 선생님이 계셨습니다. 들어가서 추위나 녹이자고 해서 교무실에 들어가서 이야기를 나누는데, 그 선생님이 바로 권 장로님이었습니다. 사정 이야기를 들은 장로님은 농부의 아들을 끌어안고 등을 토닥거리면서 이렇게 격려했습니다. "너는 열심히 공부해서 육군 사관학교에 가도록 해라. 그래서 장군이 되는 거야." 농부의 아이는 벽에다 이 말을 써 붙이고 밤낮없이 책과 씨름했습니다. 그 아이는 원하는 대로 육사에 들어갔고, 바라는 대로 장군이 되었습니다. 처음으로 별을 달게 되었을 때, 농부의 아들은 맨 먼저 안동으로 달려가서 무릎을 꿇고 모자를 벗어 권 선생님에게 바치면서 말했습니다. "이 별은 선생님 말 한마디로 달게 된 것입니다." 얼마나 아름답습니까?

2. 축복하는 말

앞에서 소개한대로, 네 시간 반 동안 죽었다가 다시 살아난 의사가 보고 들은 것이 무엇이었습니까? "지금껏 살아오면서 당신은 입으로 얼마나 많은 사람들의 가슴에 못을 박았습니까? 또 얼마나 많은 사람들에게 소망을 주었습니까?" 말을 어떻게 사용했느냐는 것입니다. 그 의사는 7년을 휴직하고 전 세계를 여행하면서 자기의 체험을 이야기 했습니다. 회개하는 마음으로 했을 것입니다. 한 사람이라도 말의 축복을 누리기 원하는 사명감으로 했을 것입니다. 지난날 우리의 말이 어떠했는지 새로운 발견이 있기 바랍니다. 축복하는 말이 되기 바랍니다.

먼저 저주한 말이 있으면 회개합시다.

> "한 입에서 찬송과 저주가 나오는도다 내 형제들아 이것이 마땅하지 아니하니라. 샘이 한 구멍으로 어찌 단 물과 쓴 물을 내겠느냐 내 형제들아 어찌 무화과나무가 감람 열매를, 포도나무가 무화과를 맺겠느냐 이와 같이 짠 물이 단 물을 내지 못하느니라"(약3:10-12)

저주가 무엇입니까? 다른 사람이 하나님으로부터 영원히 분리되고 심판 받기를 기원하는 것입니다. 발락 선지자가 모압의 발람 왕에게 돈으로 매수되어서 이스라엘 백성을 저주하려 했습니다.

얼마나 어리석고 잘못된 것입니까? 발람은 하나님의 강권하신 역사로 저주 대신 축복만 했습니다. 저주해서는 안 됩니다. 사람이 저주한다고 저주가 이루어지지 않습니다. 축복도 하나님이 하시는 일이고, 저주도 하나님이 하십니다.

저주하고 싶은 일이 있으면 하나님께 맡깁시다. 우리가 저주하면 우리의 말만 버립니다. 저주하는 우리가 오히려 저주를 받을지 모릅니다. 사람을 저주하는 것은 사람을 저주하는 것이 아니라 그를 지으신 하나님을 저주하는 것과 같습니다. 안 믿는 사람일지라도 그는 여전히 하나님의 형상을 가진 인간입니다. 예수님은 저주하지 말라고 합니다. 저주 대신 우리를 저주하는 자라도 축복하라고 하십니다.

우리의 힘으로는 축복할 수 없습니다. 그러나 성령의 능력으로 축복할 수 있습니다. "하나님, 저들의 죄를 용서하소서" 하고 십자가에서 달리신 예수님이 저들을 축복하신 것처럼, 자기를 돌로 친 자들을 향해 "저들의 죄를 용서해 달라"고 용서의 기도를 한 스데반처럼 축복합시다. 성령이 주시는 영적 은사 중에 하나가 방언입니다. 방언은 말을 바꾸고 언어를 바꾸는 은사입니다. 저주를 축복으로 바꾸는 언어가 방언입니다. 방언은 천국의 언어입니다. 방언을 하던 하지 않던 우리는 다 말이 변하는 은사를 받아야 합니다. 저주를 축복으로 바꾸는 천국의 언어를 사용합시다.

저주만 아니라 우리 입에서 나오는 모든 쓴 물을 회개합시다. 우리의 말은 샘입니다. 샘이 얼마나 귀한 줄 아십니까? 샘이 흔한 우리는 샘의 중요성을 간과하기 쉽습니다. 그러나 메마르고 건조한 사막 기후에서 샘은 곧 생명입니다. 샘이 있어야 사람이 살고 동네가 생깁니다. 과연 우리의 말은 어떤 샘입니까? 단물을 내는 샘입니까, 아니면 먹지 못할 쓴 물을 내는 샘입니까? 우리의 생활이 메마르고 힘들어도 말은 언제나 생명의 샘이어야 합니다.

우리 말의 쓴 물이 무엇입니까? 일구이언입니다. 한 입으로 두 말을 하면 안 됩니다. 여기서 이 말하고 저기서 저 말 하면 안 됩니다. 약속한 것 약속 안 했다고 하면 안 됩니다. 찬송하는 말로 저주하면 안 됩니다. 경솔한 말입니다. 감당치도 못할 말을 무책임하게 해서는 안 됩니다. 입이 가벼워서는 안 됩니다. 특히 하나님에게 관계된 말은 열 번이고 생각해서 가려서 해야 합니다. 간사한 말입니다. 이간질하는 말입니다. 악담입니다.

직언한다는 핑계로 남을 상하게 하는 무례한 말입니다. 남의 일에 간섭하는 말입니다. 자랑하는 말입니다. 교만한 말입니다. 남을 멸시하고 능욕하는 말입니다. 아첨하는 말입니다. 비방하는 말입니다. 미리암은 모세를 비방하다가 문둥병이 걸렸습니다. 비겁한 침묵입니다. 진리를 말해야 할 때 침묵하는 말도 쓴 물과 같습니다. 쓸 데 없는 말들이 쓴 물입니다. 얼마나 많은 언어가 쓰레기와 같은지 모릅니다.

귀한 밥 먹고 하기에 아까운 영양가 없는 말들입니다. 참 무섭습니다. 사람이 무서운 것이 아니라 그 입에서 나오는 말들이 무섭습니다. 전쟁에 죽은 사람 보다 말로 죽은 사람이 더 많습니다. 우리에게 잘못된 말이 있다면 회개합시다. 다시는 더려운 말을 하지 않도록 파수꾼을 세워달라고 기도합시다.

말을 바로 사용하기 위해서는 적극적으로 십자가의 은혜를 붙잡아야 합니다. "아 하나님의 은혜로 이 쓸 데 없는 자 왜 구속하여 주는지 난 알 수 없도다!" 우리 심령에 하나님의 은혜가 충만합니까? 이와 같이 우리의 말에도 하나님의 은혜가 충만해야 합니다. 우리의 말이 무슨 말을 하든지 십자가의 은혜가 있어야 합니다.

3. 예수님의 말이 되라

우리가 무슨 말을 하든지 예수님의 말이 되어야 합니다. 하나님의 거룩한 이름에 합당해야 합니다. 우리의 말이 하나님이 즐겨 사용하시는 도구가 됩시다. "감사합니다. 은혜입니다. 믿습니다. 훌륭합니다. 소망이 있습니다. 힘을 냅시다. 용서합니다."

이런 언어들이 하나님이 즐겨 사용하시는 언어들이고 십자가의 언어입니다. 저주를 바꾸어서 축복하는 언어를 사용합시다.

미움을 바꾸어서 사랑하는 언어를 사용합시다. 불신을 바꾸어서 신뢰하는 언어를 사용합시다. 악을 바꾸어서 선하게 하는 말을 사용합시다. 절망을 바꾸어서 소망을 주는 언어를 사용합시다. 우리의 말이 할례를 받아야 합니다. 하나님께 영광이 되도록 고칩시다. 교회에 덕이 되도록 고칩시다. 성경 말씀에 합당하게 고칩시다. 성령을 기쁘시게 고칩시다. 양심에 부끄럽지 않게 고칩시다.

우리가 다른 사람들로부터 들은 저주의 말이나 악한 말 중에 아직 극복하지 못한 것이 있습니까? 이 시간 주님의 이름으로 모든 악한 말에서 해방되기를 축원합니다. 상처받은 그 말을 십자가의 축복과 생명의 말로 바꿉시다. 사람들이 우리에게 한 어떤 악한 말이라도 하나님의 언어로 바꿉시다.

이 세상에서 들은 어떤 말도 천국의 언어로 바꿉시다. 할 수 없다는 말 대신, 하나님이 능력 주시면 할 수 있다는 말로 바꿉시다. 실패했다는 말 대신, 성공할 수 있다는 말로 바꿉시다. 무능하다는 말 대신, 하나님의 은혜면 충분하다는 말로 바꿉시다. 악한 말에 붙들리지 말고, 하나님이 주시는 축복의 말씀에 붙들립시다. 설교 말씀에 붙들립시다. 우리의 삶을 변화시키는 생명의 말에 붙잡힙시다. 이것이 믿음입니다.

우리 마음에 기적이 일어나야 합니다. 우리의 말에 기적이 일어나야 합니다. 우리 혀로 바뀐 말을 선포합시다. 원수들이 한 길로 왔다가 일곱 길로 도망가는 역사가 일어날 것입니다. 이전에 이런 말을 들었지만, 이제는 그것을 다 극복했다고 고백합시다. 선포합시다. 하나님이 우리를 고치셨다고 선포합시다.

하나님이 우리를 높이셨다고 선포합시다. 하나님이 우리를 지키셨다고 선포합시다. 이것이 저주를 푸는 능력입니다. 흑암의 권세를 깨는 능력입니다. 십자가에서 우리를 위해 죽으신 예수님을 믿는 우리에게는 이런 능력이 다 있습니다. 그 능력을 마음껏 사용합시다.

믿음의 족장들의 일생을 한마디로 표현하면 "믿음으로 축복하고 죽었다"는 것입니다. 우리가 할 수 있는 가장 큰 믿음은 장래의 일을 축복하는 것입니다. 기력이 쇠하고 지난날들이 기억에서 사라져도 믿음으로 장차 될 일을 바라면서 축복하는 것은 할 수 있습니다. 우리의 말에서 미래를 창조합시다.

우리 자녀와 가정과 교회와 민족의 장래를 위해 축복의 말을 선포합시다. "하나님이여, 미래를 꿈꾸게 하소서. 믿음으로 그것을 축복하여 선포하게 하소서!" "꿈에도 소원은 늘 찬송하면서 주께 더 가까이 나가기 원합니다." 찬송하는 말과 기도하는 말과 남을 살리는 말과 미래를 축복으로 열어가는 말로 살게 하소서.

이 벅찬 하나님의 축복, 말의 권세를 우리에게 주시옵소서!

　우리에게 사단이 어떻게 역사합니까? 거짓말이 사단의 역사입니다. 부정하고 더러운 말이 사단의 역사입니다. 저주하고 험담하는 말이 사단의 역사입니다. 말이 사단의 출입구입니다. 사단과 싸움에서 이기려 한다면 말을 지켜야 합니다. 영적인 전쟁이 가장 치열하게 벌어지는 곳이 바로 우리의 말입니다. 하나님의 파수꾼을 우리의 말에 세우도록 기도합시다. 말이 변하면 삶이 변합니다.

4장 말의 권세를 삶에서 누리는 비결

(잠18:20)"사람은 입에서 나오는 열매로 말미암아 배부르게 되나니 곧 그의 입술에서 나는 것으로 말미암아 만족하게 되느니라"

하나님은 하나님과 영의 통로를 열어 권세 있는 말을 선포하여 기적을 체험하라고 하십니다. 하나님과 영의 통로가 열린 성도가 담대하게 선포하는 믿음의 말은 창조적인 기적을 나타내는 것입니다. 하나님은 말씀으로 천지를 창조하셨습니다. 말씀은 창조적인 능력이 있습니다. 혀는 우리의 인생을 망하게 하거나 성공시킬 능력이 있습니다. 같은 입에서 복이 나오고 저주가 나옵니다. 우리 입에서는 절대로 저주가 나와서는 안 됩니다. 예수님의 말씀이 마음에 들립니다. "마음에 가득한 것을 입으로 말함이라." 특히 하나님과 영의통로가 열린 성도의 마음(영)은 말로써 프로그램화됩니다. 믿음은 우리 안의 영이 하나님의 말씀을 들음으로써 생겨납니다. 두려움은 대적 마귀가 말한 것을 들음으로써 생겨납니다. 그리스도인들 가운데 그들의 대적인 마귀의 말을 계속 고백하는 사람들이 많습니다. 그들은 마귀의 말을 마음에 세우고 그것에 붙잡혀 삽니다.

이점에 대해서 잠깐 생각해 보시기를 바랍니다. 이 땅에 사는 사람 중에 정신을 바르게 가진 사람이라면, 돌아다니면서 자기를 망하게 하는 원수와 대적들이 하는 말과 똑같은 말을 하지 않을 것입니다. 예수를 믿고 성령으로 거듭난 우리는 원수들의 말은 우리를 망하게 하기 위한 것이라는 것을 분별할 능력을 길러야 합니다. 만일 우리의 원수가 우리에 대해 말하는 것과 똑같은 말을 우리가 하고 다닌다면 하나님의 자녀가 아님이 분명합니다. 우리는 스스로를 쓸모없는 죄인이라는 것을 자신이 인정하는 것입니다. 자신을 보면서 비교해 보시기를 바랍니다. 지금 어느 말에 잡혀있습니까? 분별을 못하시겠습니까? 분별을 못하기 때문에 원수가 우리의 말을 가지고 당신을 잡으려고 하는 것입니다. 그래서 진짜 성도는 하나님의 음성을 분별하여 내는 때부터라고 하는 것이 타당합니다. 성경 로마서 8장 14절에서 이렇게 말하기 때문입니다. "무릇 하나님의 영으로 인도함을 받는 사람은 곧 하나님의 아들이라." 성령의 인도를 받는 사람이 하나님의 아들이라고 하십니다. 그리고 요한복음 10장 27절에서는 "내 양은 내 음성을 들으며 나는 그들을 알며 그들은 나를 따르느니라." 고 말씀하십니다. 그러므로 성도는 성령의 인도를 받으므로 하나님의 음성을 분별해내는 때부터 성도라고 할 수가 있습니다.

  그래서 세상에서 들리는 소리 중에서 마귀의 소리인지 하나님의 음성인지를 분별하고 성령의 인도를 따라가야 합니다. 왜냐하면 악한 마귀는 자기가 만들어낸 말들을 가지고 우리의 영 안에 왜곡되고 망령된 자기 파멸적 이미지를 심어 놓기를 원하기 때문입니다.

마태복음 12장 35절에서 예수님이 말씀하십니다. "선한 사람은 그 쌓은 선에서 선한 것을 내고 악한 사람은 그 쌓은 악에서 악한 것을 내느니라" 누가 그런 일을 일어나게 하는 자라고 예수님이 말씀하셨는지 주목해 보십시오. 하나님께서 그렇게 하실 거라고 말씀하지 않으셨습니다. 사람이 그렇게 하는 것입니다. 사람의 머리나 지성에서 나오는 게 아니라, 그의 마음에서 나온다고 하였습니다. 인생의 좋은 것과 나쁜 것이 다 마음에서 나오는데 입을 통하여 말로 나온다고 예수님이 말씀하셨습니다.

"입에서 나오는 것들은 마음에서 나오나니 이것이야말로 사람을 더럽게 하느니라. 마음에서 나오는 것은 악한 생각과 살인과 간음과 음란과 도둑질과 거짓 증언과 비방이니."(마 15:18~19)

사단은 하나님과 교제를 못합니다. 사단은 저주받은 영입니다. 사단은 성령의 사람처럼 하나님의 생명 세계에서 기능을 발휘할 수 없습니다. 거듭난 인간의 영은 사단보다 더 높은 피조물입니다. 인간은 하나님과 교제하도록 창조되었습니다. 하나님과 교제하도록 창조된 우리는 어떠해야 합니까?

1. 성령이 알려주는 생명의 말을 해야 한다.

예수를 믿고 성령으로 거듭난 사람의 영은 이 세상에 속하지 않습니다. 그것은 영의 세계에 속합니다. 사람의 창조 능력은 하나님의 영을 통하여 나옵니다. 사람이 하나님과 영의 통로를 열고 자기의 마음에 성령으로 하나님의 말씀이 풍성히 거하게 하여 그것을 믿음으로 말하면 그 사람은 영의 세계에서 역사하는 성령으로 영의 말을 하는 것입니다. 그 성령으로 하는 초자연적인 영의 말은 또한 자연세계를 지배할 것입니다. 초자연적인 영의 말입니다. 그 말은 창조력이 있습니다.

그런 사람이 하나님의 말씀을 선포하면 듣는 사람의 영에 생명을 불어넣습니다. 그러면 그것은 살아 있는 실체가 되어, 태초에 하나님을 위해 역사 하셨듯이 그를 위하여 역사하는 것입니다. 이러한 초자연적인 영의 말들이 자연세계를 지배합니다. 예수님이 말씀하셨습니다.

"살리는 것은 영이니 육은 무익하니라 내가 너희에게 이른 말은 영이요 생명이라"(요6:63).

예수님의 말씀들은 예수님의 영 안에 받아들여져서 예수님의 영(마음)안에 풍성히 거하다가 예수님의 입의 말을 통해, 말의 형태로 믿음을 나타내었던 하나님의 말씀이었습니다. 예수님의 영에서 나오는 말들은 사람들의 영 안으로 파고들었습니다. 말씀을 받은 사람들의 영이 예수님의 말을 알아듣고, 그들의 영으로부터 육이 말을 믿고, 영의 말에 의지하여 행동을 하였습니다. 행동하니 기적이 일어났습니다. 성령으로 충만한 영의 말에 혼과 육이 순종하니 기적이 일어난 것입니다.

"…일어나 네 자리를 들고 걸어가라"(요5:8)

"…네 손을 내밀라"(막3:5)

"…소녀야 내가 네게 말하노니 일어나라"(막5:41)

"…청년아 내가 네게 말하노니 일어나라"(눅7:14)

"…나사로야 나오라"(요11:43)

베데스다 연못가에서 삼십팔 년 동안 지내던 병자가 치유되어 걸어가는 기적의 역사가 나타났습니다. "…일어나 네 자리를 들고 걸어가라 하시니"(요5:8)

예수님이 손 마른 사람에게 손을 내밀어라 명령할 때 순종하고 손을 내미니까 손이 정상이 되었습니다."…그 사람에게 이르시되 네 손을 내밀라 하시니 내밀매 그 손이 회복되었더라"(막3:5)

예수님의 일어나라는 명령에 죽었다던 회당장 야이로의 딸이 살아났습니다. "…내가 네게 말하노니 소녀야 일어나라 하심이라"(막5:41)

예수님께서 청년이 죽어서 매장하려고 메고 가는 상여를 세우시고 관에 손을 대시며 청년아 내가 네게 말하노니 일어나라

하시니 죽어서 관속에 있던 청년이 살아서 일어나는 기적이 일어났습니다."…청년아 내가 네게 말하노니 일어나라 하시매"(눅 7:14)

예수님이 죽은 지 4일이 되어 무덤에 들어간 나사로에게 큰 소리로 나사로야 나오라고 하니 죽어 4일이 되어 썩은 냄새가 나던 나사로가 수족을 베로 동인 채로 나오는데 그 얼굴은 수건에 싸여 나오니 예수님이 풀어놓아 다니게 하라고 명령하십니다. "…큰 소리로 나사로야 나오라 부르시니 죽은 자가 수족을 베로 동인 채로 나오는데"(요11:43-44上).

예수님이 하신 말씀들은 정말 성령으로 충만한 영에서 나오는 생명의 말이었습니다. 그리스도를 죽은 자 가운데서 일으킨 것은 바로 그 동일한 영이십니다.

> "예수를 죽은 자 가운데서 살리신 이의 영이 너희 안에 거하시면 그리스도 예수를 죽은 자 가운데서 살리신 이가 너희 안에 거하시는 그의 영으로 말미암아 너희 죽을 몸도 살리시리라"(롬8:11)

그것은 생명의 말씀이 죽을 몸을 살립니다. 예수님이 말씀하신 영의 말들이 이미 이 사람들 안에 존재하고 있는 성령으로 거듭난 영에 믿음의 불을 붙였습니다. 그것이 그들을 위하여 하나님의 능력을 폭발시켰습니다. 그것은 모두가 예수님의 믿음으로 나온 말들에 의해서 기적이 일어났습니다. 우리도 예수님처럼 하나님과 영의 통로를 열어 초자연적인 믿음의 말을 하여 기적을 일으키고 체험하시기를 소원합니다.

2. 믿음의 말을 하라.

하나님과 영의 통로가 열린 초자연적인 성도는 믿음으로 행하고 우리가 보이는 것으로 행하지 말아야 합니다. 나아만 장군에게 요단강에서 목욕을 일곱 번하라고 했는데 여섯 번 할 때까지도 문둥병은 낫지 않았습니다. 일곱 번째까지 믿음으로 순종하니깐 병이 나은 것입니다. 그러므로 우리가 주님이 병을 고쳐 주시는 것은 하나님의 뜻인 줄 알았으면 단호하게 믿고 기도해야 하고 행동에 옮겨야 하는 것입니다. 믿음은 바라는 것들에 실상이요 보지 못하는 것들에 증거라고 했으니 아직 성취되지 않았다고 할지라도, 아직 보이지 않는다 할지라도, 하나님의 약속하심을 마음속에 확실히 믿고, 나가면 이루어질 것을 확실히 믿어야 하는 것입니다. 그리고 행동에 옮기면서 기다려야 믿음을 보고 이루어지는 것입니다.

영의통로가 열려 성령으로 충만하고 믿음에 찬 초자연적인 말은 불치병도 치유합니다. 경북에 사시는 사모님이 우울증에 걸려서 7년을 고생하는 딸을 데리고 와서 저에게 상담을 요청했습니다. 사모님이 하시는 말씀이 우리 딸이 우울증에 걸려서 7년 동안 정신 신경과에서 우울증 약을 먹고 있는데 담당의사가 하는 말씀이 평생 우울증 약을 먹으면서 저렇게 사람 노릇을 못하고 지내야 한다는데 고칠 수가 있겠습니까? 그래서 제가 의사는 못 고쳐도 하나님은 넉넉히 고치고도 남습니다. 하나님이 못하시는 것이 무엇이 있겠습니까. 절대로 다른 부정적인 생각을 하지마시고 제가 시키는 대로 순종하면서 의지를 가지고 치유 집회에 열심히 다니면 완치 됩니다. 하나님은 이렇게 믿음에 찬 말에 역사를 하십니다. 그래서 우울증이 완치가 되어 정상인으로 복귀를 했습니다.

다음은 본인의 간증입니다. 저의 가계는 외할머니도 우울증으로 젊은 나이에서부터 고생하시며 사셨습니다. 그렇게 지내시다가 늙으셔서는 치매에 걸려 10여 년간 고통당하시다가 돌아가셨습니다. 저희 어머니도 지금 우울증으로 고생을 하며 지내고 계십니다. 저 역시 나이 스물에 우울증이 생겨서 7년 동안 정신 신경과 약을 먹었습니다.

그래서 정신이 멍하고 사람 노릇을 못하고 지냈습니다. 정신 신경과 의사 선생님의 말로는 평생 정신신경과 약을 먹으며 살아야 한다고 했습니다. 결혼해도 결혼 생활도 힘이 들것이고 아이 출산도 어려울 것이라고 했습니다.

그러다가 국민일보 광고를 보고 충만한 교회를 알게 되었습니다. 광고에 우울증이 치유가 되었다는 간증을 보고 충만한 교회를 찾게 되었습니다. 어머니와 함께 찾아가서 치유집회에 참석

했습니다. 처음에는 정신 신경과 약의 영향으로 목사님의 말씀에 집중하지 못했습니다. 설교 말씀이 하나도 들리지 않았습니다. 잡념이 많이 생기고 졸려서 도저히 말씀이 들리지 않았습니다. 그러나 강 목사님은 저에게 꼭 치유된다는 의지를 가지고 계속 다니라고 하시면서, 기도 시간에는 숨을 들이쉬고 내쉬면서 주여! 주여! 주여! 하며 소리를 내라고 하셨습니다. 기도 시간에 자주 저에게 오셔서 주여! 를 하는지 확인을 자주 하셨습니다.

그러면서 저에게 목사님을 따라서 주여! 를 하라고 주여! 를 계속하게 하셨습니다. 그래서 저도 의지를 가지고 주여! 를 계속 했습니다. 그러기를 한 4주 동안 했습니다. 처음에는 주여! 소리가 잘 나오지 않았습니다. 그런데 자꾸 의지를 가지고 주여! 를 하니까 잘되었습니다. 그러다가 성령 체험을 했습니다. 막 기침이 나오고 몸이 흔들리고 온 몸이 뜨겁고 방언이 터지는 성령을 체험했습니다. 그 뒤로는 기도가 잘되고 말씀도 잘 들렸습니다. 머리도 많이 맑아 졌습니다. 이제 주일날도 충만한 교회에 가서 예배를 드리고 치유를 받았습니다. 3개월 정도 지난 것 같습니다.

목사님이 이제 약을 반으로 줄여 먹어보라고 하셨습니다. 그래서 반으로 약을 줄였습니다. 일주일이 지나도 생활하는데 아무런 불편이 없고 잠도 잘 오고 문제가 없었습니다. 그래서 의사 선생님에게 상황을 말씀드렸더니 약을 약하게 지어주셨습니다. 그 약을 이틀에 한 번씩 약 한달 정도 먹었습니다. 아무런 문제가 없었습니다. 그래서 의사 선생님에게 가서 말씀을 드렸더니 약을 일주일동안 먹지 말라고 하셨습니다. 그래서 약을 먹지 않고 일주일을 아주 기분 좋게 지냈습니다. 병원에 갔더니 의사 선생님이 약을 먹지 않고 한 달 지나 오라고 하셨습니다. 만약 중간에 증상이 좋지 못하면 바로 오라고 하셨습니다.

한 달을 잘 지냈습니다. 이상이 없었습니다. 그리고 의사 선생님에게 갔더니 이제 완전히 우울증이 치유가 되었다는 진단을 받았습니다. 충만한 교회 와서 5개월이 지난 후의 결과입니다. 하나님 정말 감사합니다. 제 우울증을 치유하신 주님 감사합니다. 여러분 대물림은 무섭습니다.

그러나 성령의 역사를 체험하면 완전 치유가 됩니다. 지금 대물림되는 우울증으로 고생하는 여러분 희망을 가지고 대물림의 치유를 받으시기를 바랍니다. 그리하여 저같이 평안을 찾으시기를 바랍니다. 예수님은 살아 역사하고 계십니다. 믿으면 치유받습니다. 그동안 기도를 열심히 해주시며 돌보아 주신 강요셉 목사님에게도 감사를 드립니다.

고린도후서 5장 7절에 "이는 우리가 믿음으로 행하고 보는 것으로 행하지 아니함이로라"고 말했습니다. 보이지 않는 말에 보이는 행동하는 믿음으로 행할 때 역사가 일어난다는 말입니다. 출애굽기 15장 26절에 "이르시되 너희가 너희 하나님 나 여호와의 말을 들어 순종하고 내가 보기에 의를 행하며 내 계명에 귀를 기울이며 내 모든 규례를 지키면 내가 애굽 사람에게 내린 모든 질병 중 하나도 너희에게 내리지 아니하리니 나는 너희를 치료하는 여호와임이라"고 말했습니다.

하나님은 의사이십니다. 의사이신 하나님께서 치료하기를 원하시기 때문에 단호한 믿음으로 하나님 앞에 나와서 기도해야 하는 것입니다. 그리고 없는 것을 있는 것같이 입으로 시인하시기를 바랍니다. 그리고 치유될 때까지 믿음을 가지고 기다리는 것입니다. 그러면 기적을 체험하는 것입니다.

로마서 4장 19절로 22절에 "그가 백 세나 되어 자기 몸이 죽은 것 같고 사라의 태가 죽은 것 같음을 알고도 믿음이 약하여지지 아니하고 믿음이 없어 하나님의 약속을 의심하지 않고 믿음으로 견고하여져서 하나님께 영광을 돌리며 약속하신 그것을 또한 능히 이루실 줄을 확신하였으니 그러므로 그것이 그에게 의로 여기셨느니라"고 말한 것입니다.

눈에는 아무 증거 안보이고 귀에는 아무 소리 안 들리고 손에는 잡히는 것 없을 지라도 하나님의 말씀을 믿고 확신을 가지고 기도하고 믿고 입으로 시인하고 행동해야 되는 것입니다.

출애굽기 23장 25절로 26절에 "네 하나님 여호와를 섬기라 그리하면 여호와가 너희의 양식과 물에 복을 내리고 너희 중에서 병을 제하리니 네 나라에 낙태하는 자가 없고 임신하지 못하는 자가 없을 것이라 내가 너의 날 수를 채우리라"고 말씀하신 것입니다. 그러므로 하나님은 단호하게 병을 고치기를 원하시며 병을 제하시기를 원하시는 것입니다. 우리 예수님의 은혜로 질고에서 자유 함을 얻으시기를 소원합니다.

3. 간구하지 말고 담대하게 선포하라.

마태복음 21장에 19절에 보면, 예수께서 길을 지나가다 배가 고프셔서 무화과나무에게 갔을 때 잎사귀가 무성했습니다. 그래서 "열매가 있나?" 하고 가봤더니 열매가 없었습니다. 그래서 예수께서 "길 가에서 한 무화과나무를 보시고 그리로 가사 잎사귀 밖에 아무 것도 찾지 못하시고 나무에게 이르시되 이제부터 영원토록 네가 열매를 맺지 못하리라 하시니 무화과나무가 곧 마른지라." 하고 저주하셨습니다.

그 이튿날 베드로와 제자들이 그곳을 지나가다 보았는데 예수께서 저주하신 말씀에 의해 무화과나무가 바싹 말라죽었다고 했습니다. 그래서 베드로가 "랍비여 보소서 저주하신 무화과나무가 말랐나이다." 하고 말을 했을 때 예수께서는 "예수께서 대답하여 이르시되 내가 진실로 너희에게 이르노니 만일 너희가 믿음이 있고 의심하지 아니하면 이 무화과나무에게 된 이런 일만 할 뿐 아니라 이 산더러 들려 바다에 던져지라 하여도 될 것이요. 너희가 기도할 때에 무엇이든지 믿고 구하는 것은 다 받으리라 하시니라."(마21:21-22) 하고 말씀하셨습니다. 그러므로 말씀을 통해 예수께서는 우리에게 명령의 위대한 법칙을 가르쳐 주셨습니다.

우리는 하나님 앞에 기도해야 합니다. 하나님의 도움을 청하기 위해서 부지런히 기도해야 합니다. 기도는 내 힘과 능력과 지혜로도 못하는 것을 구하는 것입니다. 물론 우리가 충분히 할 수 있는 것은 해야 합니다. 사람이 해야 할 부분은 해야 합니다. 그러나 그것까지도 주님에게 물어보고 도움을 청해야 합니다.

"내가 할 수 없는 부분, 불가능한 것도 주님은 하실 수 있습니다."하고 주님의 도움을 청하는 것이 기도입니다. 자신이 할 수 있는 것도 주님의 도움을 청해서 해야 하고, 할 수 없는 부분도 하나님의 도움을 청해야 됩니다. 기도하고 우리 속에 있는 하나님의 생명과 능력과 믿음으로 우리 앞에 있는 불가능한 것들을 향해 명령도 해야 합니다.

성경의 법칙으로 돌아가면 하나님께서는 천지 만물을 말씀으로 창조하셨습니다. 그렇다면 천지 만물(天地萬物) 곧 해와 달과 별과 바다의 고기와 모든 산천초목과 인간과 천사들 모두가 하나님의 말씀을 듣고 움직이도록 창조되었습니다. 하나님이 지으셨기 때문에 천지 만물은 다 하나님의 음성을 듣고 움직일 수 있는 귀가 있습니다.

여호수아가 전쟁을 할 때 전쟁이 거의 승리할 지점에 가까왔는데 해가 넘어가려고 했습니다. 캄캄하면 적을 무찌를 수가 없고, 전쟁을 치를 수가 없었기 때문에 여호수아가 태양을 향하여서 "태양아 중천에 머물라."하고 명령을 했더니, 넘어가는 태양이 다시 넘어와서 중천에 머물렀다고 성경에 기록돼 있습니다.

바로 태양도 하나님의 음성으로 지어진 것이기 때문에 하나님의 음성을 믿음으로 소유한 여호수아가 명령했기 때문에 멈추어진 것입니다.

읽어봅시다. 여호수아 10장 12-14절에 "여호와께서 아모리 사람을 이스라엘 자손에게 넘겨주시던 날에 여호수아가 여호와께 아뢰어 이스라엘의 목전에서 이르되 태양아 너는 기브온 위에 머무르라 달아 너도 아얄론 골짜기에서 그리할지어다 하매 태양이 머물고 달이 멈추기를 백성이 그 대적에게 원수를 갚기까지 하였느니라 야살의 책에 태양이 중천에 머물러서 거의 종일토록 속히 내려가지 아니하였다고 기록되지 아니하였느냐. 여호와께서 사람의 목소리를 들으신 이같은 날은 전에도 없었고 후에도 없었나니 이는 여호와께서 이스라엘을 위하여 싸우셨음이니라."했습니다.

태양도 머물렀다고 했습니다. 태양도 하나님이 지으신 피조물에 불과합니다. 하나님의 놀라운 역사를 성취하기 위해서는 태양도 머물러야 하는 놀라운 일이 있었던 것입니다. 우리는 이와 같은 기도를 성경을 통해서 배우고 자신의 것으로 소유해야 합니다. 필자는 항상 충만한 교회에 오셔서 치유 받고 능력 받는 목회자들에게 이렇게 말합니다. 듣고 그냥 끝내지 말고 내 것으로 만들어가라고 합니다. 내 것이 되어야 합니다. 내 것이 되도록 노력을 해야 합니다.

천지 만물은 하나님 말씀으로 지음 받았기에 하나님의 음성을 듣게 돼 있고, 우리도 하나님의 성령을 모셨기 때문에 우리도 명령을 하면 천지 만물이 듣게 됩니다. 그리고 우리가 믿음으로 명령할 때 성령께서 기뻐하셔서 역사해 주신다는 것을 알고 명령하시기를 바랍니다. 성령님과 나와 서로 신뢰 관계가 되어야합니다.

민수기 20장 8-13절에 이런 역사가 있었습니다. 이스라엘 백성들이 광야에서 물이 먹고 싶다고 했지만 물이 없었습니다. 그래서 모세가 하나님 앞에 기도를 했더니 하나님께서 "지팡이를 가지고 네 형 아론과 함께 회중을 모으고 그들의 목전에서 너희는 반석에게 명령하여 물을 내라 하라 네가 그 반석이 물을 내게 하여 회중과 그들의 짐승에게 마시게 할지니라."(민20:8)하셨습니다. 모세가 백성들 앞에 서서 백성들을 바라보니까 순간 속에서 분노가 올라왔습니다. 순간 자신의 무의식에 잠겨있던 분노가 올라온 것입니다. 그래서 모세는 이성을 잃고 지팡이를 가지고 그만 반석을 쳤습니다.

하나님께서는 단지 명령을 하라고 했는데 화를 내면서 반석을 쳤습니다. 왜 모세가 화를 냈습니까? 백성들이 너무 완악해서 자꾸 의심했기 때문입니다. 그래서 백성들을 보니 순간 분노가 올라와 그만 육이 되니 하나님의 말씀을 잊어버리고 반석에게 명령하지 않고 반석을 지팡이로 친 것입니다. 그러나 하나님께서는 모세가 실수 했을지라도 반석에서 물이 솟아 나오게 했습니다. 하나님이 살아 계신 이적을 나타내주신 것입니다.

그러나 모세는 그 므리바 물 사건 때문에 가나안 땅에 들어가지 못했습니다. 여기에서 모세가 가나안 땅에 들어가지 못한 것이 중요한 것이 아니고, 하나님의 말씀이 반석에 떨어졌을 때 물이 나왔다는 사실입니다. 바위 속에 누가 물이 있다고 생각할 수가 있습니까? 사람의 생각으로는 불가능합니다.

그러나 하나님의 말씀이 떨어졌을 때 바위 속에서도 물이 나온 것입니다. 당신도 불가능한 것을 향하여 기도하고 명령하는 사람이 되시기를 바랍니다. "돈아 올지어다." 명령하시기를 바랍니다. "평안이 임할지어다!" 하고 명령하시기를 바랍니다. "건강아 올지어다!" 하고 명령하시기를 바랍니다. "내 손에 능력아 올지어다!" 하고 명령하시기를 바랍니다. "내 손에 남편 손에 돈을 얻는 능력이 임 할지어다!" 하고 명령하시기를 바랍니다. "우리 자녀 머리에 하나님의 지혜가 임할지어다!" 하고 명령하시기를 바랍니다. "우리 자녀가 착한 아들이 될지어다!" 하고 명령하시기를 바랍니다. "우리 딸이 하나님에게 쓰임 받는 딸이 될지어다!" 하고 명령하시기를 바랍니다.

그리고 부정적인 것, 불필요한 요소들은 버리시기를 바랍니다. 예수께서는 "이 산더러 들리어 바다에 던지우라 하며, 그 말한 것이 이룰 줄 믿고 마음에 의심치 않으면 그대로 되리라." 했습니다. 예수께서 "산을 번쩍 들어서 산이 옮겨지도록 명령하라." 하셨습니다. 여기서 산이라고 하는 것은 질병의 산, 문제와 고통의 산을 말합니다. 비정상적인 산들을 말합니다. 우리들의 마음속에 두려움과 공포가 있으면 "두려움과 공포와 절망의 산아 예수 이름으로 명하노니 옮겨질지어다!" 하고 명령하시기를 바랍니다. 예수를 믿고 성령으로 거듭난 초자연적인 성도가 담대하게 명령하며 선포하는 말에 5차원의 창조적인 능력이 나타납니다.

4. 성령 충만한 말에는 초자연적인 권능이 역사한다.

우리가 다음과 같이 말했더라면 아주 다른 이야기가 될 수도 있었을 것입니다. "글쎄 말이야. 만일 그게 주님의 뜻이라면, 만일 하나님께서 도와주지 않으신다면, 그 아기는 죽을 거야."아니요, 천만에요. 예수님께서 말씀하셨습니다. "네가 말한 그대로 얻게 될 것이다." 그게 사실이라면, 있는 것처럼, 보이는 것 말고, 내가 바라고 구하는 것을 담대히 말하는 법을 제자들이 배우지 않습니까? 마가복음 11장 23-24절은 이렇게 말합니다. "내가 진실로 너희에게 이르노니 누구든지 이 산더러 들리어 바다에 던져지라 하며 그 말하는 것이 이루어질 줄 믿고 마음에 의심하지 아니하면 그대로 되리라(말하는 대로 얻게 되리라.) 그러므로 내가 너희에게 말하노니 무엇이든지 기도하고(말하고) 구하는 것은 받은 줄로 믿으라 그리하면 너희에게 그대로 되리라."

하나님과 영의통로가 열린 5차원의 성도가 성령으로 충만하여 믿음으로 가득한 말의 능력이 얼마나 위대한지요! 나는 단지 바라는 결과를 기도로 담대히 말했을 뿐인데, 그것을 아주 담대하게 강조 적으로 말했기 때문에 많은 사람들이 내 말과 하나가 되었던 것입니다. 예수님께서 말씀하셨습니다.

"진실로 다시 너희에게 이르노니 너희 중의 두 사람이 땅에서 합심하여 무엇이든지 구하면 하늘에 계신 내 아버지께서 그들을 위하여 이루게 하시리라."(마18:19)

당신이 더욱 담대하게 말할 때 많은 사람들이 당신과 마음을 같이 할 것입니다. 고로 하나님과 영의 통로가 열린 성도가 성령 충만한 믿음으로 가득한 말은 다른 사람의 믿음에 불을 붙입니다. 믿음으로 가득한 말은 잠자고 있거나 힘이 없는 다른 사람들의 믿음에 활력을 불어넣어서 믿음을 발휘하게 합니다. 당신이 하나님의 말씀과 일치하는 것들을 담대하게 선포할 때는 창조적 능력이 나오는데, 또한 그것이 다른 사람들에게 당신의 믿음을 발휘하게 합니다. 우리 하나님과 영의 통로가 열린 성령 충만한 성도답게 믿음으로 가득한 영의 말을 하시기를 바랍니다.

5장 창조력 있는 담대한 말을 하는 비결

(요11:43-44)"이 말씀을 하시고 큰 소리로 나사로야 나오라 부르시니, 죽은 자가 수족을 베로 동인 채로 나오는데 그 얼굴은 수건에 싸였더라. 예수께서 이르시되 풀어 놓아 다니게 하라 하시니라"

성도가 축복을 받으려면 하나님이 주신 말에 권세를 사용할 줄 알아야 합니다. 말의 권세를 사용해야 성령의 역사로 환경을 바꿀 수가 있는 것입니다. 예수를 믿고 성령으로 거듭난 성도는 하나님이 주신 권세가 있습니다. 강하고 담대하게 하나님이 주신 권세를 사용해야 합니다. 우리는 성령으로 거듭난 초자연적인 권능이 있는 성도입니다. 따라서 우리가 선포하는 말에는 초자연적인 역사가 일어납니다. 4차원 이상의 영의 세계에서는 말(소리)로 모든 것이 이루어집니다. 하나님도 말씀으로 천지를 창조하셨습니다. 하나님의 말씀하심이 그대로 이루어졌습니다. 빛이 있으라 하시매 빛이 생겼습니다. 예수를 믿은 우리는 하나님의 자녀입니다. 하나님의 자녀는 하나님의 대리권 행사를 할 수 있습니다. 그러므로 우리는 성령의 임재 하에 강하고 담대하게 명령해야 합니다. 그래야 하나님의 자녀로서의 사명을 감당할 수가 있습니다. 우리도 믿음을 가지고 강하고 담대하게 선포해야 세상에서 다가오는 골리앗을 물리칠 수가 있습니다. 하나님이 주신 권세를 담대하게 사용해야 합니다.

1. 담대하게 예수 이름으로 명령하라.

여호수아가 전쟁을 할 때 전쟁이 거의 승리할 지점에 가까웠는데 해가 넘어가려고 했습니다. 캄캄하면 적을 무찌를 수가 없고, 전쟁을 치를 수가 없었기 때문에 여호수아가 태양을 향하여서 "태양아 중천에 머물라." 하고 명령을 했더니 넘어가는 태양이 중천에 머물렀다고 성경에 기록되어 있습니다. 태양도 하나님의 음성으로 지어진 것이기 때문에 하나님의 음성을 믿음으로 소유한 여호수아가 명령했기 때문에 멈추어진 것입니다(수 10:12-14). 여호수아가 명령하니 태양도 머물렀다고 했습니다. 태양도 하나님이 지으신 피조물에 불과합니다. 하나님의 놀라운 역사를 성취하기 위해서는 태양도 머물러야 하는 놀라운 일이 있었던 것입니다. 우리는 이와 같은 기도를 성경을 통해서 배우고 자신의 것으로 소유해야 합니다. 천지 만물은 하나님 말씀으로 지음 받았기에 하나님의 음성을 듣게 돼 있고, 우리도 하나님의 성령을 모셨기 때문에 우리도 명령을 하면 천지 만물이 듣게 됩니다. 그리고 우리가 믿음으로 명령할 때 성령께서 기뻐하셔서 역사해 주신다는 것을 알고 명령하기를 바랍니다.

당신도 불가능한 것을 향하여 기도하고 명령하는 사람이 되기를 바랍니다. 반드시 성령의 임재 하에 "우리 가정의 물질의 고통은 물러갈지어다." "우리 집의 환란과 풍파는 물러갈지어다."명령하기를 바랍니다. "물질아 오라." 명령하기를 바랍니다. "건강아 올지어다." 하고 명령하기를 바랍니다. 그리고 부정적인 것, 불필요한 요소들은 버리기를 바랍니다. 예수께서는 마가복음 11장 23절에서 "이 산더러 들리어 바다에 던져지라 하며 그 말하는 것이 이루어질 줄 믿고 마음에 의심하지 아니하면 그대로 되리라." 했습니다.

예수께서 "산을 번쩍 들어서 산을 옮겨지도록 명령하라." 하셨습니다. 여기서 산이라고 하는 것은 질병의 산, 문제와 고통의 산을 말합니다. 비정상적인 산들을 말합니다. 우리의 마음속에 두려움과 공포가 있으면 "두려움과 공포와 절망의 산아 예수 이름으로 명하노니 옮겨질지어다!" 하고 명령하기를 바랍니다.

두려운 마음이 생기고 공포심과 근심이 생기게 하는 것은 마귀가 주는 것입니다. 두려움과 공포와 근심 염려가 오거든 칼로 두부를 베듯이 예수 이름의 권세로 명령하시기를 바랍니다. 가만히 있어서는 안 됩니다. 우리에게 주신 권세를 잊어버리면 안 됩니다. 마귀는 자꾸 두려움과 근심을 줘서 거기에 집착하게 만듭니다. 마귀는 우리를 실패하게 하는 법칙이 있습니다. 첫째로 생각을 주장합니다. 두려운 생각, 공포 같은 것을 집어넣습니다. "아, 불안하고 우울하다."하는 생각을 넣습니다. 그래서 결국 그 생각에 집착하다가 내가 왜 우울하지, 왜 마음이 불안하지

하다가 결국 잠을 설칩니다. 이 생각을 성령의 임재 하에 몰아내지 않고 시간이 흐르면 "불면증이나 우울증에 걸립니다."생각을 한 대로 되는 것입니다. 생각은 영의 입구입니다. 말은 영의 출구입니다. 조심해야 합니다.

  마귀는 우리에게 두려움과 공포심을 갖다 줍니다. 나쁜 생각을 갖다 줍니다. 그래서 그 생각에 집착하게 해서 거기에 속아서 넘어가면 결국 그 사람의 생활을 타락하도록 합니다. 그러므로 우리들에게 두려움과 공포의 생각과 안 된다는 생각, 부정적인 생각이 들어오면 "마귀가 또 유혹하려고 하는구나." 하는 것을 깨닫고 그것을 쫓아내야 합니다. 명령을 해야 합니다.

  가만히 있거나 두려워하지 말고 단호하게 명령하기를 바랍니다. 그럴 때 당신의 마음이 평안해집니다. 평안해지고 담대함이 생겨서 무슨 일을 만나든지 긍정적으로, 기쁨으로 생각하게 되는 것입니다. 우리의 심령이 그렇게 중요한 것입니다. 하나님이 우리에게 명령하라! 하신 것은 우리에게 있는 모든 문제와 근심을 전부 바꾸라는 것입니다. 그러므로 우리는 주저하지 말고 과감하게 명령을 해야 합니다. 명령을 하면 모든 것이 듣는다는 믿음을 가지기를 바랍니다. 마태복음 8장 13절에 "네 믿은 대로 될지어다." 했습니다. "네 믿음대로" 라고 하지 않았고, "네 믿은 대로" 라고 했습니다. 믿은이란 현재 믿고 있는 상태를 말합니다. 진행형입니다. 믿음은 과거에 생긴 것이기 때문에 과거형입니다. 마태복음 8장 13절에 "예수께서 백부장에게 이르시되 가라 네 믿은 대로 될지어다 하시니 그 즉시 하인이 나으니라" 했습니다. 믿음이 과거에 얻었던 경험을 말하지만 여기에서는 "현재 네가 믿고 있는 상태대로 될지어다." 하신 것입니다. 그러면 우리는 어떤 믿음을 가져야 합니까?

자신이 "내가 예수 이름으로 명령하면 산천초목도 듣고, 사람도 듣고, 귀신도 듣고, 병균도 듣고 다 듣는다."는 믿고 있는 상태를 고백할 때 주님이 기뻐하시는 것입니다. 그러므로 우리는 신장, 간, 위가 아파서 안수할 때에도 명령을 해야 합니다. 저는 "심장아! 내가 예수 이름으로 명하노니 강심장이 될지어다."고 명령을 합니다. 아니 심장이 귀가 달렸습니까? 그래도 저는 그냥 "심장아! 간아!"하고 부릅니다.

심장이 아파서 병원에 가면 의사가 청진기를 대고 "심장아 소리 좀 내봐라!" 하고 말을 합니까? 그냥 청진기를 대서 심장이 뛰는 소리를 듣지만 우리는 믿음으로 "심장아! 예수 이름으로 명하노니 정상으로 될지어다!" 라고 명령을 하는 것입니다. 인격적으로 듣는다는 믿음을 가지고 하는 것입니다. "위장아!" 하고 명령을 하면 벌써 위가 듣고 움직이기 시작합니다.

치료가 되기 시작합니다. "위장아, 신장아, 간아, 내가 예수 이름으로 명하노니" 하고 명령을 하면 우리의 말을 듣는 것입니다. 왜 그렇습니까? 성령께서 우리 안에 계시기 때문입니다. 하나님의 성품과 능력과 권세가 우리에게 있기 때문에 "간아 예수 이름으로 명령하는 내 말을 듣고 깨끗함을 받을지어다." "가난은 물러가고 물질축복이 임할지어다." 하고 말을 하는 것입니다. 모든 불합리한 것과 비정상적인 것을 향해 명령해야 합니다.

이상하게 생각할 것 하나도 없습니다. 예수께서 그렇게 하셨습니다. 세상 사람들이 보기에는 주님이 더 비웃음을 살만한 행동을 했습니다. 왜 그렇습니까? 죽은지 나흘이나 되어 베로 싸서 무덤 속에 집어넣어 내장이 썩어서 냄새가 나는 송장을 향해서 예수께서 "나사로야! 나오라."하고 명령하셨기 때문입니다. 성경에는 "벌써 죽은지 나흘이 되었으매 냄새가 나나이다." 했습니다.

예수께서 "나사로야 나오라." 했을 때 죽었던 나사로는 베로 동인 채로 저벅저벅 걸어 나왔습니다. 예수께서 동굴 앞에서 "나사로야!" 했을 때 동네 사람들은 웃으면서 "저 사람 정신이 이상한 사람이구나!" 하고 비웃었습니다. 손바닥을 치면서 비웃기도 했을 것이고, 남 말하기 좋아하는 사람은 옆에 사람 쿡쿡 찔러가면서 "저 병신." "저 바보." 하고 비웃었을 것입니다.

그렇지만 예수께서는 그런 말을 하나도 듣지 않았습니다. 예수께서 "나사로야 나오라!" 했을 때 비웃던 사람들이 예수의 말씀에 의해서 걸어 나오는 나사로를 보고 얼마나 기절초풍했겠습니까? 나사로의 힘으로 나오는 것이 아닙니다. 예수님이 성령으로 나사로의 영에게 명령하니 나사로의 영이 초자연적인 예수님의 영에서 나오는 명령을 듣고 혼과 육이 순종하니 살아 나온 것입니다. 사람의 영은 불멸입니다. 그렇기 때문에 예수를 믿지 않는 사람의 영은 마귀가 사는 지옥에서 영생하는 것입니다. 사람의 영은 절대로 죽지 않습니다. 그렇기 때문에 예수를 믿는 우리의 영은 성령의 인도에 따라 하나님과 교통하니 성령의 인도로 하나님이 계시는 천국으로 가는 것입니다.

2. 합리적으로 판단 말고 의심을 버리라.

예수께서 우리 안에 계시고 예수 이름이 계시니 예수 이름의 권세를 의지해서 명령을 하는 것입니다. 우리는 의심하지 말아야 합니다. 그리고 우리 마음속에 있는 의심이나 비웃음들을 다 내버려야 합니다. 우리 속에 있는 의심과 부정적인 요소와 생각은 자신에게 심각한 해를 입힙니다. 예수 믿으면서도 왜 성령의 역사가 일어나지 않습니까? 의심하기 때문입니다.

예수 믿으면서도 왜 믿음이 생기지 않습니까? 그 마음속에 있는 부정적인 생각이 떠나지 않기 때문입니다. 우리 속에 아직까지 부정적인 요소가 있다면 다 내보내야 합니다. 그럴 때 하나님의 성령이 역사 하는 것입니다.

그러므로 우리 마음속의 쓰레기를 모두 치워야 합니다. 우리 마음속에 부정적인 것과 의심이 있으면 귀신을 몰아내도 다시 계속해서 들어오게 됩니다. 그러므로 합리를 추구하고 인간적이고 부정적인 생각과 요소 즉 상식적으로 "이것은 안 된다, 나는 안 된다." 하는 것들을 완전하게 우리의 생각 속에서 예수 이름으로 명령해 몰아내야 합니다.

예레미야 6장 19절에 "땅이여 들으라. 내가 이 백성에게 재앙을 내리리니 이것이 그들의 생각의 결과라 그들이 내 말을 듣지 아니하며 내 율법을 거절하였음이니라" 했습니다. 엉뚱한 생각, 인간적인 생각, 상식적인 생각, 자아와 부정적인 생각 때문에 재앙을 받는다는 것입니다. 이 성경 말씀이 하나님의 말씀인 것을 믿기 바랍니다. 재앙이 왜 왔다고 했습니까? 생각의 결과에 의해서입니다. "아이고! 나는 이 병으로 아무리 생각해도 죽을 것 같아~ 나는 평생 이 병을 가지고 있으려나 봐!" 하고 말을 하는 사람도 있고, "나는 원래부터 알러지 체질이기 때문에 봄에 꽃가루만 날리면 두드러기가 생기고 그래. 나는 또 겨울만 되면 독감을 대 여섯 번씩은 앓아야 돼." 하는 사람도 있습니다.

그래서 겨울에 독감이 걸리지 않으면 괜히 이상하게 생각하고 그것을 가지고 근심스러워 하는 사람도 있습니다. "나는 독감을 대여섯 번은 앓아야 겨울을 난다."는 부정적인 생각을 가지고 있는 사람이 있으면 오늘 다 털어놓아야 합니다. 어떤 사람이 "나는 독감을 대여섯 번은 앓아야 이 겨울을 난다."는 부정적인 생각을 가지고 있다면 그대로 되도록 돼 있습니다. 이는 그것을 믿었기 때문입니다.

"우리 가족은 유전병이 있어. 우리 조상들은 심장병이 있고, 고혈압이 있고, 우리 가족들은 간질 하는 것이 있었어! 아마 나도 그렇게 될 거야. 지금은 젊어서 괜찮지만 60이 넘으면 우리 조상들처럼 그렇게 아플 거야." 하는 생각을 가지고 있는 사람은 틀림없이 60살에 그런 병에 걸리게 됩니다. 그러므로 부정적인 생각을 성령으로 도말하시고 쫓아내기 바랍니다. 예수 이름으로 명령하기를 바랍니다. "자꾸 부정적인 생각이 들게 하는 더러운 영은 예수 이름으로 명하노니 물러갈지어다."

우리는 "나는 육신의 아버지와 상관없이 하늘에 새아버지를 가졌다."고 주장해야 합니다. 요한복음 1장 12절에 "영접하는 자 곧 그 이름을 믿는 자들에게는 하나님의 자녀가 되는 권세를 주셨으니" 했습니다. 보라 이전 것은 지나갔으니 새것이 되었도다, 했습니다. 육신의 아버지가 유전병이 있었을지라도 우리는 이제 "예수 이름으로 명하노니 유전의 줄아! 끊어질지어다." 하고 명령을 해야 합니다.

그리고 "나는 하나님 아버지의 자녀다. 나는 새 아버지가 생겼다." 하고 주장해야 합니다. 의붓아버지가 생긴 것이 아닙니다. 하나님 아버지가 생긴 것입니다. 그러므로 우리는 부정적인 생각을 버려야 합니다. 우리에게는 하늘에서 새 생명을 부여해주시는 아버지 하나님이 생겼습니다. 부정적인 생각은 귀신이 주는 생각입니다. 하나님의 성령이 주시는 생각은 긍정적이고, 기쁨이 넘치고, 생산적이고, 적극적이고, 아름답습니다. 그러나 마귀와 귀신이 주는 생각은 부정적입니다.

동양 사람들은 해가 떴다가 지면 하루가 시작됐다가 하루가 끝난 것이라고 보고, 더 나아가서는 살았다가 죽는 것으로 봅니다. 그러나 유대인의 사상이나 성경은 그렇지 않습니다. 창세기 1장에는 "저녁이 되며 아침이 되니" 했습니다. 이것은 "죽음이 있으니 부활이 있고." 라는 뜻입니다.

우리 동양 사람들과 얼마나 다릅니까? 우리 동양 사람들은 "아침이 되고 저녁이 되니 하루가 지나가고" 하면서 부정적인 사고를 가지고 있습니다. 그런데 유대인의 사상은 "저녁이 되며 아침이 되니 이는 첫째 날이다. 죽음이 있은 다음에 부활이 있고 곧 저주가 있은 다음에 생명이 있다."는 것입니다.

우리 마음속에 부정적인 생각, 슬픈 생각들이 있으면 믿음이 성장하지 않고, 성령의 역사는 중단 됩니다. 그래서 마음에 병이 드는 것입니다. 육신의 병 때문에 고생하는 사람들은 그 육신의 병이 나기 전에 벌써 마음에 병이 들었던 것입니다. 의학적으로 부정적인 요소가 자꾸 들어와서 시간이 흐른 다음에 육신의 병으로 나타난다고 발견해낸 적도 있습니다.

그런데 성경에 벌써 이것을 기록하고 있습니다. 잠언 18장 14절에 "사람의 심령은 그의 병을 능히 이기려니와 심령이 상하면 그것을 누가 일으키겠느냐" 했습니다. 마음이 긍정적이고, 적극적인 믿음을 가지고 있는 사람은 그 병을 능히 이기지만 심령이 상하여 마음이 부정적이고 귀신에게 사로잡혀서 "나는 안 된다." 하고 소극적이고 부정적인 요소로 꽉 들어찬 사람은 그 병을 누가 일으키겠느냐는 것입니다. 하나님도 어찌 할 수 없다는 것입니다.

우리 몸의 건강이 어디서 옵니까? 의사들은 나이가 들면 뼈에서 영양소가 빠져나가서 골다공증에 걸리기 때문에 뼈를 건강하게 해야 한다고 말을 합니다. 그러나 성경은 그 이전에 마음의 즐거움은 양약이고 심령의 근심은 뼈를 마르게 한다고 했습니다.

성경은 앞질러 가고 있는 것입니다. 성경은 과학자들이 발견하기 이전에 벌써 원인을 말씀해 놓고 있는 것입니다. 잠언 17장 22절에 "마음의 즐거움은 양약이라도 심령의 근심은 뼈를 마르게 하느니라" 했습니다. 그리고 잠언 18장 14절에 "사람의 심령은 그의 병을 능히 이기려니와 심령이 상하면 그것을 누가 일으키겠느냐" 했습니다.

그래서 찬송도 즐겁게 해야 합니다. 즐거움으로 찬양하지 않는 사람들은 그날 예배 때 하나님의 말씀도 마음에 부딪혀오지 않습니다. 그들은 "예배 얼른 끝내고 집에 가서 드러누웠으면 좋겠다." 하고 생각합니다. 그것은 마귀가 틈탄 것입니다. 예수 이름으로 나태하게 하는 귀신을 몰아내야 합니다. "나를 나약하게 하는 귀신은 예수 이름으로 명하노니 물러갈지어다."

3. 믿음의 말을 하라.

하나님의 역사로 출애굽한 이스라엘 백성들은 그들의 목적지인 가나안을 향하여 행군을 계속하였습니다. 그 과정 속에 그들은 온갖 고난과 역경을 겪어야 했습니다. 이를테면 그들은 앞에는 홍해바다가 가로막혀 있고 뒤에는 애굽 군대가 좇아오는 진퇴양난의 위기를 만났습니다.

하지만 하나님의 은혜로 바다를 육지처럼 건너는 놀라운 기적을 경험하였으며, 애굽 군대는 수장되었습니다. 또 광야에서 물이 없어 고통 받을 때, 하나님은 반석에서 물이 나게 하셨으며, 마라의 쓴 물을 달게 바꾸어 주셨습니다. 먹을 것이 아무 것도 없는 황량한 광야에서 하나님은 만나와 메추라기로 그들을 먹이셨습니다.

이와 같이 이스라엘 백성들의 광야생활은 척박하기 짝이 없는 삶이었지만, 그래도 하루 하루가 은혜의 연속이었습니다. 그들이 그곳에서 살아남아 있다는 것이 날마다 기적이었습니다. 이렇게 하여 바란 광야에 와서 진을 치게 되었습니다. 이때 하나님께서는 모세에게 '각 지파 중에서 지휘관 된 자 한 사람씩을 택하여 가나안 땅을 정탐하게 하라'고 말씀하셨습니다.

그들은 40일 동안을 정탐하고 돌아와 보고를 하게 되었습니다. 공통되는 내용은 이렇습니다.

부정적인 보고 내용은 그들은 우리보다 강하다. 우리는 그들을 치지 못한다. 우리는 그들 앞에서 메뚜기 같다. 그들 칼에 죽는 것보다 광야에서 죽는게 낫다. 한 장관을 세우고 애굽으로 돌아가자.

긍정적인 보고 내용은 하나님이 그 땅을 우리에게 주실 것이

다. 하나님을 거역하지 말라. 그 땅 백성을 두려워하지 말라. 그들은 우리의 먹이라. 그들의 보호자는 그들을 떠났고 여호와는 우리와 함께 한다

여호수아와 갈렙과 같은 믿음의 사람들은 "우리가 곧 올라가서 그 땅을 취하자 능히 이기리라."고 보고했습니다. 본 것은 같은데 말은 완전히 다릅니다. 보는 눈이 다르기 때문입니다. 믿음의 사람들은 문제를 보지 않고 하나님을 보았습니다. 나쁜 점을 보지 않고 좋은 점을 보았습니다. 그랬기에 그들의 말은 달랐던 것입니다.

당신은 어떻게 말하는 분입니까? 일반적으로 비판적이고 부정적인 말을 하는 분들을 보면, 아주 분석적이고 합리적입니다. 그들의 비판 자체는 사실 근거가 없거나 틀린 말이 아닙니다. 나름대로 다 타당성이 있습니다. 문제는 부정적인 말을 하는 사람들은 결국 부정적인 사람이 되고 만다는 것입니다. 그래서 매사를 부정적으로 보고, 부정적으로 말하게 되는 것입니다.

당신은 현실의 상황을 부정적으로 말하는 사람입니까? 아니면 그 속에서도 긍정적인 요소를 발견하고 말하는 믿음의 사람입니까? 백성들은 부정적인 보고에 더 큰 영향을 받았습니다. 온 백성이 소리를 높여 부르짖으며 밤새도록 통곡하였습니다.

그리고 모두 모세와 아론을 원망하였습니다. "차라리 우리가 애굽 땅에서 죽었거나 이 광야에서 죽었으면 좋았을 것을 어찌하여 여호와가 우리를 그 땅으로 인도하여 칼에 쓰러지게 하려

하는가? 우리 처자가 사로잡히리니 애굽으로 돌아가는 것이 낫지 아니하랴?"일반적으로 자연인은 부정적인 경향성을 가지고 있습니다. 이것을 원죄라고 해도 좋을지 모르겠습니다.

선은 가능성이지만, 악한 쪽에 더 기울어져 있기 때문에 의도적으로 노력하지 않으면, 결코 선을 행할 수 없다는 것입니다.

우리는 얼마든지 긍정적인 믿음의 말을 할 수 있는 가능성을 가지고 있습니다. 그러나 부정적인 말을 하기가 더 쉽고, 영향 받기가 더 쉬운 존재라는 것입니다. 우리는 자연적으로 믿음의 말을 하기가 어렵습니다.

의도적으로 믿음의 말을 하려고 해야 하는 것입니다. 어떤 한 사람이 부정적인 말을 하면, 금방 사람들은 그 말에 영향을 받습니다. 상황을 종합적으로 판단하고 분석하지 않고, 단편적인 것만 보고 판단합니다.

이스라엘 백성들의 삶은 그런 단면을 너무나 잘 보여주고 있습니다. 하나님은 그들을 목이 곧은 백성이라고 책망하셨습니다. 이렇게 부정적인 영향을 받는 것을 보고, 모세와 아론은 회중 앞에 엎드렸으며, 여호수아와 갈렙은 옷을 찢으며 말했습니다. "여호와께서 우리를 기뻐하시면 우리를 그 땅으로 인도하여 들이시고 그 땅을 우리에게 주시리라 이는 과연 젖과 꿀이 흐르는 땅이니라. 다만 여호와를 거역하지는 말라. 또 그 땅 백성을 두려워하지 말라. 그들은 우리의 먹이라. 그들의 보호자는 그들에게서 떠났고 여호와는 우리와 함께 하시느니라. 그들을 두려워하지 말라"

그러나 회중은 그들을 돌로 치려하였습니다. 한번 부정적인 영향을 받은 사람들은 믿음의 말을 해도 들으려 하지 않습니다. 이것이 문제인 것입니다. 객관적인 생각을 할 줄 모르는 것입니다.

그러면 무엇이 이런 차이를 만들어 내는 것입니까? 한쪽은 그 땅을 차지할 수 없다고 하고, 다른 한쪽은 차지할 수 있다고 합니다. 무엇 때문에 할 수 없다고 하고, 무엇 때문에 할 수 있다고 합니까?

Key word는 무엇입니까? 그것은 바로 "여호와께서 우리를 기뻐하시면"입니다. 결국 하나님께 대한 믿음입니다. 할 수 없다는 사람들은 자기들의 힘만 의지하고 할 수 없다는 것입니다. 하지만 믿음의 사람들은 현실만 본 것이 아니라 하나님을 보았습니다. 하나님 안에서는 불가능이 없는 것입니다. 이제까지도 하나님이 함께 하셨고, 앞으로도 하나님이 역사하실 것입니다. 이것을 믿는 믿음으로 말할 때, 믿음의 역사가 일어나게 되는 것입니다. 정말 문제는 그들의 말의 결과입니다. 하나님은 부정적인 보고를 한 사람들과 그들에게 영향을 받은 백성들이 하나님을 멸시한 것이며, 믿지 않은 것이라고 평가하셨습니다.(민14:11절) 그리고 전염병으로 그들을 치시며(민14:12절). 그 사람들은 한 사람도 가나안 땅을 보지 못할 것이라고 하셨습니다(민14:23절). 그러나 믿음의 사람 갈렙은 주님을 온전히 좇았으므로 그 땅으로 인도하여 들이리라고 하셨습니다(민14:24절).

오늘 당신의 말은 믿음의 말입니까? 하나님은 우리가 말하는 것을 귀담아 들으십니다. 그리고 "너희 말이 내 귀에 들린 대로 내가 너희에게 행하리라."고 하십니다(민14:28절). 우리가 말하는 대로 시행하신다는 말씀입니다. "못 살겠어. 힘들어. 교회 가도 재미없어. 우리 집은 이게 문제고, 저게 문제야" 혹시 이런 문제점을 자꾸 들추고 있지는 않습니까? 그런 문제들이 우리 집에 있는 것은 아마 맞는 말일 것입니다.

그러나 문제점들보다는 믿음의 말을 하시기 바랍니다. 생명을 살리는 말, 격려의 말. "우리 집은 앞으로 이것도 잘 되고, 저것도 잘되고 다 잘 될거야." 충청도 사투리로 "잘 될끼어" 당신이 하나님의 축복을 받기를 원하신다면 축복의 말을 하시기 바랍니다. 현실이 그렇게 보이지 않는다고 할지라도 믿음으로 그렇게 말하시기 바랍니다.

6장 초자연적인 힘이 있는 말을 하는 법

(약 3:2-12) "우리가 다 실수가 많으니 만일 말에 실수가 없는 자라면 곧 온전한 사람이라 능히 온 몸도 굴레 씌우리라. 우리가 말들의 입에 재갈 물리는 것은 우리에게 순종하게 하려고 그 온 몸을 제어하는 것이라. 또 배를 보라 그렇게 크고 광풍에 밀려가는 것들을 지극히 작은 키로써 사공의 뜻대로 운행하나니, 내 형제들아 너희는 선생된 우리가 더 큰 심판을 받을 줄 알고 선생이 많이 되지 말라. 우리가 다 실수가 많으니 만일 말에 실수가 없는 자라면 곧 온전한 사람이라 능히 온 몸도 굴레 씌우리라. 우리가 말들의 입에 재갈 물리는 것은 우리에게 순종하게 하려고 그 온 몸을 제어하는 것이라. 또 배를 보라 그렇게 크고 광풍에 밀려가는 것들을 지극히 작은 키로써 사공의 뜻대로 운행하나니, 이와 같이 혀도 작은 지체로되 큰 것을 자랑하도다. 보라 얼마나 작은 불이 얼마나 많은 나무를 태우는가, 혀는 곧 불이요 불의의 세계라 혀는 우리 지체 중에서 온 몸을 더럽히고 삶의 수레바퀴를 불사르나니 그 사르는 것이 지옥 불에서 나느니라. 여러 종류의 짐승과 새와 벌레와 바다의 생물은 다 사람이 길들일 수 있고 길들여 왔거니와 혀는 능히 길들일 사람이 없나니 쉬지 아니하는 악이요 죽이는 독이 가득한 것이라. 이것으로 우리가 주 아버지를 찬송하고 또 이것으로 하나

님의 형상대로 지음을 받은 사람을 저주하나니 한 입에서 찬송과 저주가 나오는 도다. 내 형제들아 이것이 마땅하지 아니하니라. 샘이 한 구멍으로 어찌 단 물과 쓴 물을 내겠느냐 내 형제들아 어찌 무화과나무가 감람 열매를, 포도나무가 무화과를 맺겠느냐 이와 같이 짠 물이 단 물을 내지 못하느니라"

미국의 존스 홉킨스 대학병원의 벤 카슨 의사는 '신의 손'이라는 별명을 가지고 있습니다. 그는 모든 의사들이 포기한 4살짜리 악성 뇌종양을 수술해서 애를 살렸습니다. 그리고 처음으로 머리와 몸이 붙은 샴 쌍둥이를 분리하는데 성공을 했습니다. 이처럼 '신의 손'으로 의학계에서 명성을 날리는 벤 카슨의 어린 시절은 대단히 불우했습니다. 그는 빈민가에서 태어나 8살 때 부모님이 이혼한 후 집 주변을 배회하며 흑인 불량배들과 어울려 싸움을 일삼고 생활했습니다. 학교에서도 흑인이라는 이유로 따돌림을 당했고 성적은 늘 꼴찌를 했습니다. 이처럼 힘들고 불우한 어린 시절을 겪은 그는 한 기자가 이런 질문을 했습니다.

"오늘의 당신을 만들어 준 것은 무엇입니까? 당신은 학교에서 열등학생이었고 깡패였는데 어떻게 이렇게 위대한 의사가 되었습니까?" 그러니까 그는 두말하지 않고 "나의 어머니 쇼냐 카슨 덕분입니다. 어머니는 내가 늘 꼴찌를 하면서 흑인이라고 따돌림을 당할 때에도 "벤, 너는 마음만 먹으면 할 수 있다. 하면 된다. 해 봐라. 노력만 하면 너라고 해서 못할리 있느냐." 절대로 부정적인 말을 하지 않고 그 아들에게 긍정적이고 희망적인 격려를 해 주었습니다."

말 한마디의 힘은 우리의 상상을 초월합니다. 더욱이 자녀들에게 부모의 말씀이나 선생님이 던져주는 말은 한평생 두고두고 변화를 가져오는 것입니다. 이 카슨은 어머니 말씀 덕분에 용기와 힘을 내어 분발한 결과에 미국의 최고의 외과의사가 된 것입니다.

프랑스의 천재적인 수학자, 물리학자인 그리고 신학자였던 파스칼(Blaise Pascal)은 "따뜻한 말들은 많은 비용이 들지 않지만 많은 것을 이룬다."고 말했습니다.

우리가 부부간에, 부모 자식 간에, 이웃 간에, 상사와 사원 간에 따뜻한 격려의 말 한마디 별로 크게 비용들지 않습니다. 그러나 그 말이 굉장한 성과를 거둔다고 말하고 있는 것입니다.

존 칼빈은 "우리의 모든 말들은 친절과 은혜로 가득해야 합니다. 이를 위해서 우리는 남에게 유익이 되는 말과 친절한 말을 해야 됩니다."라고 말했습니다. 좋은 말 한마디가 갖는 힘은 우리의 상상을 초월하는 것입니다.

1. 말의 기능

우리 오늘 말의 기능을 한번 알아보십시다. 말은 삶의 방향을 결정하는 온 몸을 굴레 씌우는 힘을 가지고 있습니다. 우리가 그냥 지나가는 말로 자꾸 말하지만 말 한데로 됩니다. 말은 우리 삶의 방향을 결정하는 것입니다.

야고보서 3장 2절에 "우리가 다 실수가 많으니 만일 말에 실수가 없는 자라면 곧 온전한 사람이라 능히 온 몸도 굴레 씌우리라"말이 온 몸을 굴레 씌워서 좌우로 우리를 이끌어 가는 것입니다. 성경에는 더 강하게 말하기를 "우리가 말들의 입에 재갈 물리는 것은 우리에게 순종하게 하려고 그 온 몸을 제어하는 것이라"(약 3:3). 말의 입에 재갈 조그마한 것 넣었지만 이것 가지고서 온 말을 이끌어가는 것처럼 우리말은 그 재갈과 같다는 것입니다.

또 광풍에 밀려가는 배를 보면 "그렇게 크고 광풍에 밀려가는 것들을 지극히 작은 키로써 사공의 뜻대로 운행하나니 이와 같이 혀도 작은 지체로되 큰 것을 자랑하도다. 보라 얼마나 작은 불이 얼마나 많은 나무를 태우는가"(약 3:4~5). 배 밑에 있는 키는 물에 잠겨서 물이 보이지 않습니다. 그러나 그 키의 방향에 따라서 배가 동서남북으로 방향을 잡는 것입니다. 우리 혀는 눈에 안보입니다. 입 속에 있습니다. 그러나 혀가 움직여서 말하는 방향대로 우리는 그리 가게 된다는 것입니다. 에이 뭐 그럴 것이냐. 그러나 하나님 말씀이 그렇다고 말씀하시고 우리의 생활에 체험이 그것을 증거하는 것입니다.

5만 번 이상의 기도응답을 받은 조지 뮐러는 수많은 고아를 기른 '고아의 아버지'였었습니다. 그러나 실상 그는 청소년 시절에는 동네 부랑자와 깡패였습니다. 아버지의 돈을 훔치고 거짓말을 일삼고 친구들과 어울려 유흥업소와 경찰서를 자기 집 드나들 듯이 갔다왔다 교도소를 다녀온 사람입니다. 그러나 그의 생활이 완전히 바뀌게 된 계기는 동네 목사님의 말 한마디 때문인 것입니다. 목사님이 조지 뮬러를 만나서 "뮬러야, 나쁜 버릇은 단번에 고쳐지지는 않는다. 그러나 하나님이 한번 택한 사람은 절대로 버리지 않으신다. 나쁜 버릇이 있다고 버리지 아니하신다. 그러므로 낙심하지 말고 용기를 가져라." 이 말이 조지 뮬러의 가슴 속에 콱 박혔습니다. 왜냐하면 조지 뮬러는 자기 자신이 자기를 버렸습니다.

나는 나쁜 놈이고 나는 깡패고 폐인이다. 희망이 없다. 그렇게 자인하고 있었는데 목사님 말 한마디가 그 마음속에 박혀서 나도 하나님이 버리지 아니하시니까 하나님께 의지하면 새사람이 되고 좋은 사람이 될 수 있다. 그렇게 신념을 가지고 노력한 결과 그는 인류 역사에 남는 위대한 고아의 아버지가 된 것입니다. 5만번 기도해서 5만번 응답을 받은 하나님의 사자인 것입니다.

데이 C. 셰퍼드는 〈세 가지 황금 문〉이란 자신의 책에서 언어생활에 대해 이렇게 말했습니다. "말하기 전에 언제나 세 가지 황금 문을 지나게 하라" 세 가지 황금 문이란, 첫째는, 그것이 참말인가. 거짓말을 하는 것이 아닌가. 참말인가. 둘째는, 그것은 정말 필요한 말인가. 쓸데없는 말 아니고 필요한 말인가. 셋째, 그것은 친절한 말인가. 우리가 말하기 전에 이러한 세 가지 황금 문을 확실히 지나왔다고 생각하면 그 결과를 걱정하지 말고 담대하게 외치라고 말한 것입니다.

말이란 광풍에 밀려가는 커다란 배를 조종하는 키와 같고 우리 삶의 방향을 결정하는 원인이 되는 것입니다. 그러므로 우리는 늘 신중하게 생각하고 말을 잘 선택해서 해야 되는 것입니다.

잠언서 12장 14절에는 말에 대해 이렇게 말합니다. "사람은 입의 열매로 말미암아 복록에 족하며 그 손이 행하는 대로 자기가 받느니라" 그러므로 우리 입술에서 나오는 말이 지옥의 불이 될 수도 있고 쉬지 않는 악이 될 수도 있고 죽이는 독이 될 수도 있습니다.

"혀는 곧 불이요 불의의 세계라 혀는 우리 지체 중에서 온 몸을 더럽히고 삶의 수레바퀴를 불사르나니 그 사르는 것이 지옥불에서 나느니라 여러 종류의 짐승과 새와 벌레와 바다의 생물은 다 사람이 길들일 수 있고 길들여 왔거니와 혀는 능히 길들일 사람이 없나니 쉬지 아니하는 악이요 죽이는 독이 가득한 것이라"(약 3:6~8)고 말한 것입니다.

그런데 이 독이 가득한 혀를 가지고 우리가 마음만 바꾸면 하나님 찬미하는 아름다운 도구가 될 수 있는 것입니다. 오늘도 와서 찬송 부르고 하나님께 영광을 돌렸지 않습니까?

"이것으로 우리가 주 아버지를 찬송하고 또 이것으로 하나님의 형상대로 지음을 받은 사람을 저주하나니 한 입에서 찬송과 저주가 나오는도다 내 형제들아 이것이 마땅하지 아니하니라 샘이 한 구멍으로 어찌 단 물과 쓴 물을 내겠느냐 내 형제들아 어찌 무화과나무가 감람 열매를, 포도나무가 무화과를 맺겠느냐 이와 같이 짠 물이 단 물을 내지 못하느니라"(약 3:9~12)

이러므로 우리 입에서 나오는 말을 한결같이 해야 우리 삶의 방향이 한결같다는 것입니다. 우리 어릴 때 애들에게 묻지 않습니까? 너 커서 뭐될래? 나 배우 되겠다. 나 과학자 되겠다. 나 목사 되겠다. 나 선생님 되겠다. 애들이 그런 말을 합니다. 그런 말을 자꾸 하면 그 말이 결국은 그 어린아이가 그 길로 가도록 이끌어 가는 것입니다. 말이 무슨 힘이 있느냐. 그렇지 않습니다. 말에 큰 힘이 있습니다. 그러므로 우리는 어릴 때부터 말을 조심하도록 가르쳐 줘야 되는 것입니다. 우리의 인생길이 성공으로 갈 수도 있고 실패로 갈수도 있습니다. 축복을 받고 살수도 있고 패배하며 살수도 있는 것입니다. 그러므로 정치인들도 우리 국민들을 이끌어 가는데 말로써 이끌어가지 않습니까? 말을 국민들에게 자주자주 하면 그 말대로 이루어지는 것입니다.

2. 말의 위력

과학자들이 말하는 말의 위력을 한번 보십시다. 일본의 물 연구가인 에모토 마사루씨가 지은 저서 『물은 답을 알고 있다』

는 유명한 책을 저술했습니다. 그의 실험에 의하면 물 컵을 두 개 실험실에 갖다 놓고 물 컵 하나를 보고는 망할 놈, 죽어버려! 그리고 난 다음에 물 결정을 현미경으로 보니까 물 결정이 완전히 파괴 되었어요. 아예 그냥 형편없이 되어 버렸어요. 그러나 다른 컵에 있는 물을 보고는 예쁘다. 고맙다. 감사하다. 참 좋다. 그리고 난 다음 현미경을 보니까 아주 아름다운 육각형의 저렇게 아름다운 물이 되고 말았어요. 그냥 똑같은 물을 두 컵에 담아 놓고 하나는 욕을 하고 하나는 칭찬을 했는데 욕한 물은 조직이 다 파괴되어 버리고 칭찬한 물은 저렇게 아름다운 조직으로 변화된 것입니다. 이게 왜 중요하느냐. 사람은 60%가 물이에요. 다 물이야.

그러면 우리 물들이 여기에 앉아있는데 우리가 입에서 욕을 하고 저주를 하고 비난을 하면 우리 속에 있는 물의 조직이 다 파괴돼요. 그 파괴된 결과로 저항력을 잃어버리고 면역력이 떨어지고 여러 가지 병에 걸리고 마음에 고통과 괴로움이 다가오는 것입니다. 그러나 우리 서로 칭찬하고 찬양하고 아름다운 노래를 부르면 우리 몸의 물에 결정체가 다 아름답게 육각형이 되어 건강해지고 행복해지고 병이 낫게 되는 것입니다. 서로 미워하고 분노하며 부정적인 말을 하면 몸속의 물이 그 분자가 파괴되어 온갖 병의 원인이 되는 것입니다. 성경에는 이미 잠언서 15장 4절에 "온순한 혀는 곧 생명나무이지만 패역한 혀는 마음을 상하게 하느니라" 참 놀랍지요? 성경은 과학자들이 이제 발견한 것을 수천 년 전에 이미 다 말씀하고 있는 것입니다. 그러나 사랑하고 감사하며 긍정적인 말을 하면 물은 아름다운 육각형의 결정체가 되어 건강과 생명과 삶의 아름다운 원천이 되는 것입니다.

잠언 16장 24절에 선한 말은 꿀 송이 같아서 마음에 달고 뼈에 양약이 된다. 어떻게 알았는지 몰라요. 하나님의 계시를 안 받고야 오늘날 과학자들이 발견한 사실을 어떻게 알고 기록했겠습니까? 선한 말은 꿀 송이 같다고 말했습니다. 몸이 꿀 송이 같이 된다. 마음에 달고 뼈에 양약이 된다.

에베소서 4장 29절에 "무릇 더러운 말은 너희 입 밖에도 내지 말고 오직 덕을 세우는 데 소용되는 대로 선한 말을 하여 듣는 자들에게 은혜를 끼치게 하라"고 말씀하고 있는 것입니다.

베드로는 3장 10절로 12절에 "그러므로 생명을 사랑하고 좋은 날 보기를 원하는 자는 혀를 금하여 악한 말을 그치며 그 입술로 거짓을 말하지 말고 악에서 떠나 선을 행하고 화평을 구하며 그것을 따르라 주의 눈은 의인을 향하시고 그의 귀는 의인의 간구에 기울이시되 주의 얼굴은 악행 하는 자들을 대하시느니라" 고 경고하고 있는 것입니다.

이상국 씨가 쓴 〈러브레터 읽어주는 남자〉란 책에 이런 글이 있는데, 저도 거기에 상당히 공감을 합니다. 당신 참 좋다. 정말 이 한 마디가 내 마음의 큰 보물이라고 말했습니다. "당신에게서 받은 이 귀한 보물을 난 아직도, 먼지 하나 묻히지 않고 보관

하고 있답니다. 어느 날 당신은 나를 바라보며 갑자기 말했지요. 당신 참 좋다." 보통 말로 우리가 생각하지 않습니까? 그러나 이 말이 마음속에 보배가 된다는 것입니다. "당신 참 좋다"라는 말은 간단한 것 같지만, 상대에게 큰 힘과 위로와 꿈을 주는 것입니다. 이렇게 간단한 말로 우리가 상대방을 위로할 수 있는 말들은 그 밖에도 많습니다. "수고했어요"라는 말은 온갖 피로를 다 씻어주는 것입니다. "잘했어요"라는 말은 상대방에게 큰 용기를 줍니다. "고마워요"라는 말은 새 힘을 주며, "사랑해요"라는 말은 더욱 큰 소망을 주는 것입니다. 우리가 이런 말을 할 때는 우리 자신도 역시 동일한 기쁨과 위로를 얻게 되는 것입니다.

남미의 신학자인 구스타보 구티에레즈는 이렇게 말했습니다. "남의 손을 씻기다 보면 내 손도 따라서 깨끗해지고, 남의 귀를 즐겁게 해주다 보면 내 귀도 따라서 즐거워지고 남을 위해 불을 밝히다 보면 내 앞이 먼저 환해지고, 남을 위해 기도를 하다보면 내 마음이 먼저 밝아진다."

이처럼 말이란 우리 상대방뿐만 아니라 우리 자신에게도 기쁨과 위로와 소망을 주는 큰 원천이 되는 것입니다. 옛날에는 양반과 상놈 차이가 굉장히 많지 않았습니까? 그리고 고기장사를 하는 사람들은 대개 다 옛날 백정이라고 해서 상놈들이 고기장사를 했습니다. 그런데 양반 두 사람이 고기를 사러 갔어요. 그래서 그 고기 값을 주고 한 사람은 말하기를 "여보게 자네, 이만큼 지금 고기를 다오." 그래서 고기를 베어서 주었습니다. 그 다음

같이 간 양반이 "김서방, 고기 좀 다오." 훨씬 고기를 더 많이 주거든. 그래서 처음 산 사람이 "왜 똑같은 돈을 주고서 고기를 샀는데 저 사람은 고기를 많이 주느냐." 했더니 "제일 처음에 고기를 벤 사람은 상놈인 김씨고 저 사람 고기는 김서방이 베어서 준 것입니다. 내가 준 것이 아니에요. 김서방이 베어서 준 것입니다." 말이라는 것이 사람의 감정을 그렇게 변화시키는 것입니다. 천 냥 빚을 갚는 것이 말이라고 한 것입니다. 그러므로 말을 할 때 우리가 하나님의 은혜와 사랑을 가지고 말을 해야 되는 것입니다.

3. 천국의 열쇠 입술의 말

천국의 열쇠가 바로 입술의 말이라는 것을 우리가 알아야 되는 것입니다. 예수님은 빌립보 가이샤라 지방에서 제자들에게 질문을 했었습니다. "사람들이 나를 누구라고 하느냐?" 그러니까 제자들 중에 어떤 사람이 "세례 요한이라고 말합디다." "엘리야라고 말합디다." 어떤 제자는 "예레미야라고 말합디다." 예수님께서 물었습니다. "너희는 나를 누구라고 부르느냐?" 그럴 때 "시몬 베드로가 대답하여 이르되 주는 그리스도시요 살아 계신 하나님의 아들이시니이다"(마 16:16) 분명한 대답을 했습니다. 예수님에 대한 확실한 고백은 신앙의 반석이 되는 것입니다.

마태복음 16장 17절로 18절에 "예수께서 대답하여 이르시되 바요나 시몬아 네가 복이 있도다 이를 네게 알게 한 이는 혈육이 아니요 하늘에 계신 내 아버지시니라 또 내가 네게 이르노니 너는 베드로라 내가 이 반석 위에 내 교회를 세우리니 음부의 권세가 이기지 못하리라"

오늘 이 시간에 당신은 예수님을 누구라고 말씀합니까? 주는 그리스도시요 살아 계신 하나님의 아들이라고 확신합니까? 그렇다면 하나님이 우리를 택하신 것입니다. 우리는 반석인 것입니다. 우리 안에 주님께서 교회를 세우겠다는 것입니다. 그런데 이런 신앙고백을 하는 사람에게는 무엇이 주어지느냐. 천국의 열쇠를 주는 신분을 얻게 되는 것입니다.

마태복음 16장 19절에 "내가 천국 열쇠를 네게 주리니 네가 땅에서 무엇이든지 매면 하늘에서도 매일 것이요 네가 땅에서 무엇이든지 풀면 하늘에서도 풀리리라"

사람들은 생각하기를 천국의 열쇠를 하나님이 가지고 계시다고 생각하는 것입니다. 하나님이 천국 열쇠를 가지고 우리에게 천국 열쇠를 열어주기도 하고 닫아버리기도 한다고 하는데 주는 그리스도시요 살아 계신 하나님의 아들이라고 고백하는 신앙을 가진 사람에게는 주님이 천국 열쇠를 그 사람에게 주신 것입니다. 내가 천국 열쇠를 네게 주노니 그러므로 천국 열쇠를 열고 닫는 것은 우리에게 달려있고 주님께 달려있지 않습니다. 그러므로 주님을 원망할 수가 없어요. 우리의 운명은 우리가 열고 닫을 수가 있기 때문인 것입니다. 천국의 열쇠를 어떻게 사용합니까? 천국 열쇠는 다른 것이 아니라 바로 입술의 고백이 천국의 열쇠인 것입니다. 내 입으로 말하는 것이 천국 열쇠입니다. 정말 깜짝 놀랄 일인 것입니다. 입술로 우리가 단호하게 고백할 때 그 말을 따라서 주님이 하늘 문을 여시기도 하시고 닫으시기도 하는 것입니다. 우리가 항상 입술의 고백을 통해서 열어 놓을 것은 예수님이 갈보리 십자가에서 몸을 찢고 피를 흘려 우리에게 주신 은혜인 것입니다. 예수님이 우리에게 용서와 의로움을 주셨습니다. 그러므로 항상 우리는 예수 그리스도로 말미암아 십자가를 통해서 용서와 의를 얻었다고 시인해야 되는 것입니다.

그러면 용서와 의로움의 은혜가 우리에게 주어진 것입니다. 하늘에서 주어진 것입니다. 우리 입술의 고백을 통해서 주어진 것입니다. 우리가 거룩하고 성령 충만하다고 입으로 강하게 주장하면 하나님께서 성결과 성령을 주시는 것입니다. 나는 채찍에 맞음으로 나음을 입었다. 나는 건강하다. 나는 치료받았다. 내가 병들어 있음에도 불구하고 치료받았다고 강하게 주장하면 하늘에서 치료의 문이 열리는 것입니다. 치료가 다가와요. 나는 아브라함의 복을 받은 사람이다. 형통한 사람이다. 축복받은 사람이다. 그렇게 내가 주장하면 내가 천국의 축복의 열쇠를 사용한 것입니다. 하늘로부터 축복의 문이 열리는 것입니다. 입술의 고백이 바로 천국의 열쇠인 것입니다. 나는 영생복락을 얻었다. 나는 죽어도 살고 천국에 간다고 주장을 하는 사람은 죽어도 끝나지 않습니다. 죽을 때 천국 문이 자연으로 열리게 되는 것입니다. 주는 그리스도시요 살아 계신 하나님의 아들이라는 신앙고백을 분명히 한 사람은 예수 그리스도로 말미암아 하늘나라의 열쇠가 우리에게 주어졌기 때문에 엄청난 축복의 금고열쇠를 가지고 있는 것입니다. 입술에서 매고 푸는 역할을 해야 되는데 푸는 역할은 나는 죄에서 풀려났다고 말해야 되는 것입니다. 나는 죄에서 풀려났다. 그러면 하늘에서 성령께서 풀어주는 것입니다. 나는 도덕적인 더러움에서 해방되었다고 입술로 주장하면 그 주장한대로 성령이 역사해 주는 것입니다. 나는 가지가지 심신의 병에서 고침 받았다. 나는 치료받았다. 나는 나았다. 주장하면 그 역사로 치료를 받게 되는 것입니다. 나는 가난과 굶주림에서 해방되었다. 나는 더 이상 가난하거나 헐벗고 굶주리지 않는다. 가난 의식에서 축복과 부요의식으로 마음이 바뀌어지면 가난에서 풀려나는 것입니다. 가난한 사람을 만나보세요. 항상 나는 가난하다. 못산다. 살 수가 없다고 말하는 것입니다. 그 굴레 속에서 나오지 못합니다. 그러나 부요의식을 가지고 나는 그리스도 예수로 말미암아 복을 받은 사람이다. 나는 가난에서 해방되었다. 저주는 물러갔다. 아브라함의 복을 받았다. 입술의 주장을 하면 천국열쇠를 잘 사용해서 그것이 자기에게 축복을 가져오는 것입니다.

잠언서 18장 21절에 죽고 사는 것이 혀의 힘에 달렸다. 이것 보통 아닙니다. 죽고 사는 권세인 것입니다. 그러니 그 힘이 얼마나 큽니까? 당신의 혀가 그런 파워를 가지고 있어요. 가난하고 부요하게 되는 것도 혀에 달려있는 것입니다. 건강하고 병든 것도 혀에 달려 있는 것입니다. 성공하고 실패하는 것도 혀에 달려있는 것입니다. 혀라는 것은 엄청나게 큰 힘을 가지고 있는 것은 예수님께서 이 혀에 천국 열쇠의 권한을 주셨기 때문인 것입니다. 성공한 크리스천들 만나보세요. 예수 잘 믿고서 재벌이 된 사람 만나보면 절대로 부정적인 말하지 않습니다. 못한다. 안 된다. 할 수 없다는 말 절대로 안합니다. 언제나 잘된다고 하지요. 성공한다고 하지요. 나는 축복받았다고 하지요. 이 혀를 올바르게 사용하기 때문에 항상 천국 문을 열어놓고 있는 것입니다. 그 결과로 영혼이 잘됨 같이 범사에 잘되며 강건하게 된다고 주장하고 성경이 주는 천국의 가지가지 약속을 내가 소유할 수 있는 것입니다.

마가복음 11장 23절에 "내가 진실로 너희에게 이르노니 누구든지 이 산더러 들리어 바다에 던져지라 하며 그 말하는 것이 이루어질 줄 믿고 마음에 의심하지 아니하면 그대로 되리라"

말, 큰 힘을 가진 말… 이 말이 바로 하늘나라 열쇠를 채웠다가 열었다가 하는 권세가 있는 것입니다. 이러므로 우리는 무능력한 사람이 아닙니다. 내가 뭘 아나요? 나는 아무것도 할 수 없다. 나는 아무것도 못해요. 하나님이 도와주시면 좋고 안도와주시면 나는 버림받은 사람이에요. 하나님이 말합니다. 내가 너에게 열쇠를 주었는데 네가 열어야 하늘에서 열고 네가 닫으면 내가 하늘에서 닫을 것인데 네가 아무것도 안하면 나도 아무것도 안한다. 성경에 보면 백부장이 예수께 나와서 절하고 주여 내 하인이 흉악하게 중풍병에 걸렸으니 주님 고쳐 주십시오. 주님께서 내가 가서 고쳐주리라. 그러니까 이 백부장이 아닙니다. 주님이 오실 필요가 없습니다. 말씀 한마디만 하시옵소서. 그러면 내 하인이 나을 것입니다. 예수님이 감탄하셨습니다. 이스라엘에서도 이만한 믿음을 가진 사람을 본적이 없다. 네 믿음대로 될지어다. 그 즉시로 중풍병 환자가 나았습니다. 그 백부장의 말을 따라서 예수님이 말씀하신 것입니다. 자신의 말을 따라 하나님께서 하늘 문을 열기도 하고 닫기도 하는 것입니다. 그렇기 때문에 우리는 결심하고 긍정적이고 적극적이고 창조적인 말을 해야 돼요. 오늘 아침에 깨어 일어나서 나는 행복하다. 나는 평안하다. 나는 건강하다. 나는 복 받았다. 나는 형통한다. 나는 감사하다. 그 말 하셨어요? 저는 매일 아침 합니다. 왜, 그 말이 무슨 힘이 있느냐구요? 내가 그렇게 하면 하나님이 들으시고 그대로 하늘에서 하늘 문을 여시기 때문인 것입니다. 내가 말도 안하면 하나님도 아무것도 안하세요. 천국 열쇠를 네게 주노니 네가 열면 하늘에서 내가 열 것이요 네가 닫으면 하늘에서 닫아 버린다. 하나님은 우리가 말하기를 기다리고 계십니다. 그렇기 때문에 자신이 말하는 것이 이루어지는 것입니다. 아무 말도 안하면 아무것도 이루어지지 않아요. 예수님 말 한마디가 사람의 생애를 변화시키는 것입니다. 성경에 보면 삭개오라고 세리장이 있었는데 키가 작아요. 그 사람이 예수님이 오시는 것을 보려고 하는데 안보이니까 뽕나무 위에 올라갔습니다. 뽕나무 위에서 잔뜩 내려다보고 있습니다. 세리장이면 상당히 지위가 높은데 체면 불구하고 보고 있으니 예수님께서 뽕나무 밑에 와서 삭개오야 내가 오늘 너희 집에 유하겠다. 좋아서 뛰면서 내려왔습니다. 그래서 예수님 보고 말씀하기를 주여 내가 내 소유의 절반을 가난한 사람에게 주겠사오며 만일 누구의 것을 빼앗은 일이 있으면 네 갑절이나 갚겠나이다. 주님께서 말씀하시기를 오늘 구원이 이 집에 이르렀다. 모든 것이 말로써 이루어진 것입니다. 예수님이 내가 네 집에 유하겠다고 하니까 그 말 한마디에 감동해서 재산의 반을 가난한 사람에게 주고 훔쳐서 모은 재산 같으면 네 배로 갚겠다. 예수님이 그 말씀을 받아서 구원이 네 집에 임하였다. 말 아닙니까? 네 말로 네가 묶였으며 네 말로 네가 사로잡힌바 되었다는 말씀을 우리가 꼭 기억해야 되는 것입니다.

낙관적 심리학의 체계를 세운 마틴 셀리그만 박사는 언어 습관과 우울증에 대해서 연구를 했습니다. 그 결과 우울증에 걸린 사람들은 "내가 잘못했다" "내가 나쁘다" 이런 부정적인 언어습관을 갖고 입만 열면 나는 못한다. 내가 잘못했다. 내가 나쁘다. 그렇게 말을 합니다. 그는 "인생에서 능력이나 재능보다도 중요한 것은 긍정적인 언어습관이다"라며 말했습니다. 능력이나 재능은 없더라도 말을 긍정적으로 하는 사람은 큰일을 이룰 수 있으나 아무리 능력이 있고 재능이 있는 사람이라도 말이 부정적이면 그 사람은 큰일을 할 수가 없는 것입니다.

미국 작가 헤럴드 셔먼은 〈바꿔볼 만한 인생〉이란 그의 책에서 이렇게 말했습니다. "불행을 당했음에도 불구하고 성공한 사람들은 긍정적인 말로써 운명을 좋은 방향으로 바꾼다."고 말한 것입니다. 성공한 사람들도 좋은 일만 일어나는 것이 아니라 불행한 일도 많이 이러나고 불행한 일도 생활에 다가오는 것입니다. 성공했다고 해서 좋은 일만 다가오는 것은 아니잖아요. 그런데 이러한 사람은 어떻게 어려운 생활을 극복하느냐 하면은 긍정적인 말을 해서 어려움을 극복하고 성공을 이루어 낸다고 말한 것입니다. 말이 운명과 환경을 바꿔 놓습니다. 나는 이래도 괜찮다. 나는 성공한다. 나는 이길 것이다. 그렇게 말을 하면 불행을 극복할 수 있는 것입니다. 그러나 나는 못한다. 안 된다. 할 수 없다. 실패한다. 패배한다. 그렇게 말하면 좋은 환경도 나빠지고 패배하고 마는 것입니다. 상황이 좋지 않고 형편이 나쁠지라도 우리가 긍정적인 말로 예수님이 함께하시니 "잘 된다" "앞으로 점점 좋아질 것이다" "할 수 있다. 하면 된다 해 보자" 이렇게 말할 때 그 말은 그대로 우리 삶 가운데 이루어지는 것입니다. 왜냐하면 하나님의 능력이 그 말 뒤에 따라가기 때문인 것입니다. 우리 예수 그리스도를 구주로 인정하는 사람은 우리의 말이 인간의 말로써 사라지는 것이 아닙니다. 우리의 말에 따라서 하나님이 역사하고 계신 것입니다. 그러므로 놀라운 권세가 따르는 것입니다. 성경에 보십시오. 네 입의 말로써 귀신을 쫓아내고 방언을 말하고 병든 자에게 손을 얹은즉 낫는다고 말했습니다. 말에는 하나님의 능력이 따르는 것입니다. 행복하고 성공적인 인생을 원하는 우리는 먼저 우리의 말부터 바꾸어야 하는 것입니다. 행복해서 '행복하다'라고 말하지 않습니다. 불행하더라도 슬프더라도 나는 행복하다. 나는 기쁘다고 말하면 그 말이 분위기를 바꿔 놓는 것입니다. 슬픈 분위기를 행복하다. 기쁘다. 즐겁다고 말하면 말이 하나님의 능력을 끌고 와서 분위기가 싹 달라지고 행복하고 기뻐지는 것입니다. 그러므로 아침마다 일어나서 나는 행복하다고 입으로 시인을 하는 것은 바로 그때문인 것입니다.

우리는 우리의 삶을 우리 생각과 꿈과 입술의 고백으로 만들어갑니다. 운명을 팔자로 생각하지 마십시오. 인생에 있어서 무엇이든지 생각이 긍정적으로 생각하고 이루어진 모습을 꿈꾸고 그것을 입술로 고백하면 하나님의 능력이 그것을 생애 속에 이루어 주시는 것입니다. 내 마음에 가득한 것이 밖으로 나온다고 말씀한 것처럼 모든 만물은 보이지 않는 것이 보이는 것으로 나타나는 것입니다. 마음속에 생각과 꿈과 입술의 고백으로 보이지 않는 것이 보이는 것으로 옷 입고 나타나는 것이 현실인 것입니다. 현재 무엇을 생각하고 무엇을 꿈꾸고 무엇을 고백하는가가 미래에 어떠한 삶을 살 것을 결정짓는 것입니다. 그러므로 우리 입술의 고백이란 그렇게 중요한 것입니다. 생각이 분명하고 꿈이 뚜렷하며 입술의 고백이 확고하면 우리의 삶을 주장할 수 있는 것입니다. 우리의 삶을 만들어 갈 수가 있는 것입니다.

생각하고 꿈꾼 것을 말합니다. 계속 말해요. 눈에는 아무 증거 안보이고 귀에는 소리 안 들리고 손에는 잡히는 것 없어도 말해요. 그러면 하나님께서 그 말대로 이루어 주시는 것입니다. 인생은 우연히 갈 길을 좌우하는 것이 아닙니다. 생각과 꿈과 입술의 말로써 만들어 가는 인생인 것입니다. 남편이 구원 받을 수 있고 아내가 변화될 수 있고 자녀들이 성공할 수 있고 생활이 축복받을 수 있고 우리나라가 축복받는 나라가 될 수 있는 이 모든 것이 우리 국민들의 마음속에 생각과 꿈과 말에 있는 것입니다. 그러나 말이 부정적이면 이것이 이루어지지 않고 환경적으로 아무리 노력해도 안 되는 것입니다. 우리 마음에 가득한 것이 밖으로 나오는 것입니다. 우리는 전부 다 보배를 가지고 있습니다. 보배가 남의 손에 있는 것이 아닙니다. 천국의 보배가 손에 있는 것입니다. 천국을 열어 놓을 수도 있고 닫아 놓을 수도 있는 것입니다. 천국에 얼마나 아름다운 축복이 많습니까? 영혼이 잘되고 범사가 잘되며 강건하고 생명을 얻되 넘치게 얻는 은혜가 천국에 다 있지 않습니까? 이것을 다 열어젖힐 수가 있는 것입니다. 생각을 긍정적으로 하고 천국에서 이루어진 것이 자신에게 이루어진다고 꿈꾸고 말을 하십시오. 단호하게 말하십시오. 백 번이고 천 번이고 만 번이고 말을 하십시오. 그 말을 통해서 하나님의 역사가 놀랍게 나타나고 변화가 다가오고 기적이 일어나는 것입니다.

7장 성령으로 믿음의 말을 선포하라.

(롬 4:17~25)"기록된바 내가 너를 많은 민족의 조상으로 세웠다 하심과 같으니 그가 믿은바 하나님은 죽은 자를 살리시며 없는 것을 있는 것으로 부르시는 이시니라 아브라함이 바랄 수 없는 중에 바라고 믿었으니 이는 네 후손이 이같으리라 하신 말씀대로 많은 민족의 조상이 되게 하려 하심이라 그가 백세나 되어 자기 몸이 죽은 것 같고 사라의 태가 죽은 것 같음을 알고도 믿음이 약하여지지 아니하고 믿음이 없어 하나님의 약속을 의심하지 않고 믿음으로 견고하여져서 하나님께 영광을 돌리며 약속하신 그것을 또한 능히 이루실 줄을 확신하였으니 그러므로 그것이 그에게 의로 여겨졌느니라 그에게 의로 여겨졌다 기록된 것은 아브라함만 위한 것이 아니요 의로 여기심을 받을 우리도 위함이니 곧 예수 우리 주를 죽은 자 가운데서 살리신 이를 믿는 자니라 예수는 우리가 범죄한 것 때문에 내어줌이 되고 또한 우리를 의롭다 하시기 위하여 살아나셨느니라."

하나님은 나의 의인은 믿음으로 말미암아 살리라고 말씀하셨습니다. 그러면 믿음의 사람의 특성은 무엇일까요? 이 세상에 사는 사람들도 그 나라와 지역에 따라 민족적, 문화적 특성이 있습니다. 믿음의 사람의 특성도 확실합니다. 스페인 격언에 "돈을 잃어버린 자는 큰 것을 잃은 자다. 친구를 잃어버린 자는 더 큰 것을 잃은 자다. 그러나 믿음을 잃어버린 자는 모든 것을 잃은 자"라는 말이 있습니다. 왜 그렇습니까? 믿음이 삶의 원천이기 때문인 것입니다. 하나님은 "나의 의인은 믿음으로 말미암아 살리라"고 확실히 말씀을 하셨습니다.

1. 하나님의 말씀으로 사는 사람

이스라엘 백성이 애굽에서 살 때는 인간의 수단과 방법과 노력으로 일해서 그 대가로 떡을 사서 먹었습니다. 혹은 농사를 지을 때는 나일강물을 대서 씨를 뿌리고 열매를 거두었던 것입니다. 그러므로 애굽에서 사는 모든 삶은 인간으로 계획하고 인간으로 애쓰고 인간으로 노력해서 결실을 맺어서 먹고 살았습니다. 그러나 모세를 따라 홍해를 건너 광야로 나왔을 때 이제는 인간의 힘으로 살 수가 없었습니다. 물도 없고, 밭도 없고, 논도 없고, 종자를 뿌려봤자 자라날 수도 없습니다. 황막한 광야, 황막한 산천이었습니다. 그러므로 어찌할 도리없이 그들은 하늘을 쳐다 볼 수밖에 없었습니다. 자기를 바라보고 살수도 없고 환경을 바라보고 살수도 없습니다. 살아남을 길이 하늘밖에 없고 하늘에서 들려오는 것은 하나님의 말씀밖에 없었습니다. 하나님 말씀을 의지해야만 살수가 있었고 하나님 말씀을 의지할 때 그들은 하나님의 능력으로 살았던 것입니다. 애굽에서 살 때는 인본주의로 인간의 수단과 방법과 노력으로 살았는데 광야를 지날 때는 신본주의로 오직 하나님의 말씀을 믿음으로 말미암아 살 수밖에 없었습니다.

출 16장 4절에 "내가 너희를 위하여 하늘에서 양식을 비 같이 내리리니 백성이 나가서 일용할 것을 날마다 거둘 것이라 이같이 하여 그들이 내 율법을 준행하나 아니하나 내가 시험하리라"고 성경은 말씀하고 있습니다. 예수님께서도 사람이 떡으로만 살 것이 아니요 하나님의 입으로 나오는 모든 말씀으로 살 것이라고 말씀한 것입니다.

요 1장 1절에 보면 "태초에 말씀이 계시니라 이 말씀이 하나님과 함께 계셨으니 이 말씀은 곧 하나님이시니라." 하나님의 말씀으로 산다는 것은 하나님으로 말미암아 사는 것을 말하는 것입니다. 인간의 수단과 방법으로 사는 것이 아니라 말씀을 따라 사는 것은 하나님을 따라 하나님의 능력과 은혜로 사는 것을 말하는 것입니다.

우리가 성경에는 믿음은 들음에서 나며 들음은 그리스도의 말씀으로 말미암는다고 했는데 우리가 말씀을 받아들이고 말씀에 굳세게 서므로 모든 환경을 극복하는 것입니다. 파도가 몰려옵니다. 해안에 당장 삼킬 것 같이 휘몰아 옵니다. 바깥에서 볼 때는 야! 저 거대한 파도가 저렇게 높이 몰아쳐 오니 해안에 있는 바위는 완전히 파도에 박살 나겠다고 생각하는 것입니다. 그래서 그 바다에 파도가 와서 해안에 있는 바위를 때려 칩니다. 순식간에 바위는 사라져 버리고 바닷물은 바위에 넘실거리는 것 같지만 그 다음에 바닷물은 흰 물보라가 되어 날아가고 물러간 뒤에는 오직 반석은 그대로 서있는 것입니다. 바로 말씀은 이 반석인 것입니다. 우리가 인생을 살면서 시험과 환난의 파도가 처 옵니다. 인간으로 볼 때 이제 죽었다는 생각이 드는 것입니다. 말로 다할 수 없는 위세를 가지고 강한 바람과 더불어 우리에게 처 올 때 우리가 그 앞에 견뎌낼 수 없습니다.

그러나 한 가지 알아야 될 것은 말씀을 마음속에 모시고 말씀에 서있으면 우리가 반석인 것입니다. 반석에 서있으면 결국 그 시험과 환난이 우리를 감싸고 내려쳐도 순식간에 그 파도는 산산조각이 나고 물보라만 날리고 떠나가고 반석은 그대로 남아있는 것입니다. 그렇기 때문에 이 보배를 질그릇에 가졌으니 사방으로 우겨 싸임을 당하여도 쌓이지 아니하고 답답한 일을 당해도 낙심하지 아니하고 핍박을 받아도 버린바 되지 아니하고 거꾸러뜨림을 당하여도 망하지 않는다고 말한 것입니다.

예수님이 우리의 반석이요, 말씀을 통해서 우리 가운데 와 계시기 때문에 이 반석을 무너뜨릴 힘은 우주에는 없는 것입니다. 그러므로 믿음은 들음에서 나며 들음은 그리스도의 말씀인데 이 말씀이 바로 하나님이요, 말씀이 바로 예수님이신 것입니다. 말씀을 믿으면 인생은 성공하는 것입니다.

미국의 트루먼 대통령이 대통령으로 당선되자 그의 고향 미주리 주 인디펜던스에서 당선 기념 도서관을 개관했습니다. 그는 행사에 참석하기 위해 고향을 방문했는데 사람들은 대통령을 구경하기 위해 구름 떼같이 모여들었습니다. 거기에 아이들도 많았는데, 한 아이가 이런 질문을 했습니다. "대통령 아저씨는 우리 만할 때 무엇을 하셨나요? 학교에 반장을 하셨나요?" 트루먼은 "아니다, 나는 너희 만할 때 아주 볼품이 없었어. 운동도 못하고 눈이 아주 나빠서 안경을 벗으면 책도 읽지 못했어." "그럼 대통령께서 어떻게 대통령이 되셨나요?" "나는 매일 성경을 읽었단다. 그리고 내 뒤에서 밀어주시는 하나님의 힘을 믿었지. 나는 빌 4장 1절 '그러므로 나의 사랑하고 사모하는 형제들, 나의 기쁨이요 면류관인 사랑하는 자들아 이와 같이 주 안에 서라'는 말씀을 굳게 믿고 담대하게 밀고 나갔단다." 그는 하나님 말씀에 대한 믿음을 통해 대통령까지 올라갈 수가 있었던 것입니다. 믿음의 사람은 하나님의 말씀으로 살아가는 사람이 믿음의 사람인 것입니다. 내가 믿음의 사람이냐 아니냐를 알고 싶으면 말씀에 서느냐, 안 서느냐 그것을 살펴봐야 되는 것입니다. 고아의 아버지라고 불리던 죠지뮬러의 전기를 읽어보면, 그는 3개월에 한 번씩 성경 전체를 통독했습니다. 일생동안에 200번이나 성경을 정독했습니다. 어떤 이가 그에게 "오늘날 그리스도인들은 왜 약해서 하나님의 일을 할 수가 없습니까?" 하고 물으니까, 뮬러가 대답하는 말이 "항상 성경을 읽지 않기 때문에 그렇게 약한 것입니다." 5만 번 기도의 응답을 받은 죠지뮬러의 이러한 믿음은 날마다 하나님의 말씀을 통해 얻은 능력인 것입니다. 롬10:17에

"믿음은 들음에서 나며 들음은 그리스도의 말씀으로 말미암았느니라."고 말한 것입니다. 믿음의 생활은 말씀을 읽고 듣고 묵상하고 말씀이 우리 마음속에 간직될 때 믿음의 사람이 되고 믿음으로 하나님과 동행할 수 있게 되는 것입니다. 믿음의 사람은 말씀의 사람이라는 것을 잊어서는 안 되는 것입니다.

2. 꿈을 품고 사는 사람

닭장에 닭이 알을 품고 있는 것을 본적이 있지요? 그 눈을 반짝반짝 하면서 알을 품고 있습니다. 우리가 상상 컨데 그 닭은 알을 품고 있지만 그 머릿속에는 병아리를 꿈꾸고 있는 것입니다. 믿음의 사람이란 언제나 마음속에 꿈을 품고 있는 사람이 믿음의 사람인 것입니다. 이스라엘 백성이 430년 동안 애굽의 고센 땅에 살았습니다. 부조전래로 고센 땅에 뿌리를 내리고 살았으니 좀처럼 그 기름진 땅을 버리고 알지 못하는 가나안 땅으로 나오려고 하지 않습니다. 하루 이틀이 아닌 430년 동안 고센 땅에 살았습니다.

또 고센 땅은 굉장히 기름진 땅입니다. 초목이 많고 물도 넉넉하고 목축도 할 수 있고 농사도 지을 수 있는 곳입니다. 그런데 모세를 통해서 하나님이 가나안 땅으로 인도해 내실 때 그냥 나오라고 말한 것이 아닙니다. 그들의 마음속에 꿈을 심어준 것입니다. 젖과 꿀이 흐르는 땅으로 가자. 여기에 나일 강이나 여기에 있는 초목은 비교할 것도 없다. 가나안 땅은 젖과 꿀이 흐르는 땅이다. 그들이 모세를 통해서 주시는 하나님의 말씀을 들었을 때 마음속에 폭발적인 꿈을 가진 것입니다. 젖과 꿀이 흐르다니. 세상에 그런 땅이 있느냐? 그들이 마음속에 젖이 강물같이 흐르고 꿀이 강물같이 흐르는 것을 상상할 수 있었습니다.

그들이 그 꿈을 마음속에 품었기 때문에 부조전래로 살아온 고센 땅을 등 뒤로 버리고 떠나올 수 있었던 것입니다. 꿈이 있어야 우리 생활 속에 변화가 다가오는 것입니다. 꿈이 있어야 개혁이 다가올 수 있는 것입니다. 꿈이 있어야 현실을 떠나고 앞으로 전진 해 나갈 수 있는 것입니다.

레20장 24절에 "젖과 꿀이 흐르는 땅을 너희에게 주어 유업을 삼게 하리라 하였노라 나는 너희를 만민 중에서 구별한 너희의 하나님이니라."고 말씀하고 있는 것입니다.

꿈이 없는 백성은 망합니다. 이스라엘 백성이 가데스 바네아에 와서 이제 가나안 땅에 들어가려고 할 때 모세가 12정탐꾼을 택해서 40주 40야를 가나안땅을 정탐하게 한 것입니다. 그들이 저 가나안 땅을 정탐하고 돌아와서 보고할 때 10명은 꿈을 잃어버린 보고를 한 것입니다. 그들이 무엇을 보든지 하나님이 함께 계시므로 젖과 꿀이 흐르는 땅을 얻을 수 있다는 꿈을 가져야 되는 것인데 꿈을 잃어 버렸습니다. 그들은 인간적인 생각으로 인본주의에 서서 관찰한 것을 보고했습니다. 그들의 관찰은 인간적으로 볼 때는 맞았습니다. "우리가 본 땅은 젖과 꿀이 흐르는 땅이 아니라 광막한 광야요 사막이다. 그리고 그곳에 성은 굉장히 높다. 그곳에 사는 사람은 네피림의 후손 아낙자손 대장부라 우리가 보기에는 메뚜기 같다. 그들도 우리보고 메뚜기라고 말할 것이다." 완전히 꿈이 없습니다. 인간적인 관찰로써 본 그대로 말을 했습니다.

그것을 들은 사람은 그들 마음속에 "와! 우리가 가는 땅은 젖과 꿀이 흐르는 땅이 아니라 광막한 광야구나. 그리고 우리가 들어갈 곳은 성은 높고 그곳에 사는 사람은 네피림의 후손 아낙자손 대장부라." 우리는 메뚜기 같다고 했으니 모두 다 자기들을 메뚜기로 상상했습니다. 절대로 들어갈 수 없겠다. 들어가면 우리 처자가 사로잡히고 우리는 죽을 것이다. 우리 장관을 세워서 애굽으로 도로 돌아가자. 완전히 좌절과 절망에 처한 것입니다. 부정적인 상상력을 동원해서 부정적인 꿈을 꾸자 그들은 미약해지고 연약해지고 패배자가 된 것입니다.

그러나 여호수아와 갈렙은 하나님의 말씀을 마음속에 간직하고 하나님의 약속을 통해서 사물을 보았습니다. "아니다. 우리가 본 땅은 과연 젖과 꿀이 흐르더라. 그리고 물론 성은 높고 그들은 아낙자손 네피림의 후손 대장부지만 그들의 보호자는 떠났고 그들은 우리의 먹이다. 우리 들어가서 점령하자." 그들은 사물을 볼 때 하나님과 함께 사물을 봤습니다. 하나님과 함께 보니 하나님의 약속대로 광야로도 젖과 꿀이 흐르게 될 수 있고 하나님이 같이 계시므로 아무리 높은 성도 무너지고 하나님이 함께 계시므로 아무리 큰 대장부도 하나님 앞에서는 아무것도 아닌 것입니다. 여호수아와 갈렙은 꿈을 가지고 보고를 했고 10명의 정탐꾼은 꿈이 없이 보고를 했습니다.

우리가 인생을 살면서 하나님 없이 사물을 바라보면 안 믿는 사람들이 보는 관점에서 사물을 보게 되는 것입니다. 우리 예수 믿는 사람은 예수 그리스도의 보혈로 하나님과 언약 맺고 하나님이 우리와 함께 계시고 하나님의 성령이 우리를 도와주시고 하나님의 약속의 말씀이 있기 때문에 눈에는 아무증거 안보이고 귀에는 아무소리 안 들리고 손에는 잡히는 것 없어도 말씀을 통하여 꿈속에 살아야 되는 것입니다. 말씀을 통하여 오늘과 내일에 대한 꿈을 마음속에 품어야 되는 것입니다. 꿈이 없는 백성은 망합니다. 알을 속에 갖지 않는 닭은 알을 낳을 수 없습니다. 속에 알이 있기 때문에 알을 낳는 것입니다. 자신 속에 꿈을 품어야 꿈이 현실로 다가오게 되는 것입니다. 꿈이 없으면 현실에 새로운 창조적인 역사는 일어나지 않습니다.

민14장 36~38절에 보면 "그 땅을 악평하여 온 회중이 모세를 원망하게 한 사람 곧 그 땅에 대하여 악평한 자들은 여호와 앞에서 재앙으로 죽었고 그 땅을 정탐하러 갔던 사람들 중에서 오직 눈의 아들 여호수아와 여분네의 아들 갈렙은 생존하니라"

보십시오. 꿈을 잃어버린 사람은 재앙을 만납니다. 그러나 꿈을 잃어버리지 않은 여호수아와 갈렙은 축복을 받은 것입니다. 꿈이 없으면 그 자체가 재앙인 것입니다. 내일이 없으니까요. 그러나 여호수아와 갈렙은 꿈을 가졌기 때문에 그들은 젖과 꿀이 흐르는 가나안 땅으로 들어갈 수 있었던 것입니다. 우리들은 예수 그리스도의 십자가 밑에서 꿈을 받고 그 꿈을 품고 살아야 되는 것입니다. 예수님은 하나님의 아들로서 육신을 입고 오셔서 우리를 대신하여 십자가에 올라가서 우리의 원수들과 싸워서 이기신 것입니다. 몸을 찢고 피를 흘려서 십자가에서 다 이루신 것입니다. 우리는 십자가를 통하여 죄 많은 우리들이 용서받고 의롭게 될 수 있는 꿈을 품을 수 있는 것입니다. 더럽고 추악한 우리가 씻음 받고 거룩하고 성령 충만한 사람이 되는 꿈을 품을 수 있습니다. 십자가를 통하여 병약하고 연약한 우리가 치료받고 건강하게 될 수 있는 꿈을 품을 수 있는 것입니다. 저주받고 가난하고 낭패와 실망을 당한 우리가 아브라함의 복을 받고 형통하게 되는 꿈을 품을 수 있고 죽어 멸망 받을 수밖에 없는 우리가 부활, 영생, 천국 사람이 되는 꿈을 품을 수 있는 것입니다. 우리의 꿈은 십자가를 통해서 마음속에 얻을 수 있는 것입니다. 십자가를 통하여 우리 마음속에 꿈을 품지 아니하면 그 꿈은 결코 현실 속에 이루어지지 않는 것입니다. 모든 것은 먼저 꿈으로 마음속에 잉태되고 난 다음에 이 세상에 나타나게 되는 것입니다.

　성령이 오시는 것은 우리에게 십자가를 통한 꿈과 환상을 굳게 가지고 그것을 이루기 위해서 오신 것입니다. 성경은 성령도 우리 연약함을 도우신다고 말한 것입니다. 성령이 오시면 젊은이는 환상을 보고 늙은이는 꿈을 꾸겠다고 말한 것입니다. 성령이 예수 그리스도의 십자가 보혈을 통하여 젊은이의 마음속에는 환상을 그리고 늙은이의 마음속에는 꿈을 그려 주시고 성령께서 환상이나 꿈을 품은 사람을 통해서 능력과 권세를 나타내 주시는 것입니다. 하나님의 성령은 그냥 아무나 사용하는 것이 아닙니다. 꿈이 없는 사람은 성령이 사용할 수 없습니다. 꿈이라는 그릇을 가진 사람을 통해서 하나님의 성령이 사용하시는 것입니다.

유명한 슈바이쳐 박사는 "꿈의 힘은 무한하다. 한 방울의 물은 무력하게 보이나 그것이 바위 틈새에 들어가 얼면 바위도 터지고 만다."는 것입니다. 보십시오. 한 방울의 물 그 자체는 무력하지 않습니까? 그러나 큰 바위틈사이로 물이 들어가서 추운 겨울날 물이 얼어 들어가면 바위가 갈라지는 것입니다. 꿈은 바로 그와 같다고 말했습니다. 톨스토이는 "꿈은 길잡이다. 그것이 없으면 확실한 방향이 없어진다. 방향이 없어지면 행위도 없고 생활도 없다."고 말한 것입니다. 꿈이 미래를 만들고 인생의 방향을 결정하는 것이라고 말한 것입니다. 그러므로 꿈이 없는 백성은 망하는 것은 사실입니다.

3. 모험적인 사람

믿음의 사람은 인간으로서 상상할 수 없는 담대한 일을 할 수가 있는 것입니다. 저는 항상 저의 삶을 볼 때 일생을 살아오면서 번지점프를 한 그런 기분입니다. 번지점프 하는 것 보았지요? 높은데 올라가서 뒤에 줄을 달아매고 뛰어내리는 거의 밑바닥에 닿을 때까지는 그냥 자유낙하를 합니다. 거의 밑바닥에 닿으려고 할 때 줄이 철컥 붙잡아 주는 것입니다. 믿음이라는 것은 말씀을 마음속에 품고 말씀의 줄에 묶여서 번지 점프를 하는 것입니다. 벼랑에 서서 몸을 날리는 것입니다. 눈으로 볼 때 아찔합니다. 귀로 들으면 저 밑에 계곡의 물소리가 들립니다. 피부로 느껴도 밑에서 불어오는 바람이 피부를 스쳐가는 것입니다. 모든 것을 볼 때 위험하다. 위험하다. 뛰어 내리면 절망이다. 그렇게 말합니다. 그런데 보통 사람들은 그 낭떠러지 곁에 안가지요. 될 수 있으면 멀리 서 있으려고 하는 것입니다. 예수 믿는 사람은 그런 낭떠러지까지 갑니다. 왜, 우리는 눈에 안보이지만 말씀이 나를 묶고 있는 것을 알고 있기 때문인 것입니다. 말씀의 밧줄이 나를 묶고 있으므로 번지점프 하는 것처럼 벼랑에서 몸을 날려도 나중에 땅에 부딪힐 정도가 되면 철컥하고 그 말씀의 줄이 나를 붙잡아 주는 것을 알고 있는 것입니다. 그렇기 때문에 믿음이란 번지점프인 것입니다.

믿음이란 처음부터 자신을 붙잡아 주는 것 아닙니다. 눈에는 아무증거 안보입니다. 귀에는 아무 소리 안 들립니다. 손에는 잡히는 것 없습니다. 내 앞길 캄캄합니다. 그럼에도 불구하고 말씀의 줄을 잡고 뛰어 내리는 것입니다. 이렇기 때문에 모험의 사람이 아니고는 믿음의 사람이 될 수없는 것입니다. 다윗은 모험의 사람이었던 것입니다. 아버지 양을 칠 때 사자와 곰이 와서 양 새끼를 물고 가는 것입니다. 어떻게 17살쯤 되는 초립동이 사자나 곰에 대항해서 싸울 수가 있는 것입니까? 하나님이 같이 하고 계신다는 믿음이 없으면 결코 사자나 곰에게 덤벼 들 수가 없습니다. 아주 위험하기 짝이 없는 무모한 일인 것입니다. 그러나 다윗이 모험을 할 수 있었던 것은 하나님이 나와 같이 계신다는 믿음을 가지고 있었기 때문에 내가 사자와 곰과 싸울 때 하나님이 나를 붙들어 주신다는 것을 믿고 나가서 싸워서 이겼던 것입니다.

삼상17장 34~35절에 "주의 종이 아버지의 양을 지킬 때에 사자나 곰이 와서 양 떼에서 새끼를 물어가면 내가 따라가서 그것을 치고 그 입에서 새끼를 건져내었고 그것이 일어나 나를 해하고자 하면 내가 그 수염을 잡고 그것을 쳐죽였나이다"라고 말했습니다.

그가 나중에 이스라엘의 적군인 골리앗을 대항해서 싸울 때도 엄청난 모험입니다. 사울 왕이 두려워서 뒤로 물러가고 백전백승을 했던 용사들도 다 벌벌 떨고 뒤로 물러간 것입니다. 그런 백전노장을 제쳐 놓고 초립동 다윗이 골리앗을 대항해서 나간다는 것은 엄청난 모험입니다.

자기 스스로 봐서는 키를 재 봐도 어림도 없고, 몸무게를 재 봐도 어림도 없고, 전투경험을 재어 봐도 어림도 없습니다. 상대가 되지 않습니다. 그럼에도 불구하고 다윗이 벼랑에서 몸을 날릴 수 있었던 것은 하나님이 같이 계신다는 믿음을 가졌기 때문에 모험을 한 것입니다. 사울은 믿어도 모험을 안했습니다. 이스라엘의 용사들도 하나님을 믿긴 믿었어도 모험을 하지 않았습니다. 그러므로 믿음의 역사가 일어나지 않았습니다. 다윗은 모험을 하고 하나님을 의지하고 골리앗에게 나가서 대항을 한 것입니다.

삼상17장 36절에 "주의 종이 사자와 곰도 쳤은즉 살아 계시는 하나님의 군대를 모욕한 이 할례 받지 않은 블레셋 사람이리이까 그가 그 짐승의 하나와 같이 되리이다"라고 말했습니다.

삼상17장 45절에 "다윗이 블레셋 사람에게 이르되 너는 칼과 창과 단창으로 내게 나아오거니와 나는 만군의 여호와의 이름 곧 네가 모욕하는 이스라엘 군대의 하나님의 이름으로 네게 나아가노라" 다윗은 하나님을 못 보았습니다. 하나님의 손을 못 보았어요. 하나님이 계신지 안계신지 알 수 없습니다. 눈에 안보였어요. 하나님 음성 귀로 못 들었어요. 몸으로 못 느꼈어요. 믿음으로 하나님이 같이 계신 것을 알았습니다. 왜냐하면 하나님과 언약을 맺었기 때문에. 할례를 받은 것은 하나님이 같이 계신다는 언약으로 할례를 준 것입니다.

오늘날 우리는 할례보다 더 위대한 언약을 받았습니다. 예수 그리스도의 십자가의 보혈로 언약 맺은 사람이 오늘 예수 믿는 사람인 것입니다. 성령으로 세례를 받고 예수님의 보혈을 의지하는 사람은 하나님이 같이 계시는 사람인 것입니다. 다윗이 할

레 베푼 하나님과 언약을 믿고 나갔다면 우리 예수 믿는 사람들이 보혈의 언약을 맺은 사람이 어떻게 담대하게 모험을 하고 나가지 아니할 수 있겠습니까? 모험이 없으면 아무 역사도 일어나지 않습니다. 베드로가 밤새도록 물고기를 잡아도 한 마리도 잡지 못하고 새벽녘에 와서 배에 그물을 씻고 있는데 예수님이 배를 빌려 달라고 하셔서 배를 좀 빌려 드렸습니다. 배에서 말씀을 전하고 난 다음 해가 중천에 떠 오를 때, 깊은 데로 가서 그물을 던져 고기를 잡으라고 하셨습니다.

원래 갈릴리 호수는 물이 맑기 때문에 밤에 물고기가 해변으로 나오고 해가 뜨면 전부 물 한가운데 들어가서 물 밑바닥으로 내려가기 때문에 그물을 쳐도 내려가지 않습니다. 못 잡습니다. 어이없는 말입니다. 베드로가 어이가 없어 예수님을 쳐다 보았습니다. 그러나 예수님의 형형한 눈빛과 그 권위에 눌려서 그는 말하기를 "밤이 새도록 그물을 던졌으나 잡은 것이 없으되 말씀에 의지해서 그물을 내리리이다"

모험입니다. 다시 예수님을 모시고 바다 한가운데로 배를 저어가니 모든 어부들이 다 보고 비웃었습니다. "저 정신없는 사람 봐라. 여태까지 해변 가에서 고기를 못 잡은 사람이 이제 대낮에 물고기를 잡으러가는 것은 상식에 어긋나는 일이 아닌가. 저런 엉터리 같은 일이 어디 있는가? 저런 모험이 어디 있는가?" 그러나 하나님 말씀을 믿고 모험을 하니까 그물이 찢어지도록 고기가 많이 잡혔습니다. 자기의 배에도 채우고 동료의 배를 불러서 가득히 채운 것입니다.

베드로가 왜 수제자가 된 것입니까? 왜 사도 중에 사도가 된 것입니까? 베드로는 믿음으로 모험을 했던 사람입니다. 다른 제자들은 모험을 안했습니다. 베드로는 믿음으로 눈에는 아무증거 안보이고, 귀에는 아무소리 안 들리고, 손에는 잡히는 것 없어도 죽기 아니하면 살기로 모험을 잘한 사람이었습니다. 밤에 그들이 밤바다를 건너가는데 예수님은 그 배에 타지 않았습니다. 그런데 큰 풍랑이 다가와서 노를 젓는데 고생을 하고 있었습니다. 그런데 바다위에 예수님이 희뿌연 빛을 발하면서 걸어왔습니다. 모든 뱃사람들은 풍랑 일은 바다위에 유령이 나타나면 배가 침몰한다는 징크스가 있습니다. 유령이 나타났다고 고함을 치고 절망에 처했습니다. 주님께서 "네니 두려워 말라!"고 하시니까

그때 베드로가 말했습니다. "주시면 나도 주님께로 오게 하여 주시옵소서." 바람이 불고 파도가 치고 배가 일렁거리는데 누가 감히 그 배에서 나가서 예수님께로 걸어가겠습니까? 이것 보통 모험이 아닙니다. 저보고 그러면 저는 못가겠어요. 그것이 대낮도 아니고 캄캄한 밤이니 앞이 안보입니다.

파도가 치고 바람이 불고 물보라가 날리고 배가 기우뚱 거리는데, "주시어든 나로 물위로 걸어오게 하소서." 예수님이 "오라!" 베드로는 두말하지 않고 배에서 나가서 물위로 걸어서 예수님께로 향해 갔습니다. 야! 이것 보통일이 아닙니다. 베드로가 주님을 배반해서 모욕을 가한적도 있지만 그러나 주님을 믿을

때 진짜로 모험적으로 믿어보는 사람이었습니다. 베드로는 무엇이 달라도 다른 점이 있었습니다. 모험적인 믿음을 가진 사람인 것입니다. 죽으면 죽으리라고 하는 그 믿음을 실천하는 그러한 성격을 가진 사람인 것입니다.

마14장 28~29절에 "베드로가 대답하여 이르되 주여 만일 주님이시거든 나를 명하사 물 위로 오라 하소서 하니 오라 하시니 베드로가 배에서 내려 물 위로 걸어서 예수께로 가되"라고 말한 것입니다. 야! 참 놀랍습니다. 당신도 한번 베드로처럼 되어 보시지요. 아마 배에서 나오려고 안할 것입니다. 저도 못나가겠는데 당신은 나가시겠어요? 그러나 베드로는 나갔습니다. 우리가 그냥 성경을 읽으니까 심상하게 생각하지만 실제 현실에 부딪히면 그렇게 간단하지 않습니다. 그럼에도 불구하고 모험을 행했던 것입니다.

나중에 예수님 부활승천하시고 성령 받고 난 다음에 베드로와 요한이 제 구시 기도시간에 성전에 기도하러 갈 때 앉은뱅이가 앉아서 구걸하고 있었습니다. 태어날 때부터 앉은뱅이입니다. 그런데 예수님 승천하시고 난 다음 성령 강림하시고 처음으로 큰 기적을 행한 것이 베드로와 요한입니다. 베드로와 요한이 뭐라고 말했습니까? "우리를 바라보라!" 무엇을 줄줄 알고 손을 내밀고 바라보니까 "금과 은은 내게 없거니와 내게 있는 것으로 네게 주노니 나사렛 예수 이름으로 일어나라!" 손을 잡고 일으켜 버린 것입니다. 보통 환경이 아닙니다. 수많은 사람이 예배 드리러 오는데 그 많은 사람 앞에서 그렇게 담대하게 금과 은은 내게 없거니와 내게 있는 것으로 네게 주노니 나사렛 예수 이름으로 일어나라고 손을 내밀어 잡아 당겨서 일으키는 그 담대함을 보십시오. 믿음의 사람은 모험의 사람인 것입니다. 담대해야 되는 것입니다. 너희가 담대함을 버리지 말라. 이것이 큰 상을 얻는다고 말한 것입니다. 그 담대함은 정말로 주의 말씀에 의지하지 않고는 그런 담대함을 얻을 수 없는 것입니다.

4. 언어가 다른 사람

믿음이란 환경이나 감각이나 느낌을 믿는 것이 아니라 하나님을 믿는 믿음인 것입니다. 막11장 22~23절에 "예수께서 그들에게 대답하여 이르시되 하나님을 믿으라 내가 진실로 너희에게 이르노니 누구든지 이 산더러 들리어 바다에 던져지라 하며 그 말하는 것이 이루어질 줄 믿고 마음에 의심하지 아니하면 그대로 되리라"

말을 하라는 것입니다. 하나님을 믿고 이 산들에 명하여 저 바다에 던져라. 말하면 그리고 의심하지 아니하면 그대로 된다. 말한다는 것이 얼마나 무섭습니까? 산을 보고 바다로 던지라는 것은 무모하기 짝이 없는 일인 것입니다. 그러나 믿음의 사람은 믿음의 말을 사용하는 사람인 것입니다. 감각적인 말이 아닙니다. 이성적인 말이 아닌 것입니다. 인간적인 체험의 말이 아니라 성경에 기록된 말씀을 말하는 것입니다. 상상을 초월한 말인 것입니다. 하나님을 믿고 말하는 것입니다. 내 마음대로 말하는 것이 아니라 하나님의 말씀을 믿고 하나님의 능력을 의지해서 말을 하는 것입니다. 초환경, 초감각, 초느낌 즉 없는 것을 있는 것같이 말해야 되는 것입니다.

아브라함이 나이 99살 때 전능한 하나님이 나타나셔서 아브라함과 언약을 갱신하셨습니다. 그때 아브라함에게 "나는 너를 여러 민족의 아버지가 되게 하겠다." 하시고 또 "네 아내는 여러 민족의 어머니가 될 찌라."고 하시고 그들의 이름을 바꾸어 준 것입니다. 아브람은 원래 고귀한 아버지라는 이름인데 아브라함 '열국의 아버지'라는 이름으로 바꾸어줬습니다. 사래는 공주라는 말인데 사라 '여주인, 열국의 어머니'라는 이름으로 바꾸어 준 것입니다. 그들은 나이가 100세가 다 되었습니다. 사라는 아흔 살이 다 되었습니다. 육체로 보아서 자식을 낳을 수 없습니다. 그럼에도 불구하고 자식을 주겠다고 하나님이 약속을 하시고 난 다음에 그들의 입술의 고백을 바꿔 버린 것입니다.

창17장 5절에 "이제 후로는 네 이름을 아브람이라 하지 아니하고 아브라함이라 하리니 이는 내가 너를 여러 민족의 아버지가 되게 함이니라."고 하셨고, 창17:15~16에 "네 아내 사래는 이름을 사래라 하지 말고 사라라 하라 내가 그에게 복을 주어 그가 네게 아들을 낳아 주게 하며 내가 그에게 복을 주어 그를 여러 민족의 어머니가 되게 하리니"

하나님께 언약을 받은 사람은 말을 바꾸어야 되는 것입니다. 하나님은 죽은 자를 살리시며 없는 것을 있는 것같이 말씀하시는 하나님이신 것입니다. 아직 없습니다. 눈에 안보여요. 손으로 잡을 수 없습니다. 경험할 수 없습니다. 그럼에도 불구하고 없는 것을 있는 것같이 말을 해야 하나님 앞에서 믿음의 사람이 되는 것입니다. 내가 아직 천국에 안 올라갔지만 나는 이미 구원받은 사람이요, 천국에 내 집이 있고 나는 천국 사람이라고 말을 해야 되는 것입니다. 믿음으로 고백해야 되는 것입니다. 아직까지 병이 안 나았지만 저가 채찍에 맞음으로 네가 나음을 입었다고 하셨으므로 나는 말씀에 입각해서 기도를 했으므로 나음을 입었습니다. 말을 그렇게 바꿔야 되는 것입니다. 나는 지금까지 성공하지 못하고 시험과 환난과 고통이 많지만 그리스도께서 나를 위하여 저주를 받은바 되사 율법의 저주에서 나를 해방하여 주시고 아브라함의 복을 받게 해주셨으므로 나는 복 받은 사람입니다. 기어코 나는 복을 받은 사람이니 복이 나를 따라오는 것입니다. 말을 하나님의 말씀을 통해서 바꿀 수 있어야 되는 것입니다.

하나님을 믿고 그렇게 하라는 것입니다. 내 인간의 힘으로는 그렇게 말할 수 없습니다. 하나님을 믿으라. 그리고 이 산들에 명하여 저 바다에 던져라. 말하라고 말한 것입니다. 하나님의 말씀을 믿고 하나님을 의지하고 우리가 언어를 바꿔야 되는 것입니다. 우리가 옛날의 감각적인 언어, 지성적인 언어, 이성적인 언어, 체험적인 언어만 말한다면 인간적인 삶밖에 살수 없습니다. 하나님의 능력으로 살려면 말을 바꿔야 되는 것입니다. 하나님의 말씀을 의지하고 말할 수 있어야 되는 것입니다. 성경에 주님께서 한번은 산에서 변화되고 세 제자들하고 내려오니까 많은 사람이 남은 제자들하고 모여 있는데 간질 발작을 하는 아들을 데리고 아버지가 와서 예수님께 뛰어와서 "주여, 내 아들이 귀신에 잡히면 물에도 자빠지고 불에도 자빠집니다.

귀신이 내 아들을 죽이려고 했서 내 아들을 데리고 왔으나 당신의 제자들이 고치지 못하더이다. 무엇을 할 수 있거든 나를 도와주시옵소서." 주님께서 당장 그 아버지 입술의 고백을 꾸짖었습니다. "할 수 있거든이 무슨 말이냐." 입술의 고백을 잘못했습니다. "할 수 있거든이 무슨 말이냐. 믿는 자에게는 능치 못하심이 없느니라." 그러자 그 아버지가 입술의 고백을 바꾸었습니다. "주여, 내가 믿나이다." 아까 전에는 "할 수 있거든"이 라고 말하다가 이제는 입술의 고백을 바꾸어서 "주여 내가 믿나이다. 믿음 없는 것을 도와주시옵소서." 그러자 주님께서 그 소년을 향해서 꾸짖으시니 귀신이 나가고 고침을 받은 것입니다.

이 아버지가 믿음의 고백을 잘못 했을 때는 예수님께서 꾸짖으시고 어린 아이를 고치지 아니했습니다. "할 수 있거든" 이라고 말 할 때는 "도대체 무슨 말을 그렇게 말하느냐? 그런 입술의 고백을 어떻게 할 수 있느냐?" 꾸짖으니까 당장에 아버지가 회개하고 "믿습니다." 이제 '할 수 있거든'이 아닙니다. "믿습니다." 그러니까 주님께서 고쳐 주신 것입니다.

정말 신앙의 고백에 주님이 감탄한 것은 수로보니게 여인입니다. 수로보니게 여인의 딸이 귀신 들렸다고 고쳐달라고 예수님께 나와 간청할 때 예수님이 "자녀에게 줄 떡을 취해서 개에게는 안준다. 이방 개인 너에게 치료해 줄 수가 없다."고 말했습니다.

그때 수로보니게 여인이 말했습니다. "옳소이다. 주님, 개입니다. 그러나 개들도 자녀들이 먹는 밥상에서 떨어지는 부스러기는 받아먹습니다." 그 신앙고백을 하니까 주님이 뭐라고 말씀했습니까? "오호! 여자여, 네 믿음이 크도다. 네 딸에게서 귀신이 나갔느니라." 조금 전까지 주님께서 자녀에게 줄 떡을 취하여 개에게는 안준다고 했는데 이 수로보니게 여인의 신앙고백이 얼마나 위대합니까?

"예 옳습니다. 그러나 개들도 자녀의 밥상 밑에 떨어지는 부스러기는 받아 먹으니 제게 부스러기 하나만 주십시오." 그 말에 주님이 감탄하신 것입니다. 우리가 말을 잘해야 주님을 감동 시킬 수 있는 것입니다.

주님이 "세상에 어떻게 그런 말을 하고 내게 은혜를 받으려고 하느냐?" 이렇게 꾸짖으면 어떻게 하겠습니까? "주님 할 수만 있으면 나를 좀 도와주시옵소서. 주님 할 수만 있으면 나를 고쳐주시옵소서. 할 수만 있으면 내게 평안을 주시옵소서. 할 수만 있으면 성공하게 해주시옵소서."라고 합니다.

그러나 우리 주님은 "이 사람아! 할 수 있다는 말이 무슨 말이냐! 말 도로 고쳐서 오너라! 말 배워서 오너라!"고 하십니다. 그 때야 우리는 곰곰이 생각하고, 회개하고 난 다음에 "주여, 믿습니다. 아까 믿음 없는 말을 한 것을 용서하여 주시옵소서. 주님 할 수 있습니다. 믿습니다!" 그러면 주님이 "그래, 네 믿음대로 될 찌어다." 그렇게 말씀하는 것입니다.

8장 삶에서 말의 권세를 사용하는 법

(시편91:1-12) "지존자의 은밀한 곳에 거주하며 전능자의 그늘 아래에 사는 자여, 나는 여호와를 향하여 말하기를 그는 나의 피난처요 나의 요새요 내가 의뢰하는 하나님이라 하리니 이는 그가 너를 새 사냥꾼의 올무에서와 심한 전염병에서 건지실 것임이로다. 그가 너를 그의 깃으로 덮으시리니 네가 그의 날개 아래에 피하리로다 그의 진실함은 방패와 손 방패가 되시나니, 너는 밤에 찾아오는 공포와 낮에 날아드는 화살과 어두울 때 퍼지는 전염병과 밝을 때 닥쳐오는 재앙을 두려워하지 아니하리로다. 천 명이 네 왼쪽에서, 만 명이 네 오른쪽에서 엎드러지나 이 재앙이 네게 가까이 하지 못하리로다. 오직 너는 똑똑히 보리니 악인들의 보응을 네가 보리로다. 네가 말하기를 여호와는 나의 피난처시라 하고 지존자를 너의 거처로 삼았으므로 화가 네게 미치지 못하며 재앙이 네 장막에 가까이 오지 못하리니 그가 너를 위하여 그의 천사들을 명령하사 네 모든 길에서 너를 지키게 하심이라. 그들이 그들의 손으로 너를 붙들어 발이 돌에 부딪히지 아니하게 하리로다."

하나님은 예수를 믿는 우리에게 말의 권세를 사용하라고 하십니다. 말은 마음과 믿음에서 나오기 때문입니다. 하나님이 주신 초자연적인 믿음 있는 말의 권세를 사용하라는 것입니다. 당신은 무엇이 필요합니까? 하나님은 주의 자녀들이 필요한 것들을 모두 다 주셨습니다. 말씀이 필요하기 때문에 66권의 성경을 주셨고, 믿음이 필요하고 소망이 필요하고 사랑이 필요하고 영생이 필요하기 때문에 예수님을 주셨습니다.

세상이 악하고 세상이 혼탁하기 때문에 올무에 빠지지 않도록 하기 위해서 사단을 대적하여 승리할 수 있는 능력도 권세도 주셨습니다. 뿐만 아니라 우리에게 무엇이든지 얻기를 원할 때 기도하면 주시겠다고 하시며 기도의 특권도 주셨습니다. '세상에서 환난을 당하지만 담대하라 내가 세상을 이기었노라'고 하시며 승리하고 이기는 길도 열어주셨습니다.

우리가 살아가는데 필요한 모든 것을 공급해 주시고 앞으로도 필요한 것을 준비해 두셨습니다. 무엇이 더 필요하겠습니까? 부족한 것이 무엇입니까? 주신 그 능력과 권세를 날마다 사용하시면서 인생의 열매를 만들어 가시기를 간절히 소원합니다.

누가복음 10장 19절 말씀을 보면, "내가 너희에게 뱀과 전갈을 밟으며 원수의 모든 능력을 제어할 권세를 주었으니 너희를 해할 자가 결단코 없으리라"고 했습니다. 여기서 말하는 뱀이나 전갈은 성경에서 사단의 세력을, 흑암의 세력을 말합니다. 그런데 그것들을 제어할 권세를 성도들에게 주셨다는 것입니다. 당신에게도 흑암의 세력을 제어할 권세를 예수님이 주셨습니다.

하나님께서 성도에게 주신 권세와 능력은 에덴동산에서부터입니다. 창세기 1장 26-28절까지를 보면 생육하라, 번성하라, 정복하라, 충만하라, 다스리라는 말씀이 있습니다. 하나님께서는 "아담"에게 온 세계를 다스릴 수 있는 막강한 권세도 주셨습니다. 그리고 그렇게 할 수 있도록 지혜도 지식도 함께 부어 주셨습니다.

물론 타락하면서 그 권세를 잃어버리기도 했습니다. 사단에게 고용된 뱀에게 아담이 속아 넘어가서 그만 모든 권세와 능력을 상실하고 말았던 것입니다. 아담과 그 몸에서 난 모든 사람들은 그때부터 사단의 통치아래 들어가 사단의 다스림을 받게 되었습니다.

그러나 하나님은 예수님을 보내셔서 사단에게 무릎을 꿇고 죄와 사망 가운데 살아가는 인생을 구원하여 주셨습니다. 사단은 한때 예수님을 십자가에 못을 박아 죽이고 승리한 줄 알았습니다. 하지만 주님은 사단의 권세를 이기고 부활하셨습니다. 그리고 그동안 사단에게 빼앗겼던 권세와 능력을 도로 우리에게 찾아 주셨습니다. 누가복음 10장 19절은 "아담"이 사단에게 빼앗긴 모든 권세를 성도가 다시 회복한 내용을 말씀하는 것입니다.

그런데 안타까운 것은 많은 그리스도인들이 자신들에게 그런 권세가 있다는 것을 모른다는 것입니다. 또한 어떤 그리스도인들은 자기가 권세를 가지고 있는줄 알면서도 사용하지 않는 분들도 있습니다.

우리들은 하나님께서 예수를 믿는 우리에게 주신 권세와 능력을 사용하여야 합니다. 당신은 능력과 권세를 가지고 있습니다. 하나님께서 모든 뱀과 전갈을 밟을 수 있고 모든 적을 공격할 수 있는 능력과 권세를 당신에게 주셨습니다. 사단의 능력을 능가한다는 말씀입니다. 오늘 말씀을 통해 이러한 권세를 알고 권세를 사용하여 풍성한 삶을 살기를 소원합니다.

1. 은밀한 곳에서 그 권세를 사용하라.

은밀한 곳이란 성령으로 충만한 영의 상태를 말하는 것입니다. 보이는 육의 상태에서는 권세가 나타나지 않습니다. 권세는 영이신 하나님에게서 발원하기 때문입니다. 그러므로 우리가 영적인 상태가 되어야 성령의 감동으로 선포하는 말에 권세가 나타나는 것입니다.

본문 1절은 이렇게 말씀합니다. "지존자의 은밀한 곳에 거주하며 전능자의 그늘 아래에 사는 자여" 은밀한 곳은 어떤 곳입니까? 하늘에서 떨어져 나간 사단이 침범할 수 없는 곳입니다. 세상에 어떤 악의 음모도 실행에 옮길 수 없는 높은 곳입니다. 따라서 은밀한 곳에 거한다는 말은 어떤 영향력에도 흔들리지 않는 하나님의 임재와 보호가 있는 곳입니다. 또 고린도전서 2장

7-8절 말씀입니다. "오직 은밀한 가운데 있는 하나님의 지혜를 말하는 것으로서 곧 감추어졌던 것인데 하나님이 우리의 영광을 위하여 만세 전에 미리 정하신 것이라. 이 지혜는 이 세대의 통치자들이 한 사람도 알지 못하였나니 만일 알았더라면 영광의 주를 십자가에 못 박지 아니하였으리라" 이 비밀의 장소는 만세 전에 정하신 것인데 사단이 알 수 없는 곳입니다.

이 비밀의 장소가 어디입니까? 이 은밀한 장소는 바로 예수 그리스도의 십자가 보혈의 자리입니다. 구원의 능력을 나타내고 죄 사함의 권세를 드러내게 하는 자리가 바로 그리스도의 피가 있는 곳입니다.

사단이 모르는 곳이란 바로 이 은밀한 장소인 십자가에서 베풀어주시는 보혈의 능력입니다. 세상을 창조하시기 전에 하나님의 지혜로 감추어져 있었던 곳이 바로 이 은밀한 곳입니다. 예수 그리스도의 보혈 안에 거하는 자는 은밀한 곳에 거하는 자입니다. 주의 보혈이 있는 그곳이 사단이 알지 못하는 은밀한 곳입니다. 보혈의 능력이 약속된 곳이 은밀한 곳입니다.

출애굽기를 보면 하나님은 이스라엘 백성들을 구원하기 위하여 "바로"에게 10가지 재앙을 내렸는데 그 10번째 재앙이 피의 재앙입니다. 그 날 밤에 문설주에 피를 바르지 않은 애굽의 장자들은 모조리 죽었습니다. 왜 이들이 문설주에 피를 바르지 않았습니까? 은밀하게 하기 때문에 몰라서 바르지 않은 것입니다.

그러나 우슬초로 문의 인방과 설주에 양의 피를 뿌리고 방안에 들어가 있던 이스라엘 백성에게는 재앙이 내리지 않았습니다. 그 곳이 바로 은밀한 장소 보혈이 능력이 있는 장소라는 사실을 구약에서 보여 주신 것입니다.

은밀한 곳이라는 것은 영적인 상태를 말하는 것입니다. 하나님은 영이십니다. 그러므로 사람이 하나님의 뜻을 알려면 영적인 상태가 되어야 합니다. 그래야 은밀한 하나님의 뜻을 알 수가 있습니다. 하나님의 은밀한 뜻을 알려면 성령으로 충만해야 합니다. 성령으로 충만하려면 영으로 기도해야 합니다. 영으로 기도를 하려면 성령의 이끌림을 받아야 합니다.

그래서 성경 고린도전서 2장 10절에서 이렇게 말씀하십니다. "오직 하나님이 성령으로 이것을 우리에게 보이셨으니 성령은 모든 것 곧 하나님의 깊은 것까지도 통달하시느니라." 우리가 하나님의 은밀한 것을 알아서 사용하려면 성령으로 충만해야 합니다. 하나님은 영이 십니다. 영이신 하나님의 은밀한 것을 알려면 성령으로 충만해야 알 수가 있는 것입니다.

성령의 이끌림을 받는 기도로 하나님의 은밀한 것을 알아서 순종하시기를 바랍니다. 우리가 안일하게 있다가는 영락없이 바로와 휘하에 있던 애굽의 사람들과 같이 구원을 받지 못합니다. 하나님의 은밀한 것은 성령으로 거듭난 심령만이 알 수가 있습니다. 우리 하나님의 은밀한 것을 깨닫고 순종하여 하나님의 복을 받으시기를 바랍니다. 하나님은 성령으로 거듭난 사람들에게 하나님의 비밀을 알려주시고 일을 행하시는 분입니다.

"주 여호와께서는 자기의 비밀을 그 종 선지자들에게 보이지 아니하시고는 결코 행하심이 없으시리라."(암 3:7)

성령으로 충만하여 하나님의 은밀한 것을 많이 알고 순종하는 우리가 되시기를 바랍니다.

2. 입으로 말의 권세를 사용해야 한다.

성령으로 충만한 영의 상태에서 성령의 감동, 즉, 레마가 오면 선포해야 역사가 일어납니다.

본문 2절은 이렇게 시작합니다. "여호와를 향하여 말하기를…" 아주 중요한 말입니다. '내가 말하기를… 하나님이 나의 피난처요', '내가 말하기를…여호와는 나의 요새요', '내가 말하기를… 하나님은 내가 의뢰하는 분'이시라는 말입니다.

단순히 생각으로 갖는 믿음이 아니라, 당신이 입으로 말하는 고백이 되어야 합니다. 내가 입으로 말하기를 '그가 나의 피난처요 그가 나의 요새이시다'. 내가 입으로 말하기를 '그가 나의 피난처요 그가 나의 요새이시오, 그가 나의 신뢰할 자이다.' 이렇게 말입니다.

우리는 그냥 믿는 것으로 안 됩니다. 믿어지면 말씀을 삶에서 적용해야 됩니다. 말씀의 능력과 응답을 정말 믿는다면 당신의 입으로 말해야 합니다.

하나님은 나의 피난처이시라는 사실이 믿어집니까? 믿어진다면 '하나님은 나의 피난처이시오, 하나님은 나의 요새이시오, 하나님은 나의 의뢰할 자이시다'라고 입으로 고백해야 합니다. 시편 기자는 믿어졌기 때문에 하나님을 가리켜 '말하기를' 시작했습니다. 그저 '하나님 감사합니다.' '이렇게 축복하심을 감사합니다.' 이것만이 아니고 하나님의 능력이 내게 이루어지기를 말했던 것입니다. 당신도 '하나님 주님은 나의 피난처이시오.' '나의 요새이시오.' '내가 신뢰하는 분이십니다'라고 말하십시오. 이렇게 말할 때 말한 대로 열매를 거두게 됩니다.

본문 3절에서 이렇게 말했습니다. "이는 그가 너를 새 사냥꾼의 올무에서와 심한 전염병에서 건지실 것임이로다" '하나님이 나를 건지실 것이다.' '사냥꾼의 올무에서 심한 전염병에서 확실히 건지실 것이다.' '내가 여호와를 가리켜 말하기를 하나님이 나를 건지실 것이다.' '올무에서, 전염병에서 하나님이 나를 건지실 것이다.' 이렇게 분명하게 입으로 고백을 했습니다.

본문 5,6절에서도 이렇게 말했습니다. "너는 밤에 찾아오는 공포와 낮에 날아드는 화살과 어두울 때 퍼지는 전염병과 밝을 때 닥쳐오는 재앙을 두려워하지 아니하리로다"

어떤 것도 두려워하지 않겠다는 것입니다. 밤과 낮을 방패로 보호하시는 전능자가 계시는데 왜 두려워하겠느냐는 말입니다. 인생의 어떤 어려움도 아침부터 저녁까지 지켜 주신다는 것입니다. 밤에는 공포가 더 심합니다. 그러나 하나님의 주권과 권능이 미치지 않는 곳이란 하나도 없기 때문에 두려워 할 필요가 없습니다. 낮은 화살을 상징합니다. 화살의 공격을 하나님이 방패로 보호해 주십니다.

루벤 토레이 목사님은 중국선교사로 오랫동안 헌신한 분입니다. 그가 중국에서 통역을 했던 일이 있었는데, 통역을 마치고 돌아오다가 교통사고를 당하여 깨어보니까 한쪽 팔이 없습니다. 엄청난 사고였기 때문에 혼수상태에 있을 때에 그대로 내버려두면 몸이 성하지 못하므로 허락 없이 의사들이 팔을 잘라 버렸습니다. 그가 혼수에서 깨어나 보니 한쪽 팔이 없습니다.

그는 하나님께 제일먼저 기도한 것이 "하나님, 한쪽 팔을 가져가 주셔서 감사합니다. 지금까지 하나님께서 두 팔을 주어서 잘 살았는데 또 하나님께서 필요하시기 때문에 내 한쪽 팔을 가지고 가셨음을 감사합니다." 사람들이 고개를 기우뚱 거리면서 이상하게 생각했습니다. "이것 교통사고 당해서 머리가 좀 돈 거 아닌가? 팔을 하나님이 가져가시니 감사하다니."

그래서 중국 선교사를 은퇴하고 미국에 들어갔다가 다시 자원해서 한국 선교사로 나왔는데 그때가 6.25사변 때였습니다.

6.25사변 때 전쟁으로 말미암아 많은 군인들과 많은 평민들이 팔을 잃고 다리를 잃었을 때 의수족이나 이러한 일들을 하는 병원이 한국에 없었습니다. 사람들이 팔을 잃고, 다리를 잃어도 의수족을 만들 곳이 없었는데 이분이 한국 선교사로 와보니까 너무나 한국에 많은 군인들과 평민들이 전쟁의 상처로써 팔이 없고 다리가 없습니다. 그런데 그는 팔을 잃고 난 다음 미국에 건너가서 자기 팔을 의수족으로 만들어서 사용했었습니다.

그래서 팔, 다리 없는 사람들에 대한 깊은 관심이 있었기 때문에 대구에서 처음으로 재활병원을 시작해서 팔, 다리를 만들어서 한국 상이군인들과 한국 국민들에게 보급하고 예수를 전도하게 된 것입니다. 그때야 비로소 하나님의 섭리를 알았습니다. "하나님, 감사합니다. 아무도 한국의 전쟁에서 팔, 다리 잃은 사람에게 관심을 가지고 있지 않은데 나한테 팔을 하나 가져가시므로 내가 인조팔과 인조다리를 만들어서 이 사람들을 도우라고 하는 명령을 내리신줄 압니다."

그래서 이분을 통해서 비로소 의족과 의수를 만드는 한국 최초의 재활의학이 시작된 것입니다. 당시 많은 선교사들이 있었지만 팔을 잃은 아픔과 고통을 체험한 토레이 목사만이 팔과 다리를 잃은 자들을 위한 사명을 발견하고 그들을 위한 사역을 할 수가 있었습니다. 그 분은 한 번도 왜? 라는 질문을 하지 않았다고 합니다. "하나님, 왜인지 제가 이해하지 못하지만 하나님께서 합력하여 선을 이루실 줄 믿습니다." 이것이 토레이 목사의 평생의 고백이었다고 한 것입니다.

그는 중국에서 팔을 잃었으나 그 팔 잃은 그 은혜를 한국에서 수많은 사람들에게 의족과 의수를 만들어 주므로 갚을 수 있고 전도할 수가 있었던 것입니다. 하나님은 우리에게 그 당시에는 큰 불행 같으나 나중에는 그를 통해서 하나님을 섬기는 위대한 사역을 주기 위해서 그렇게 하셨다는 것을 깨달아 알게 된 것입니다. 하나님의 절대주권이 만사를 통치하심을 믿어야 되는 것입니다. 하나님은 좋은 일이나 나쁜 일이나 기쁜 일이나 슬픈 일이나 하나님이 배후에서 통치한다는 것을 알고 의지하면 마음속에 긍정적인 태도를 가질 수가 있는 것입니다.

이것을 현실로 믿어지는 믿음과 입으로 고백하는 믿음이 되기를 바랍니다. 어떠한 공포와 두려움이 닥쳐와도 조금도 요동하거나 두려워하지 말고 담대하게 믿음과 입으로 고백하는 믿음의 성도가 되기를 소원합니다.

3. 입에서 말하는 대로 열매가 만들어진다.

성령으로 충만한 영의 상태에서 우리는 입에서 말하는 대로 열매가 만들어진다는 것을 알고 믿어야 합니다. 본문 7절은 "천 명이 네 왼쪽에서, 만 명이 네 오른쪽에서 엎드러지나 이 재앙이 네게 가까이 하지 못하리로다"고 말씀하였습니다. 성도는 입에서 말하는 대로 결실을 만들어내는 능력이 있습니다. 본문 10절을 보면 "화가 네게 미치지 못하며 재앙이 네 장막에 가까이 오지 못하리니"라고 하였습니다.

장막은 나의 가정, 집입니다. 장막은 또한 나의 몸입니다. 장막은 교회입니다. 약속된 곳에 거하는 장소입니다. 은밀한 곳에 거하는 장소입니다. 분문 11절은 "그가 너를 위하여 그의 천사들을 명령하사 네 모든 길에서 너를 지키게 하심이라"고 했습니다. 하나님께서는 성도가 어디서 무엇을 하든지 지키시겠다는 것입니다. 여기서 천사는 하나님의 사자를 말합니다. 천사가 당신을 지켜 주신다는 것입니다. 믿음의 말을 통해 재앙이 임하지 못하도록 악한 권세를 제압한 것입니다. 담대하시기를 바랍니다. 말이 이렇게 중요합니다. 당신도 믿음의 말을 통해 귀한 역사를 이루시기 바랍니다.

그런데 믿음의 말이 역사 하듯이 믿음으로 하지 않은 말도 역사합니다. 다시 말해서 사단이 넣어준 생각과 말들을 하게 됨으로 악한 역사를 이루게 되는 것입니다. 사단은 언제나 누군가를 찾고 있습니다. 자기를 대신해서 말해 줄 사람을 찾고 있습니다. 사단은 자기가 하고자하는 말을 사람을 통해서 합니다.

'불안하다, 두렵다, 걱정스럽다, 안 된다'라는 사단의 의견을 말하게 합니다. 부정적인 말, 불신의 말, 이간시키는 말이 모두 사단으로 비롯되는 것입니다. 문제는 이런 부정적인 말을 해도 그대로 된다는 것입니다. 따라서 당신의 입에서 나오는 말이 축복을 불러오기도 하고 저주를 불러오기도 한다는 사실입니다.

잠언 18장 20,21절은 이렇게 말씀합니다. "사람은 입에서 나오는 열매로 말미암아 배부르게 되나니 곧 그의 입술에서 나는 것으로 말미암아 만족하게 되느니라. 죽고 사는 것이 혀의 힘에 달렸나니 혀를 쓰기 좋아하는 자는 혀의 열매를 먹으리라."

입술에서 나오는 것으로 만족하게 된다고 합니다. 당신의 말이 대단히 중요합니다. 입으로 하는 말대로 열매를 거둘 바에야 좋은 열매를 거두어야 하지 않겠습니까?

당신의 입을 통하여 당신의 인생의 열매를 맺게 됩니다. 당신의 인생의 열매만 맺는 것이 아니고 당신의 자녀에게도 영향을 미칩니다. 그러므로 우리는 말을 조심성 있게 해야 하는 것입니다. 말한 대로 이루어지기 때문입니다. 입을 통해 던져지는 말들이 곧 씨를 심고 있는 것과 같습니다. 열매는 어디서 만들어지느냐, 당신의 입으로 만들어지는 것입니다. 죽고 사는 것이 당신의 말속에 있다는 것입니다. 그래서 예수님은 이렇게 말씀하십니다.

"독사의 자식들아 너희는 악하니 어떻게 선한 말을 할 수 있느냐 이는 마음에 가득한 것을 입으로 말함이라. 선한 사람은 그 쌓은 선에서 선한 것을 내고 악한 사람은 그 쌓은 악에서 악한 것을 내느니라."(마12:34-35)

이것이 마음에 있는 것을 입을 통해 나타나는 능력입니다. 당신의 입이 인생의 열매를 공급하는 공장입니다. 당신의 입이 열매를 만들어 내는 천연 소스입니다. '안 된다. 안 된다' '못 한다. 못 한다'라는 말을 계속하면 그대로 되는 것이 하나도 없습니다. 그러므로 자신의 삶에 만족이 없습니다. 자신의 입이 어느 열매를 공급합니다. 먹을 것을 공급합니다. 생명을 공급합니다. 입이 만족하게 합니다. 죽고 사는 것이 어디에 달려있다고 했습니까? 성경은 혀의 권세에 달려 있다고 했습니다(잠18:21).

사단은 당신이 말을 잘못 사용하여 죽이고 훔치고 파괴하려고 합니다. 사단은 당신의 생각과 말이 부정적이 되도록 호시탐탐 노리고 있습니다. 그러므로 우리는 성령으로 충만하여 말을 조심해야 합니다. 그러나 반대로 성령으로 충만한 성도는 입을 통하여 구원의 능력을 발휘하고 상한 심령을 위로하고 쓰러진 자를 세워야 합니다.

어떻게 합니까? 예수님의 이름으로 능력을 나타내는 것입니다. 그 귀하신 이름이 사단을 쫓아내는 것입니다. 당신이 그리스도의 이름으로 말할 때 질병이 도망가고 재앙이 도망갑니다. 다툼을 쫓아 버리고 불신도 쫓아 버리고 고난도 쫓아 버리십시오. 재앙은 자신이 오라면 오고 자신이 가라면 가고 자신의 입으로 말하는 대로 된다는 것입니다.

질병아 물러가라. 아픔아 물러가라. 문제야 물러가. 그러면 물러갑니다. 죽겠다. 그러면 죽는 다는 것입니다. 입술의 열매로 배부르게 되는 것입니다.

누가복음 7장에 보면 백부장의 이야기가 나옵니다. 백부장은 말씀의 권세를 잘 알고있는 사람이었습니다. 그가 예수님께 말합니다. "말씀만 하사 내 하인을 낫게 하소서"(7절). 백부장은 예수님이 갖고 계신 말씀의 권세를 8절에서 자신의 직업과 연관하여 설명합니다. '내 수하의 사람에게 가라면 가고 오라면 온다'는 것입니다. 이 말에 대해서 예수님은 9절에서 이렇게 말씀하셨습니다. "이스라엘 중에서도 이만한 믿음은 만나 보지 못하였노라" 왜 이 백부장의 말을 큰 믿음으로 칭찬하셨습니까? 예수님으로부터 말씀의 권세를 믿었기 때문입니다.

우리 예수를 믿는 성도들에게는 주님이 능력과 권세를 주셨습니다. 성경 요한복음 1장 12-13절은 이렇게 말씀합니다. "영접하는 자 곧 그 이름을 믿는 자들에게는 하나님의 자녀가 되는 권세를 주셨으니, 이는 혈통으로나 육정으로나 사람의 뜻으로 나지 아니하고 오직 하나님께로부터 난 자들이니라." 우리는 예수를 믿는 순간에 하나님의 자녀입니다.

하나님이 예수를 십자가에 죽여서 그것을 믿는 우리를 낳은 것입니다. 그러므로 우리는 하나님의 자녀가 되는 권세를 가졌습니다. 분명하게 "영접하는 자 곧 그 이름을 믿는 자들에게는 하나님의 자녀가 되는 권세를 주셨으니"했기 때문입니다. 하나님은 초자연적으로 역사하시는 하나님 이십니다.

말씀으로 천지를 창조했습니다. 그 하나님의 권세가 예수를 믿는 우리에게 있는 것입니다. 그러므로 담대하게 선포하시기를 바랍니다. 당신의 믿음의 찬 말이 성령의 초자연적인 역사를 불러 일으켜서 기적을 체험하게 합니다.

영국에 한 영특한 소년이 있었습니다. 어찌나 총명했던지 학교에서 '작은 천재'로 불렀습니다. 그런데 어느 날 소년은 눈에 피를 흘리면서 집으로 돌아왔습니다. 친구들이 놀이를 하다가 새총으로 눈을 쏴서 두 눈이 실명되고 장님이 되었습니다. 부모들은 땅을 치고 울고 좌절하고 절망했습니다. "하나님, 이런 일이 있을 수가 있습니까?" 그러나 이 소년은 말했습니다.

아버지, 어머니보고 "아버지, 어머니 슬퍼하지 마십시오. 눈은 잃었지만 머리는 달려 있습니다. 눈은 없지만 머리는 달려 있습니다. 팔, 다리가 있어요. 그러므로 하나님께서 눈은 가져 가셨지만 머리와 팔, 다리는 주셨으니 감사합니다." "야, 이놈아!

정신없는 소리 그만해! 눈을 잃었으면서 무슨 그런 소리를 하느냐?" 이 소년은 절대 긍정적이었습니다. "나는 눈을 잃었지 머리는 잃지 않았습니다. 머리를 사용해서 살 수 있습니다. 나는 무엇이나 할 수 있습니다."

그래서 점자를 열심히 공부하고 고등학교, 대학을 나오고 국회의원으로 당선되고 훌륭한 정치인이 되어서 나중에 영국에 유명한 교통부장관이 되었습니다. 그 이름이 바로 헨리 포세트인 것입니다. 그가 비록 눈은 잃었지만 그 때문에 더 분발해서 영국을 움직이는 국회의원이 되고, 정치인이 되고, 교통부장관까지 될 수 있었던 것입니다.

예수님은 제자들에게 마태복음 16장 19절에서 이렇게 말씀하셨습니다. "내가 천국 열쇠를 네게 주리니 네가 땅에서 무엇이든지 매면 하늘에서도 매일 것이요 네가 땅에서 무엇이든지 풀면 하늘에서도 풀리리라 하시고" 우리는 땅에서도 풀리는 말을 해야 합니다. 그래야 하늘에서도 풀립니다. 부정적인 말이 아니라, 축복의 말, 창조의 말, 선한 말을 하시기 바랍니다. 불평이 아니라 축복의 말을 하시기 바랍니다. 특히 복음의 열매를 맺는 말씀을 하셔서 구원의 열매를 맺기 바랍니다.

요즘처럼 어려운 시기에 사람의 마음에 기쁨을 주고 평안을 주는 말을 하시기 바랍니다. 특히 예수님께서 주신 말씀의 권세를 십분 발휘하여서 불신자들을 구원하는 능력의 열매를 맺는 귀한 삶이되기를 소원합니다.

이와 같이 하나님과 영의 통로가 열리고 성령으로 충만한 말에는 창조적인 능력이 있습니다. 이 말씀이 성경 속에 기록된 말씀으로 하지 말고 내 것이 되어야 하는 것입니다. 즉 선포된 말씀 (레마)가 되어야한다는 말씀입니다. 성령이 감동하는 말씀을 담대하게 선포하시기를 바랍니다.

그리고 꼭 그대로 이루어진다는 긍정적인 믿음을 가지시기 바랍니다. 이 말씀이 내 것이 되면 그 다음 성경은 말씀하기를 그것을 얻는 자에게 생명이 되며 온 육체의 건강이 됨이니라. 이 말씀이 내 것이 되어야 그것이 내게 생명이 됩니다. 생명을 얻되 더 풍성히 얻는 생명이 되고 내 온 육체의 건강이 되고 믿음, 소망, 사랑이 되고 승리가 되기 시작하는 것입니다.

하나님 말씀과 우리가 일체가 될 때 하나님은 우리 가운데 와서 놀라운 능력과 영광을 베푸시는 것입니다. 이렇기 때문에 우리를 고아와 같이 버려두지 않으셨습니다. 우리는 말씀을 가지고 있으며 이 말씀 우리에게 말씀을 해주는 성령이 우리와 같이 계시는 것입니다. 그리고 우리는 말씀대로 말씀과 성령을 통하여 하나님을 만나고 위대한 기적을 체험하고 소유할 수 있습니다. 말씀의 권세를 믿고 사용하는 모두가 되시기를 소원합니다.

9장 영력 있고 창조적인 말을 하는 법

(약3:6) "혀는 곧 불이요 불의의 세계라 혀는 우리 지체 중에서 온 몸을 더럽히고 생의 바퀴를 불사르나니 그 사르는 것이 지옥 불에서 나느니라"

하나님은 하나님의 자녀들이 영력 있고 권세 있고 창조적인 혀가 되기를 원하십니다. 혀에는 우리의 인생을 망하게 하거나 성공시킬 능력이 있습니다. 같은 입에서 복과 저주가 함께 나올 수 있습니다. 우리의 마음은 말로써 프로그램화됩니다. 마음속에 있는 것이 말로 표현되기 때문입니다. 믿음은 하나님의 말씀을 들음으로써 생겨나고, 두려움은 대적이 말한 것을 들음으로써 생겨나는 것입니다. 그리스도인들 중에서도 대적인 마귀의 말을 고백하는 사람들이 있습니다.

그 사람들은 마귀의 말을 자신의 마음에 두고, 그것에 붙잡혀 살고 있는 것입니다. 마귀는 우리 안에 왜곡되고 쓸모없는 자기 파괴적인 이미지를 심어 놓기 원합니다. 우리는 하나님의 말씀을 고백함으로써 우리의 마음을 프로그램화하여, 승리하는 삶을 살아야 합니다. 인생의 좋은 것과 나쁜 것이 모두 우리의 입을 통해 나온다고 예수님이 말씀하셨습니다. 입에 들어가는 것이 사람을 더럽게 하는 것이 아니라 입에서 나오는 말이 사람을 더럽게 하는 것입니다. 우리는 예수 안에서 말씀으로 창조되었습니다. 우리는 우리 자신의 것이 아니라 하나님의 창조물입니다.

이전의 옛것들은 모두 소멸되어 버렸습니다. 예수님이 죄인이 되심으로 십자가 사건을 통해서 우리는 그리스도 예수 안에서 하나님의 의가 되었습니다. 거듭난 성도로서 우리는 하나님의 상속자요, 그리스도와 함께 한 상속자인 것입니다. 믿음으로 충만한 말은 믿음이 연약한 다른 사람들의 믿음에 활력을 불어넣어서 그들의 믿음을 발휘하게 합니다.

하나님의 말씀과 일치하는 것을 담대하게 선포할 때, 창조적 능력을 발휘할 수 있으며, 그 창조적 능력은 다른 사람들에게도 영향을 주어서 그들의 믿음을 발휘하게 하는 것입니다. 혀는 우리를 죽일 수도 있고, 우리 안에서 하나님의 생명을 흘러나오게 할 수도 있습니다. 그러므로 우리는 사망과 생명이 혀의 권세 안에 있음을 늘 기억해야 합니다.

1. 믿음 충만한 입술로 하는 기도는 능력이 있다.

성령으로 충만하여 하나님의 말씀이 우리 마음속에서 잉태된 다음에, 입으로 고백하게 되면 그 말씀은 우리 안에서 하나님의 능력을 발휘하는 영적인 힘이 됩니다. 따라서 우리는 좀 더 효과적으로 말하는 법을 배워야 합니다. 우리가 무심코 내뱉는 말 때문에 우리는 성공할 수도 있고 실패할 수도 있습니다. 그래서 주님은 마태복음 12장 36-37절에서 "내가 너희에게 이르노니 사람이 무슨 무익한 말을 하든지 심판 날에 이에 대하여 심문을 받으리니 네 말로 의롭다 함을 받고 네 말로 정죄함을 받으리라"

오늘날 우리는 자신이 내뱉은 말에 자기 자신이 포로로 되어 버린 그리스도인들을 많이 보고 있습니다. 우리는 우리의 혀를 가지고 스스로를 실패자로 만드는 말을 하기도 했습니다. 하나님의 말씀에 어긋나는 기도를 할 때도 있었습니다. 그러나 우리가 알아야 할 것은 기도한대로 열매를 맺는다는 것입니다. 그렇다면 우리는 어떤 자세로 기도를 해야 할까요?

바울은 빌립보서 4장 13절에서 "내게 능력 주시는 자 안에서 내가 모든 것을 할 수 있느니라"고 고백하고 있습니다. 바울의 마음속에서 하나님의 말씀은 능력이 되었고, 바울은 자신의 입술을 통하여 이 능력을 담대히 선포했던 것입니다. 우리는 기도할 때마다 하나님의 말씀을 온전히 의지하고, 그 말씀을 따라 역사하시는 하나님의 능력을 담대히 선포해야 합니다.

우리는 종종 "주님, 제가 기도를 했는데 이루어지지 않습니다. 저는 마귀에게 패배한 것 같습니다"라고 기도할 때가 있습니다. 그러나 하나님은 "무엇이든지 기도하고 구한 것은 받은 줄로 믿으라" 고 말씀하고 계심을 기억하시기 바랍니다.

응답받는 기도를 하기 위해서는 첫째로, 문제를 바라보고 기도하는 것이 아니라 응답을 바라보고 기도해야 합니다. 둘째로, 보이는 것을 의지하지 말고 믿음으로 기도해야 합니다. 믿음이 없으면 기도는 응답되지 않습니다. 그러나 믿음은 기도가 없이도 역사할 수 있습니다. 기도는 믿음을 나타내는 수단 중의 하나이기 때문입니다. 그러므로 기도할 때 하나님의 말씀을 믿는 그 믿음을 표현하기만 하면 하나님의 능력이 우리의 삶에서 역사하게 될 것입니다.

우리는 우리의 말을 다스려야 하며, 하나님께서 원하시는 말 즉 하나님의 말씀에 복종하는 말을 해야 합니다. 하나님의 말씀은 곧 영적인 법칙이기 때문입니다. 예수님께서 이렇게 말씀하셨습니다.

"너희 중에 두 사람이 땅에서 합심하여 무엇이든지 구하면 하늘에 계신 내 아버지께서 저희를 위하여 이루게 하시리라."
(마19:19).

이와 같이 믿음의 말이 생명을 살립니다. 우리가 더욱 담대하게 말을 선포할 때, 많은 사람들이 그 말씀과 같이 하나님의 능력의 역사를 체험 할 것입니다.

2. 믿음의 말은 다른 사람의 믿음에 불을 붙인다.

성령으로 충만한 상태에서 믿음으로 가득한 말은 잠자고 있거나 힘이 없는 다른 사람들의 믿음에 활력을 불어넣어서 믿음을 발휘하게 합니다. 성도가 하나님의 말씀과 일치하는 것들을 담대하게 선포할 때 창조적 능력이 나옵니다. 또한 그것이 다른 사람들에게 당신의 믿음과 같은 믿음을 발휘하게 합니다. 영 안에서 나오는 창조적인 말에는 권세가 있습니다. 사람을 변화시키는 능력이 있습니다. 죽어가는 자를 살리는 권능이 있습니다. 악한 영을 패주시킬 수 있는 능력이 있습니다.

그러므로 성령으로 충만하여 믿음의 말을 담대하게 선포하십시오. 그러면 당신의 믿음의 말에 따라 창조적인 역사가 일어날 것입니다. 눈으로 보이는 가시적인 역사가 일어난다는 것입니다. 하나님은 말만 하시고 끝내는 분이 아닙니다. 말씀하시고 이루시는 하나님이십니다. 그런데 누구를 통해서 말씀하시고 이루시느냐 성령으로 거듭난 영의 사람을 통하여 말씀하시고 이루시는 것입니다.

이 산을 옮길만한 믿음은 우리의 영 안에 있습니다. 사도행전 14장 8~10절에서 일어난 일을 주의 깊게 살펴보십시오. "루스드라에 발을 쓰지 못하는 한 사람이 있어 앉았는데 나면서 앉은뱅이 되어 걸어본 적이 없는 자라 바울이 말하는 것을 듣거늘 바울이 주목하여 구원받을 만한 믿음이 그에게 있는 것을 보고 큰 소리로 가로되 네 발로 바로 일어서라 하니 그 사람이 뛰어 걷는지라."

바울은 그 앉은뱅이에게 치유 받기에 충분한 믿음이 있는 것을 성령으로 느껴 알았습니다. 그 믿음은 육의 사람(겉 사람) 안에 있지 않았습니다. 겉 사람을 통해서는 믿음이 역사하지 않습니다. 바울이 한 말은 창조적 능력이 있었습니다. 그것은 성령의 감동으로 받은 레마, 즉 초자연적인 성령의 말이기 때문이었습니다. 바울은 그 초자연적인 레마의 말을 속사람에게 말했습니다. 만일 그가 그 사람의 겉 사람에게 말을 하고 있었다면 그에게 믿음이 있다고 그 사람에게 설명을 해 주었어야만 했을 것입니다. 그러나 영의 사람(속사람)은 믿음이 있는 곳에 있습니다.

육적인 말은 육적인 사람(겉 사람)에게 말할 때 사용될 것입니다. 바울이 한 말은 육적인 지성에는 아무런 의미도 주지 못했을 것입니다. 영의 말, 영의 생명으로 가득찬 말은 사람에게서 나온 말이 아니라, 하나님에게서 나온 말입니다. "네 발로 바로 일어서라!"고 바울은 말했습니다.

자 보세요. 바울은 그 사람의 속사람, 즉 영의 사람에게 말하고 있다는 것을 깨달으십시오. 육의 겉 사람에게 일어서라고 말했더라면 아무 소용이 없었을 것입니다. 그는 한 번도 걸어 본 적이 없었으니까요. 그의 지성은 그가 일어설 수 없다는 것을 육신적으로 알았습니다. 만일 그 일이 그 사람 자신에 의해서 육신적으로 되어질 수 있었더라면 그가 그런 상태에 있지 않았을 게 아닙니까.

그런데 그것은 그의 육신적, 정신적 능력 밖이었습니다. 그 능력은 그의 영적인 자원으로부터 나와야만 하였습니다. 즉 그의 속사람인 영의 사람으로부터 나오는 것입니다. 그래서 "네 발로 바로 일어서라"는 말이 영 안으로 받아들여지자 그 사람은 뛰고 걸었습니다. 그의 영 안에 받아들여진 영의 말들이 그의 육신적 몸에 영적인 힘을 가하여 묶였던 육체를 풀어 육신적 힘이 나오게 한 것입니다. 영의 말의 이 창조적 능력이 그의 영 안에서 만들어져서 눈에 보이는 결과를 낳았습니다.

3. 믿음은 영에서 흘러나와야 한다.

사도행전 9장 34절에서 베드로가 상 위에 누운 지 팔 년 된 사람에게 말했습니다. 그는 그 사람을 위해 기도하지 않았고 우리들이 자주 하는 것처럼 그를 기억하고 기도하겠다는 말도 하지 않았습니다. 베드로는 "영의 사람"에게 말을 했습니다. "베드로가 가로되 애니아야 예수 그리스도께서 너를 낫게 하시니 일어나 네 자리를 정돈하라 한대 곧 일어나니."

이건 육신의 겉 사람에게는 불가능한 일이었습니다. 그러나 베드로의 말은 육신의 겉 사람보다 더 깊숙이 들어갔습니다. 베드로의 말은 성령으로 충만한 영의 말이었기 때문입니다. 그의 혀가 영의 사람 안에 갇혀 있어서 한 번도 행동의 형태로 흘러나온 적이 없었던 믿음을 활성화시키는 초자연적인 영의 말을 합니다. 초자연적인 영의 말을 들은 애니아의 영이 순종하여 창조적 능력을 만들어냈습니다. 사람의 영은 불멸입니다. 영은 죽지 않는다는 것입니다. 그렇기 때문에 에스겔 37장 3절부터 10절에 보면 마른 뼈가 살아나 군사가 되는 장면이 기록되어 있습니다.

"그가 내게 이르시되 인자야 이 뼈들이 능히 살 수 있겠느냐 하시기로 내가 대답하되 주 여호와여 주께서 아시나이다. 또 내게 이르시되 너는 이 모든 뼈에게 대언하여 이르기를 너희 마른 뼈들아 여호와의 말씀을 들을지어다. 주 여호와께서 이 뼈들에게 이같이 말씀하시기를 내가 생기를 너희에게 들어가게 하리니 너희가 살아나리라. 너희 위에 힘줄을 두고 살을 입히고 가죽으로 덮고 너희 속에 생기를 넣으리니 너희가 살아나리라 또 내가 여호와인 줄 너희가 알리라 하셨다 하라. 이에 내가 명령을 따라 대언하니 대언할 때에 소리가 나고 움직이며 이 뼈, 저 뼈가 들어맞아 뼈들이 서로 연결되더라. 내가 또 보니 그 뼈에 힘줄이 생기고 살이 오르며 그 위에 가죽이 덮이나 그 속에 생기는 없더라. 또 내게 이르시되 인자야 너는 생기를 향하여 대언하라 생기에게 대언하여 이르기를 주 여호와께서 이같이 말씀하시기를 생기야 사방에서부터 와서 이 죽음을 당한 자에게 불어서 살아나게 하라 하셨다 하라. 이에 내가 그 명령대로 대언하였더니 생기가 그들에게 들어가매 그들이 곧 살아나서 일어나 서는데 극히 큰 군대더라."(겔37:3-10).

예수님이 죽은 나사로를 살린 것도 나사로의 영이 예수님의 말을 듣고 움직이니 살아난 것입니다. 영은 죽지 않고 영생합니다. 성령으로 충만한 영의 말이 살대방의 영에게 명령하여 순종할 때 기적이 일어나는 것입니다. 그래서 예수님의 입에서 나오는 말은 영의 말이기 때문에 초자연적인 역사를 일으키는 것입니다. 고로 예수를 믿는 우리도 성령이 우리 안에 계시므로 우리의 성령으로 충만한 말은 예수님의 말씀과 같이 창조적인 역사를 일으키는 것입니다. 그래서 성도가 말한 대로 현실로 보이는 역사가 나타나는 것입니다. 이렇게 믿음으로 영에서 나오는 말은 죽은 자를 살리는 역사를 일으킵니다. 우리는 에스겔과 같이 성령이 감동하면 담대하게 선포해야 합니다. 성령으로 충만한 영에서 나오는 믿음의 말은 창조적인 역사를 일으키기 때문입니다. 그러므로 행동으로 흘러나오지 못하는 믿음은 점화되지 못하는 가스와 같습니다. 아무런 힘도 산출하지 못합니다. 야고보서 3장 6절은 이렇게 말합니다. "혀는 곧 불이요 불의의 세계라 혀는 우리 지체 중에서 온 몸을 더럽히고 생의 바퀴를 불사르나니 그 사르는 것이 지옥불에서 나느니라." 바꾸어 말하면, 길들여지지 않은 상태의 혀는 불이요 악독의 세계이며 혀 안에 있는 불은 지옥에서 나옵니다. 이는 말하는 대로 이루진다는 뜻입니다. 우리말을 잘합시다. 말을 잘하려면 혀를 잘 통제해야 합니다. 육적 인간은 혀 안에 있는 이 불을 길들이거나 통제할 수 없습니다. 그런데 감사하게도 예수님께서 이 혀가 길들여질 뿐만 아니라, 또한 성령으로 불타오를 수 있도록 준비해 주셨습니다.

성령으로 충만하여 혀가 길들여지고 초자연적인 도구로 사용되도록 했습니다.

"오직 성령이 너희에게 임하시면 너희가 권능을 받고..."(행 1:8)

"그는 성령의 불로 너희에게 세례를 주실 것이요"(눅3:16)

"불의 혀같이 갈라지는 것이 저희에게 보여 각 사람 위에 임하여 있더니"(행2:3) "저희가 다 성령의 충만함을 받고 성령이 말하게 하심을 따라 다른 방언으로 말하기를 시작하느니라"(행2:4)

4. 성령을 받아야 말이 변한다.

성령을 받자 자연인이 초자연적인 사람이 되었습니다. 예수님이 부활 승천하시고 예루살렘을 떠나지 말고 위로부터 능력을 입히 울 때까지 기다리라 하여 십일 동안 기다릴 때, 두 가지 기이한 일들이 오순절 날에 기다리고 기도하던 일백 이십 명의 사람들에게 일어났습니다. 첫째는 그들이 거듭났습니다.

"예수께서 대답하여 가라사대 진실로 진실로 네게 이르노니 사람이 거듭나지 아니하면 하나님 나라를 볼 수 없느니라."(요 3:3)

자연인이 초자연적인 사람으로 되었습니다. 예수님께서 말씀하시기를 새 포도주를 낡은 병에 넣어 두지 말아야 한다. 그들은 새로운 피조물 인간이 되었습니다.

"그런데 누구든지 그리스도 안에 있으면 새로운 피조물이라 이전 것은 지나갔으니 보라 새것이 되었도다."(고후5:17)

이런 의로운 상태로는 전에 한번도 존재하지 않았던 초자연적인 사람이 된 것입니다.

"하나님이 죄를 알지도 못하신 자로 우리를 대신하여 죄를 삼으신 것은 우리로 하여금 저의 안에서 하나님의 의가 되게 하려 하심이니라"(고후5:21)

그들은 지금은 은혜로 구원받은 죄인이 아니라, 그리스도 안에서 새로운 피조물이었습니다.

"우리는 그의 만드신 바라 그리스도 예수 안에서 선한 일을 위하여 지으심을 받은 자니 이 일은 하나님이 전에 예비하사 우리로 그 가운데서 행하게 하려 하심이니라."(엡2:10)

이제는 더 이상 육신의 능력에만 지배되지 않습니다.

둘째는, 그들이 성령과 불로 세례를 받고(눅3:16), 성령이 말하게 하심을 따라 다른 방언으로 말하였습니다. 제어하기 어려울 정도로 악하고, 사망의 독이 가득차고, 지옥 불이 역사하는 혀가 이제는 성령의 불이 붙었습니다. 하나님의 영이, 사람의 영 안에 거하기 위해 오셨습니다.

"내가 아버지께 구하겠으니 그가 또 다른 보혜사를 너희에게 주사 영원토록 너희와 함께 있게 하시리니"(요14:16)

초자연적인 사람은 하나님께로부터 난자입니다.

"예수께서 그리스도임을 믿는 자마다 하나님께로서 난자니 또한 내신 이를 사랑하시는 자마다 그에게서 난자를 사랑하느니라 우리가 하나님을 사랑하고 그의 계명들을 지킬 때에 이로써 우리가 하나님의 자녀들을 사랑하는 줄을 아느니라 하나님을 사랑하는 것은 이것이니 우리가 그의 계명들을 지키는 것이라 그의 계명들은 무거운 것이 아니로다 대저 하나님께로서 난 자마다 세상을 이기느니라 세상을 이긴 이김은 이것이니 우리의 믿음이니라"(요일5:1~4)

이들은 세상을 이기고 삶의 모든 환경을 다스립니다. 이들은 하나님이 말씀하시듯 감히 말하고 선포합니다. 이들은 불의 혀를 가진 사람들입니다. 이들은 40년 동안 절망적인 앉은뱅이 생활을 하면서 전 생애에 한 발자국도 걸어본 적이 없었던 사람에게 감히 "나사렛 예수 그리스도의 이름으로 일어나 걸으라!"고 말하는 사람들입니다.

그랬더니 "그가 뛰어 서서 걸으며 그들과 함께 성전으로 들어가면서 걷기도 하고 뛰기도 하며 하나님을 찬미하였습니다."(행 3:6~8) 이제는 성령의 불이 붙은 베드로의 혀가 창조적인 힘이 되어 하나님의 능력을 흘러나오게 했던 것입니다.

사망과 생명이 혀의 권세 안에 있습니다. 당신의 입의 말과 당신의 마음의 묵상이 주님 앞에서 열납이 되어야 합니다. 아니 성령으로 충만한 말은 주님 앞에 열납이 되게 되어 있습니다. 그래서 우리는 담대해야 합니다. 우리는 또 이렇게 고백해야 합니다. "나는 더러운 말은 내 입 밖으로 나오지 않게 하겠으며, 오직 덕을 세우는데 소용되는 대로 선한 말을 하여 듣는 자들에게 은혜를 끼치도록 하겠습니다."

"사람은 입에서 나오는 열매로 배가 부르게 되나니 곧 그 입술에서 나는 것으로 말미암아 만족하게 되느니라"(잠18:20)

잠언 18장 21절은 말합니다.

"죽고 사는 것이 혀의 권세에 달렸나니 혀를 쓰기 좋아하는 자는 그 열매를 먹느니라." "입을 지키는 자는 그 생명을 보전

하느니라"(잠13:3)

한편 야고보서 3장 6절은 혀에 대해서 이렇게 말합니다. "혀는 곧 불이요 불의의 세계라 혀는 우리 지체 중에서 온 몸을 더럽히고 생의 바퀴를 불사르나니 그 사르는 것이 지옥 불에서 나느니라" 이와 같이 혀는 당신을 죽일 수도 있고, 당신 안에서 하나님의 생명을 흘러나오게 할 수도 있습니다.

그러므로 항상 말을 조심합시다. 우리는 머릿속에서 떠오르는 생각을 말하기 전에, 먼저 자신에게 "누가 그 말을 했지? 이 생각은 하나님의 말씀으로부터 온 것인가?"라고 물어보아야 합니다. 만일 그것이 하나님의 말씀과 맞지 않는다면 사단의 거짓말이거나, 세상적인 가치관에 의한 생각임이 분명합니다. 그럴 때는 그것을 자신의 말로 인용하지 말아야 합니다. 마귀가 주는 두려움과 부정적인 마음을 입으로 고백할 때, 그 말은 즉각적으로 하나님의 능력을 막아버리기 때문입니다. 우리는 말의 권세를 인정하고, 언어를 조심해야 합니다.

잠언 6장 2절의 "네 입의 말로 네가 얽혔느니라"는 말씀을 잘 이해하시기 바랍니다. 예수님은 "사람은 자기가 말한 그대로 된다"고 말씀하셨습니다. 그러므로 당신이 말하는 것이 그대로 이루어질 것이라고 굳게 믿으시기 바랍니다. "말"에는 말하는 것 그 이상의 것이 있습니다. 우리 안에 내재된 영적인 힘은 말을 통해서 흘러나오게 됩니다.

"세상을 이긴 이김은 이것이니 우리의 믿음이니라"는 요한일서 5장 4절 말씀은 하나님이 마귀가 도저히 이길 수 없는 강하고 위대한 능력을 가지고 계신다는 사실을 뒷받침해주고 있습니다. 우리는 창조적인 혀의 능력을 사용하여 하나님의 위대한 능력을 발휘하여야 합니다. 세상을 이기는 믿음이 자신 안에 있음을 기억하시기 바랍니다. 우리 모두 영감과 영력이 충만한 믿음의 말로 하나님의 초자연적인 역사를 늘 체험하시기를 바랍니다. 영감과 영력이 충만한 말로 하나님의 역사를 날마다 눈으로 보는 우리가 되시기를 바랍니다.

5. 말의 권세와 능력

하나님은 성도들이 말의 권세와 능력을 알기 원하십니다. 성도들이 말을 잘해서 자신과 가정을 변화시키는 도구들이 되기를 원하고 계십니다. 말은 보이지 않지만 무한한 창조력과 힘을 가지고 있습니다. 그래서 잠18장 21절에 "죽고 사는 것이 혀의 권세에 달렸나니 혀를 쓰기 좋아하는 자는 그 열매를 먹으리라"고 하였습니다. 하나님께서는 우리가 말하는 대로 열매를 맺게 하시고 이루어 주시는 분입니다. 말속에 이처럼 크고 놀라운 비밀이 숨겨져 있습니다. 특별히 전능하신 하나님을 믿고 의지하는 그리스도인들에게 있어서 말은 매우 중요한 의미가 있습니다. 예수님께서 풍랑이 이는 바다를 향해 어떻게 하셨습니까? "바다야! 잠잠하라"라고 말씀으로 명령하셨습니다. 그랬더니 풍랑이 잔잔해지는 놀라운 역사가 일어났습니다(막11:12). 이 세상에서의 성공과 실패, 행복과 불행은 우리의 말에 의하여 만들어지는 것입니다. 우리의 말이 우리의 인생을 만들어갑니다. 우리나라 말에 "말에 씨가 있다"라는 말이 있습니다. 심은 대로 거둔다는 삶의 법칙이 우리의 행동에만 적용되는 것이 아니라 말에도 적용됩니다. 그렇다면 말은 무엇을 변화시킵니까?

1) 말은 육체를 변화시킵니다. 잠18:21 "죽고 사는 것이 혀의 권세에 달렸나니"라고 하였습니다. 말은 우리 신체의 조직, 세포를 죽이기도 하고 살리기도 하는 권세를 가지고 있습니다. 그래서 야고보 사도는 약 3장 6절에 "혀는 곧 불이요 불의의 세계라 혀는 우리 지체 중에서 온 몸을 더럽히고 생의 바퀴를 불사르나니"라고 하였습니다. 말은 사람의 생애의 행, 불행, 흥망을 결정지어주는 권세가 있다는 것입니다. 그래서 혀는 불이 되는 것입니다. 때문에 예수님은 각양각색의 병자들을 고치실 때마다 말을 도구로 사용하셨습니다. 예수님은 약으로 처방을 내리지 않고 언어로 치유의 도구를 삼으셨습니다. 대부분의 경우 "네 믿음대로 될지어다."라는 말을 사용하여 고쳐 주셨습니다. 다시 말해서 "네 말대로 될지어다." 라고 하신 것입니다. 그렇습니다. 우리들도 건강해진다고 말하는 사람은 말한 대로 건강해집니다. 살겠다고 말하면 모든 것이 살아나고 죽겠다고 말하면 모든 것

이 죽어가기 시작합니다.

2) 말은 마음과 생각을 변화시킵니다. 말이라고 하는 것은 우리의 마음과 생각을 지배합니다. 마음과 생각을 변화시킵니다. 정말로 중요합니다. 그러므로 어떠한 말을 하느냐하는 것이 그의 마음과 생각에 큰 영향을 미치게 된다는 것을 기억해야 할 것입니다. 잠6장 2절에 "네 입의 말로 네가 얽혔으며 네 입의 말로 인하여 네가 잡히게 되었느니라"고 하였습니다. 우리의 말이 우리의 행동을 변화시킨다는 뜻입니다. 말은 우리의 행동을 지배합니다. 왜 그렇습니까? 성경 누가복음 6장 45절에서 예수님은 이렇게 말씀하십니다. "선한 사람은 마음에 쌓은 선에서 선을 내고 악한 자는 그 쌓은 악에서 악을 내나니 이는 마음에 가득한 것을 입으로 말함이니라." 말은 마음에 쌓은 것이 입으로 나오는 것입니다. 그러므로 선한 것이 쌓여있으면 선이 나오는 것입니다. 마음에 악한 것이 쌓여있으면 악이 나오는 것입니다. 사람은 말을 할 때 마음에 있는 것이 말로 나오는 것입니다. 그러므로 사람의 말을 들어보면 그 사람의 인격을 알 수가 있는 것입니다.

3) 말은 환경과 생활을 변화시킵니다. 말이 생각과 마음의 변화를 가져오게 하는 이유가 무엇인지 아십니까? 그 말속에는 믿음이 있기 때문입니다. 내가 말하는 것은 곧 믿음입니다. 말이라고 하는 것은 믿음이기 때문에 더 중요한 것입니다. 내가 잘된

다고 말하는 것은 그 속에 잘된다고 하는 믿음이 들어 있는 것입니다. 나는 못해라고 하는 사람은 그 속에 부정적인 믿음을 갖고 있는 것입니다. 할 수 없다고 말하면 할 수 없는 행동이 나오고 할 수 있다고 말하면 할 수 있는 행동이 나오는 것입니다. 그래서 예수님께서는 막9장 23절에 "할 수 있거든이 무슨 말이냐? 믿는 자에게는 능치 못할 일이 없느니라"고 말씀하셨습니다. 바울처럼 "내게 능력 주시는 자 안에서 내가 모든 것을 할 수 있느니라"고 말하십시오.

그러면 무슨 일이든 분명히 할 수 있는 기적이 일어날 것입니다. 나의 말 한마디가 나의 일생을 망하게 하기도 하도 흥하게도 하며 또한 성공하게도 하고 실패하게도 합니다.

4) 말은 자아상을 변화시킵니다. 사람은 누구나 자아상을 갖고 있습니다. 자아상은 내가 나를 어떻게 보는가를 의미합니다. 누구나 무의식 가운데 어떤 모양이든 자신의 자아상을 가지고 있습니다. 내가 나를 어떻게 보느냐하는 것은 인생을 살아가는 데 있어서 대단히 중요합니다. 긍정적인 자아상을 가진 사람은 매사를 긍정적으로 보고 감사하며 살아갑니다. 우리는 모두 하나님의 자녀로서 긍지와 자부심을 가져야 합니다. 또한 하나님의 사랑하시는 소유가 되었습니다.

"너는 두려워 말라 내가 너를 구속하였고 내가 너를 지명하여 불렀나니 너는 내 것이라"(사43:1).

또한 내가 누구입니까?

"예수 안에서 선한 일을 위하여 지으심을 받은 하나님의 걸작품이요"(엡 2:10)

"선한 목적을 위하여 지으심을 받은 택하신 족속이요, 왕같은 제사장이요, 거룩한 나라요, 그의 소유된 백성입니다."(벧전 2:9)

이것이 하나님께서 우리를 창조하신 본래의 모습이요, 자아상입니다. 그런데 사탄이 세상에 들어오고 부터 사람들은 "넌, 왜 이 모양이야?" "넌, 제대로 하는게 하나도 없어"라고 말하게 되었고 부정적인 말을 들은 사람들은 가짜 자아상을 갖게 됩니다. 그래서 대부분의 사람들이 "나는 못해" "나는 안돼" 라고 생각하며 못난 자아상을, 거짓된 자아상을 갖게 되었습니다. 하나님은 우리의 부정적인 자아상을 긍정적인 자아상으로 변화시키는 일을 말씀을 통해서 하시는 것입니다.

그런데 놀라운 일이 있습니다. 우리의 말이 하나님을 움직인다는 사실입니다. 우리는 말로써 잃어 버렸던 성경적인 자아상을 다시 찾아야합니다. 그 자아상은 "할 수 있다, 하면 된다, 나에게는 희망이 있다, 나는 반드시 잘된다, 나는 반드시 성공한다"입니다. 왜그런가하면 말하는 대로 되기 때문입니다.

민14장 28절에 "여호와의 말씀이 나의 삶을 가리켜 맹세하노라 너희 말이 내 귀에 들린대로 내가 너희에게 행하시겠다."고 하셨습니다. 다시 말하면 하나님께서 우리가 하는 말에 따라 행동하시겠다는 것입니다. 얼마나 놀라운 일입니까? 그러므로 우리의 삶이 곤고하고 피곤해질 때는 짜증을 낼 것이 아니라 자신의 말의 습관을 살펴보는 것이 중요합니다.

여호수아와 갈렙은 말을 바로 했기 때문에 가나안에 들어가게 되었고 원망과 불평의 말을 한 백성은 광야에서 죽고 말았습니다. 현실을 바라보고 말하지 맙시다. 하나님을 믿고 잘 될 것이다. 라고 말을 합시다.

오늘의 현실은 과거에 자신들이 말한 결과입니다. 오늘 우리가 말한 대로 미래가 결정되어집니다. 어떻게 하시겠습니까? 그러므로 항상 사랑의 말, 칭찬과 격려의 말, 믿음의 말, 긍정적인 말을 사용해서 행복과 성공과 승리의 삶을 살아가시기를 소원합니다.

10장 말에 권세를 알고 사용하는 자가 되라.

(마 8:5-10)"예수께서 가버나움에 들어가시니 한 백부장이 나아와 간구하여 이르되 주여 내 하인이 중풍병으로 집에 누워 몹시 괴로워하나이다. 이르시되 내가 가서 고쳐 주리라. 백부장이 대답하여 이르되 주여 내 집에 들어오심을 나는 감당하지 못하겠사오니 다만 말씀으로만 하옵소서 그러면 내 하인이 낫겠사옵나이다. 나도 남의 수하에 있는 사람이요 내 아래에도 군사가 있으니 이더러 가라 하면 가고 저더러 오라 하면 오고 내 종더러 이것을 하라 하면 하나이다. 예수께서 들으시고 놀랍게 여겨 따르는 자들에게 이르시되 내가 진실로 너희에게 이르노니 이스라엘 중 아무에게서도 이만한 믿음을 보지 못하였노라"

권세 있는 사람과 힘이 센 사람은 다릅니다. 권세는 지위에 따라 오는 것이고 힘은 체력을 통해 오는 것입니다. 간단한 예를 들어본다면 교통순경은 육체적으로는 연약해서 힘이 없지만 정부가 주는 교통순경이 갖는 권세가 있습니다. 그러나 큰 덤프트럭은 힘은 굉장히 세지만 아주 체력이 약한 교통순경이 호루라기를 불어 손가락으로 가리키면 정지해야 합니다. 이는 힘은 권세에 복종해야 한다는 것을 잘 보여주는 예입니다. 권세와 힘은 똑같은 능력이지만 권세는 힘을 다스리는 것입니다. 오늘 읽은 성경 말씀에서 이에 대한 놀라운 이야기가 있습니다. 예수님께서 한 동네에 계신데 이탈리아의 백부장, 요즘으로 말하면 대위 정도 되는 사람이 주님께 나와 무릎을 꿇고 엎드려 구했습니다. "내 종이 중풍으로 심히 앓고 고생하오니 와서 도와주소서" 예수님께서 "내가 가서 도와주리라" 그러자 백부장은 "아닙니다. 주께서 우리 지붕 밑에 오시는 것도 우리는 감당할 수 없습니다.

　주님께서 말씀 한 마디만 하옵소서. 그러면 내 하인이 낫겠나이다. 나도 로마 시저 황제의 권세 아래 있는 사람이요 그 권세에 의지하여 나도 권세가 있으므로 내 밑의 병졸에게 이리로 가라하면 가고 오라 하면 오며 이것을 하라하면 하나이다." 이 말을 듣고 예수님께서 감탄하셨습니다. "이 어찌된 일인가 이방인처럼 권세에 대한 이해를 갖고 믿음을 가진 자가 있겠는가" 그리고 그 자리에서 그 하인을 고쳐주셨습니다. 예수님은 여기에서 인간의 믿음이란 것은 그 배후에 권세가 있어야 활용될 수 있다는 것을 보여주셨습니다. 권세에 대해 잘 이해하지 못하면 믿음의 역사는 일어날 수 없습니다. 이 백부장은 예수님이 바로 하나님이시오, 하나님의 아들이시므로 우주를 다스리고 변화시키시는 절대 권세가 있으므로 그 권세자의 말 한마디면 모든 것이 다 이루어진다는 것을 알고 있었습니다. 그러므로 이 시간에 우리 성도들이 권세를 잘 이해하면 위대한 신앙생활의 길을 걸어갈 수 있습니다.

1. 권세란 무엇인가.

　권세의 근원은 우주의 절대 주권자이신 하나님께로부터 출발하는 것입니다. 하나님께서는 말씀 한마디로 천지와 만물을 지으셨고 지금도 그 하나님의 손위에 온 세계와 만유가 존재하는 것입니다. 과거, 현재, 미래도 하나님의 권세 밖에서는 움직여질 수 없습니다. 그러므로 절대적으로 모든 권세는 하나님께로부터 출발하는 것입니다. 물론 하나님의 권세에 도전한 원수 마귀가 있습니다. 마귀는 하나님과 동등 되려고 하다가 쫓겨나 루시퍼를 따르는 사자들과 함께 마귀와 귀신들이 되었습니다. 하나님의 형상과 모양대로 지음 받은 아담과 하와도 하나님과 동등 되고자 하는 마귀의 꾐을 받아 하나님을 반역했다가 하나님께로부터 쫓겨나서 타락한 그 후손이 오늘날도 하나님의 권세를 인정하지 않고 하나님의 권세에서 벗어나 인본주의, 인간중심으로 살려고 하는 것입니다.

　그들은 마귀도 사람도 하나님의 권세에서 벗어났다고 생각하지만 실상은 그렇지 않습니다. 하나님은 일정기간동안 그들 마음대로 자행자족 하도록 허락해 놓으셨을 뿐입니다. 그러나 그 기한이 차면 하나님께서 일어나셔서 그 권세로 처참하게 심판하실 것입니다. 마귀와 그 사자는 영원히 불과 유황으로 타는 못에 던져질 것이요, 그를 따르는 사람들도 모두 버림받아 불과 유황으로 타는 못에 심판을 받아 영원히 버림받게 될 것입니다. 우리가 보는 이 세상의 권세라는 것은 하나님께 출처가 있는 것입니다.

로마서 13장 1절로 2절에 "각 사람은 위에 있는 권세들에게 복종하라 권세는 하나님으로부터 나지 않음이 없나니 모든 권세는 다 하나님께서 정하신 바라. 그러므로 권세를 거스르는 자는 하나님의 명을 거스름이니 거스르는 자들은 심판을 자취하리라"고 하셨습니다.

하나님께서는 이 세상의 권세는 올바르든 그르든 간에 하나님의 허락 없이는 존재할 수 없다는 사실을 보여주고 있습니다. 그러므로 하나님을 우리 예수님을 믿는 사람들이 의지할 때 마음의 평안을 얻을 수 있는 것은 우리를 위하는 권세뿐 아니라 우리를 도적질하고 죽이고 멸망시키려는 악한 권세라도 하나님의 허락 없이는 조금도 움직일 수 없다는 것을 알기 때문이고 우리가 하나님을 의지하면 악의 권세가 우리를 멸할 수 없다는 것을 잘 알기 때문입니다.

다니엘서 4장 17절에 "이는 순찰자들의 명령대로요 거룩한 자들의 말대로이니 지극히 높으신 이가 사람의 나라를 다스리시며 자기의 뜻대로 그것을 누구에게든지 주시며 또 지극히 천한 자를 그 위에 세우시는 줄을 사람들이 알게 하려 함이라 하였느니라"고 하셨습니다.

하나님께서는 인간 나라는 궁극적으로 하나님께서 다스리신다는 것을 보여주셨습니다. 역사의 알파요 오메가요 처음과 나중이요, 시작과 끝이신 하나님의 손에 있는 것이요 이 세상 모든 권세와 권세의 보좌는 하나님께서 주장하셔서 하나님께서 한 사람을 권세의 자리에 앉게도 하시고 폐하시기도 하시며 지극히 천한 자를 일으켜 권세 있는 자리에 앉게도 하시는 것은 하나님께서 친히 역사 하시는 일이라는 것을 성경은 분명히 보여주고 있습니다. 그렇기 때문에 우리가 권세라고 말하는 것의 모든 근원은 하나님인 것입니다. 선한 권세도 악한 권세도 하나님께로부터 말미암는 것입니다.

2. 우리 크리스천의 권세는 무엇일까.

예수를 믿는 사람들은 어떤 권세를 가지고 있을까요? 요한복음 1장 12절에 보면 "영접하는 자 곧 그 이름을 믿는 자들에게는 하나님의 자녀가 되는 권세를 주셨으니"라고 기록되어 있습니다. 우리는 그러므로 예수님을 믿자마자 권세 있는 자들인 것입니다. 저의 집안에 태어난 사람은 저의 집안에 있는 모든 것을 누릴 수 있는 권한이 있습니다. 저의 자녀들이 우리 집에서 제가 다스리는 모든 것을 누릴 수 있는 권세를 가지고 있듯이, 우리가 예수를 구주로 믿고 하나님의 자녀로 태어나면 하나님께서 주신 그 은총의 세계 속에서 하나님께서 예비하신 모든 축복을 누릴 수 있는 권세를 갖게 되는 것입니다. 우리는 하나님의 품안에서 태어났고 하나님께서 예비하신 것을 누릴 수 있는 권세와 특권을 가지고 태어났다는 것을 알아야 합니다. 그리고 우리는 권세 있는 위치를 가지고 태어났습니다.

에베소서 2장 4절로 6절에 "긍휼이 풍성하신 하나님이 우리를 사랑하신 그 큰 사랑을 인하여 허물로 죽은 우리를 그리스도와 함께 살리셨고 (너희는 은혜로 구원을 받은 것이라) 또 함께 일으키사 그리스도 예수 안에서 함께 하늘에 앉히시니"고 하셨습니다. 그러므로 우리는 지금 충만한 교회에 예배드리러 와서 앉아있지만 예수 그리스도 안에서 볼 때 우리는 이미 하늘로 승천해서 하나님의 보좌 우편에 앉아있는 것입니다.

하나님의 집에 그 보좌 우편에 예수님과 함께 앉아있는 자리에 있으니 우리의 지위가 얼마나 높은지를 알아야 합니다. 우리의 지위는 마귀의 그것보다 높으며 모든 천군과 천사보다 높습니다. 우리는 하나님의 친자녀로서 하나님의 생명이요 성품이신 영생을 우리 속에 모시고 있고 하나님의 신이신 성령을 우리 속에 모시고 있어서 하나님을 향해 아바 아버지라고 부를 수 있다는 사실을 알아야 합니다.

우리 크리스천들은 권세 있는 하나님의 자녀로 태어났고 권세 있는 자리에 앉아있지만 그러나 이 권세는 하나님께서 우리에게 관리하라는 차원에서 주신 것입니다. 이 권세는 우리 속에서 자생적으로 나온 권세가 아니라 권리자의 신분인 우리에게 하나님께서 맡기신 권세인 것입니다. 그래서 우리는 백부장의 고백을 귀기울여 잘 들어봐야 합니다. 그는 "저는 권세가 있습니다. 그러나 내가 남의 수하에 있어 로마 시저황제의 권세에 복종하고 있기 때문에 나도 그 권세를 이어받아 그 권세를 활용할 수 있어서 내 밑에 있는 병졸보고 가라하면 가고 오라하면 옵니다."하고 말했습니다. 우리의 권세라는 것은 하나님의 권세 하에 있는 권세입니다. 우리의 권세는 자생적으로 생겨서 우리 맘대로 쓸 수 있는 권세가 아닙니다. 내가 절대 주권자이신 우리 하나님께 마음을 다하고 뜻을 다하고 정성, 목숨을 다하여 절대 순종하고 의지하고 믿고 나갈 때 하나님께서 우리에게 맡기신 권세를 사용할 수 있는 것입니다.

그러므로 하나님의 뜻을 반역하고 자행자적 하면서 하나님께서 주신 권세를 사용하려고 해봤자 이 사람은 권세를 사용할 수 없습니다. 성경 사도행전에서 볼 수 있듯이 스케바의 대제사장의 아들들이 귀신을 쫓아낸다고 사도 바울이 증거하는 대로 "나사렛 예수의 이름으로 명하노니 귀신아 나가라"하고 외치니, 그 사람 속에 있던 귀신이 외쳐 말하기를 "예수도 내가 알고 바울도 내가 알지만 도대체 너는 누구냐"하고는 덤벼들어서 그들의 옷을 찢고 할켜 상처를 입히니 그들이 혼비백산하여 벌거벗고 도망쳤습니다. 예수님께서는 절대주권자의 권세를 가지고 계시며 바울은 예수 그리스도의 권세에 순복하고 있기 때문에 예수님의 대행자, 관리자로서 권세를 가지고 있었고 마귀도 그것을 인정했습니다. 그러나 하나님도, 예수도 구주로 믿지 않은 스케바의 대제사장의 아들들은 권세 있는 체 행동했지만 마귀에게 인정받지 못했습니다.

그러므로 우리가 하나님께 받은 그 권세를 능력 있게 사용하기 위해서는 우리의 죄를 고백하고 우리의 불순종을 모두 자백한 후 영과 마음과 몸을 다해 주님 발 앞에 엎드려 주님 중심으로 살고 순종하며 살아야 합니다.

그리고 나서 우리는 하나님의 뜻을 집행하는 권세를 사용할 수 있습니다. 이 성경 창세기부터 요한계시록까지 하나님께서 우리에게 알려주신 그 뜻을 집행하게 될 때 우리는 하나님께서 주신 권세를 당당히 사용할 수 있는 것입니다. 그러면 권세를 어떻게 사용할까요? 권세는 위엄 있게 명하고 실천하는 것입니다. 예수님께서 권세를 사용하신 모습을 보십시오. 갈릴리 바다에 파도가 일어서 배가 물속으로 완전히 침몰될 위기에 있었을 때 제자들이 깨우니 예수님께서 일어나셨습니다. 예수님께서는 그 바람과 파도를 보고 권세 있게 말씀하셨습니다. "바람아 잠잠하라, 파도야 잠잠하라" 그 권세 있는 말에 바람과 파도가 잠잠해졌습니다. 그 명령을 보십시오. 얼마나 위대합니까?

나사로가 죽은 지 나흘이 되어 썩은 냄새가 났습니다. 마리아와 마르다가 무덤의 문을 옮겨놓자 예수님은 그 썩은 냄새가 나는 무덤 앞에서 권세 있는 명령을 하셨습니다. "나사로야 나오라" 그러자 죽은 지 나흘이 지난 나사로가 온 몸에 수의를 감은 채 걸어서 나왔습니다. 권세와 능력을 가지고 신앙생활을 한다는 것은 우리가 어떤 사건에 처했을 때 예수님의 이름으로 권세 있게 명령을 하여 사용 한다는 것입니다. 우리는 오랫동안 권세에 대한 것을 이해하지 못하고 있었기 때문에 항상 간구하고 빌고 우는 신앙밖에는 발전시키지 못했습니다. 어떠한 일에도 늘 울고 빌었습니다. 권세 있는 사람은 그렇게 빌고 울지 않습니다. 권세 있는 사람은 자신의 위치와 권세를 안후에는 가슴을 펴고 당당하게 권세 있는 명령을 하는 것입니다.

그러므로 우리가 예수님 안에서 권세 있는 신앙생활을 하려고 할 때는 원수 마귀를 향해서 당당히 "나사렛 예수 그리스도의 이름으로 명하노니 이 사람에게서 나가라"고 명할 수 있어야 할 것입니다. 우리가 우리의 병을 향해서도 "내가 네게 명하노니 예수 이름으로 이 몸에서 떠나가라"고 권세 있게 명령할 수 있어야 합니다. 하나님께서 우리에게 주신 이 권세를 우리는 사용해야 합니다. 이 권세를 사용하는 사람은 자기 생활 가운데 영혼이 잘 됨같이 범사에 잘되며 강건하고 생명을 얻되 넘치게 얻는 승리와 풍요와 부요의 삶을 가져올 수 있는 것입니다. 오늘날 너무 많은 신자들이 권세를 상실하고 자신이 권세를 가지고 있는 것조차 알지 못하여 하나님께서 자신에게 주신 것조차 찾아 누리지 못하는 비극적인 상황 속에 살고 있습니다. 저는 오늘 이렇게 말합니다. 우리에게 위대한 권세가 주어져 있다는 사실을 알게 되시기를 주님의 이름으로 축원 드립니다.

3. 크리스천이 행사할 수 있는 권세의 한계

크리스천이 행사할 수 있는 권세의 한계를 우리는 알아야겠습니다. 우리는 하나님과 같은 절대 주권을 행사할 수는 없습니다. 하나님의 권세 앞에 순복해서 하나님께서 우리에게 제한해 주신 그 범위 안에서 우리의 권세를 사용 할 수 있는 것입니다. 하나님 안에서 권세를 사용할 수가 있다는 것입니다. 그러면 하나님께서는 우리에게 어떤 권세를 사용할 수 있게 해주셨을까요? 하나님은 예수 그리스도를 보내주셔서 우리를 대신하여 십자가에서 몸 찢고 피 흘려 죽으심으로 값을 주고 우리를 모든 절망에서 구출해주셨습니다. 그래서 예수 그리스도의 피 값을 주고 우리를 사주신 그 내에서 우리는 권세를 활용할 수 있습니다. 우리가 백화점에 가서 물건을 골랐을 때 부모님이 그 물건 값을 지불해 주시면 우리는 권세 있고 당당하게 그 물건을 가지고 갑니다.

이와 같이 하나님께서 예수 그리스도를 통해 대속해 주신 그 한도 내에서 우리는 단단한 권세를 사용할 줄 알아야 합니다. 그러면 어떤 것을 주님께서는 주셨을까요? 먼저 주님은 죄를 다스리는 권세를 우리에게 주셨습니다.

성경 창세기 4장 7절에, "네가 선을 행하면 어찌 낯을 들지 못하겠느냐 선을 행하지 아니하면 죄가 문에 엎드려 있느니라 죄가 너를 원하나 너는 죄를 다스릴지니라"고 기록되어 있습니다. 오늘날 사람들은 죄가 너무 강해서 저는 도저히 어찌할 수가 없다고 말합니다. 그러나 하나님께서는 가인에게 말씀하시기를 "죄가 네 문 앞에 엎드리고 죄가 너를 사로잡으려고 간절히 소원할 것이나 너는 죄를 다스릴지니라"고 하셨습니다. 우리에게는 원래부터 죄를 다스리고 살 수 있는 권세가 주어졌습니다. 여기에 플러스하여 예수님은 십자가에서 우리의 과거, 현재, 미래의 죄과를 다 도말 하셨을 뿐 아니라 죄의 권세를 당신의 몸으로 격파하셨습니다.

그러므로 우리는 예수님을 믿는 자녀들로서 죄를 다스릴 권세를 가지고 있음을 알아야 합니다. 다스리는 자가 다스림을 받는 사람 앞에서 "제발 명령 좀 들어줘요, 빕니다" 라고 한다면 그는 권세자가 아니라 거지입니다. 우리가 권세자이면 강하고 담대하게 죄가 우리를 유혹할 때 나사렛 예수의 이름으로 명하노니 이 탐욕의 죄야 물러가라, 음란의 죄야 내게서 떠나가라, 방종의 죄야 내게서 물러가라 하고 우리가 다스려야 합니다. 오늘날 신자들이 죄를 다스리지 못하고 죄 앞에서 벌벌 떨고만 있어서는 결코 안 될 것입니다.

그리고 우리는 귀신을 쫓아 낼 수 있는 권세를 가지고 있습니다. 누가복음 10장 17절로 19절에 보면 "칠십 인이 기뻐하며 돌아와 이르되 주여 주의 이름이면 귀신들도 우리에게 항복하더이다. 예수께서 이르시되 사탄이 하늘로부터 번개 같이 떨어지는 것을 내가 보았노라. 내가 너희에게 뱀과 전갈을 밟으며 원수의 모든 능력을 제어할 권능을 주었으니 너희를 해칠 자가 결코 없으리라"고 하셨습니다. 여기에서 원수 마귀는 능력과 힘을 가지고 있습니다. 그러나 우리는 권세를 가지고 있습니다. 마귀는 막강한 타락한 천사의 힘을 가지고 있기 때문에 힘으론 대적하여 이길 수 없습니다. 그러나 우리는 권세를 가지고 있기 때문에 마귀에게 "나가주세요"하고 사정하지 말고 "나사렛 예수 이름으로 명하노니 너희 원수 귀신아 묶음을 받아라, 떠나가라"하고 단호히 권세 있게 명령하는 우리가 되시기를 주님의 이름으로 소원합니다.

어느 집사님이 신앙 생활하다가 열이 나고 다리가 아파서 병원에 가서 진단을 받으니 골수암이라고 했습니다. 그는 골수암에 걸렸다는 말을 듣고 너무나 충격을 받았습니다. 그러나 하나님 암에 걸려서 감사합니다. 하나님 내가 신앙생활을 열심히 하지 않아서 암에 걸렸으니 감사합니다. 그래서 회개하게 해주시니 감사합니다. 암에 걸렸다고 원망하지 않고 오히려 회개할 기회를 주신 하나님께 눈물로 그는 감사를 드렸었습니다.

그런 다음 항암 치료를 받고 기도하면서 한쪽 다리를 잘랐습니다. 그래도 그는 말했습니다. "그래도 다리만 잘랐으니 하나님 감사합니다. 두 다리 다 잘랐으면 어떻게 하겠습니까? 한 다리는 잘랐으나 크러치(crutch – 목발)를 짚고라도 다른 한 다리로 걸을 수 있으니 감사합니다." 그 다음 엑스레이를 찍으니 암이 폐로 전이되어 의사가 고개를 흔들며 손댈 수 없으니 가라고 했습니다. 목발을 짚고 집에 왔습니다. 그는 하나님께 기도했습니다. "하나님 골수암만 걸린 것이 아니라 폐암까지 걸렸으니 감사합니다." 몸이 너무 아파 누워있는데 자꾸 감사를 드리니까 하나님 성령께서 말씀을 하십니다. "이 사람아 이 모든 병은 귀신이 가져왔으니 이제부터 내 이름으로 귀신에게 명령하여 귀신을 몰아내라! 너는 왕 같은 제사장이다. 예수 이름으로 귀신을 물리쳐라!" 그렇게 말씀하시거든요. 마음에 믿음의 확신이 왔습니다. 그래서 그는 일어나서 "나사렛 예수 이름으로 명하노니 암귀신아 물러가라! 물러가라! 물러가라! 물러가라! 땀을 흘리고 계속해서 고함쳤습니다. 그러자 온 전신이 사시나무 떨 듯이 떨리더니 폐에서 뭔가 공기처럼 확확 튀어 나왔습니다." "아 암귀신이 떠나갔구나."

그리고 일어나 앉으니 몸이 날아갈 듯이 상쾌하고 기분이 좋았습니다. 병원에 다시 가서 CT촬영을 하니 의사들이 깜짝 놀랐습니다. 골수암도 폐암도 온데간데없이 사라지고 깨끗하게 나아버리고 말은 것입니다. 하나님이 우리를 만들 때 왕 같은 제사장으로 만들었어요. 마귀를 다스리고 마귀가 가져온 것을 다스릴 수 있는 왕으로 만든 것입니다.

귀신을 제어할 권세를 주셨습니다. 이 사람은 불치의 병에 걸렸을지라도 원망 불평하지 않고 믿음을 가지고 감사하고 있으니 하나님이 권세를 깨닫게 해주신 것입니다. "야 이 사람아! 왕이니 너에게 온 이 귀신을 쫓아내라!" 그는 말씀대로 믿고 하나님이 주신 권세를 활용하여 암 귀신을 쫓아내고 건강을 얻을 수가 있게 된 것입니다. 그리스도인은 이와 같은 권세가 모두에게 있습니다. 권세를 사용하여 원수 귀신을 몰아내는 모두가 되시기를 바랍니다.

우리는 또 병을 고치는 권세를 가지고 있습니다. 예수님께서 우리의 병을 다 청산해 버리셨기 때문입니다. 저가 우리 연약한 것을 친히 담당하시고 병을 짊어지고 가셨기 때문에 우리는 이제 병을 보고 무릎을 꿇어 쩔쩔 맬 필요가 없습니다. 권세와 위엄을 가지고 "예수께서 채찍에 맞으심으로 이미 나음을 입었다, 이미 십자가에서 해결되어 버렸다. 나사렛 예수의 이름으로 명하노니 너희 병은 내 몸에서 묶음을 놓아라. 사람의 몸에서 떠나가라"하고 권세 있게 명령할 수 있는 것입니다.

또 나아가서 우리는 저주를 물리치는 권세가 있습니다. 예수님께서 가시관을 쓰셔서 아담과 하와가 초래한 가시와 엉겅퀴를 피를 흘려 청산하시고 예수님께서 십자가를 짊어지심으로 말미암아 율법의 모든 저주로부터 우리의 대가를 지불하고 속량해 버렸기 때문에 우리는 이제 값으로 산 바 되었으며 저주의 세계에서 살 것이 아니라 주님께서 예비하신 젖과 꿀이 흐르는 가나안에서 살 수 있게 된 것입니다. 이것을 안 이상 저주가 우리에게 폭풍우처럼 밀려올 때 숙명적으로 그것을 받아들여 그것에 복종하여 벌벌 떨지 말고 저주를 향해 정면으로 나가서 "나사렛 예수이름으로 명하노니 너희 저주는 묶음을 받으라. 우리 가족, 사업체에서 묶음을 받으라. 너희 모든 저주는 이 시간에 모두 물러가고 떠나갈지어다"하고 단호히 저주를 물리치는 권세를 활용할 줄 알아야 할 것입니다.

우리는 또 천국에 들어갈 수 있는 권세가 있습니다. 예수께서 십자가에서 우리의 영혼을 속량해 버리셨기 때문에 우리는 이제 사망이 와도 겁나지 않습니다. 바울 선생은 "사망아 너의 속이는 것이 어디 있느냐 사망아 너를 이기는 것이 어디 있느냐 올 테면 와 보라" 라고 말했습니다. 바울 선생은 권세 있게 사망에 대처했습니다. 우리는 이제 죽음이 겁나지 않습니다. 죽음이 다가와 우리의 육신의 장막 집을 헐어버린다고 할지라도 우리는 권세 있게 죽음을 향하여 "내가 나간다. 길을 비켜라. 하나님의 아들이 나간다. 사망아, 음부야, 무덤아 길을 비켜라"하며 큰소리 치며 눈을 감고 천국으로 갈 수 있는 것입니다. 이러므로 죽음이 다가올 때 죽음 앞에서 벌벌 기고 두려워하지 말고 한 번은 죽음을 맞이할 터인즉 가슴을 펴고 죽음을 향해 "올 테면 와 보라 길을 비켜라 나는 천국으로 간다"고 외치는 권세 있는 우리들이 되어야겠습니다.

또 나아가서 성경에 있는 그 많은 하나님의 약속의 말씀들은 우리를 위해서 주님께서 주신 것입니다. 그러므로 하나님의 말씀을 자세히 살펴보고 말씀을 듣고 연구하고 공부해서 나를 위해서 어떤 말씀이 기록되어 있는지를 알아야 합니다. 성경은 약 7천여 가지의 하나님의 약속의 말씀을 주고 있는데 이는 다 하나님께서 그리스도 예수로 말미암아 피 흘려 값 주고 사신 약속이기 때문에 우리가 권세를 활용할 수 있는 범위를 보여주는 것입니다. 약속의 말씀을 내가 확실히 알았으면 말씀에 서서 우리는 권세 있게 믿어야 합니다. 우리가 어떠한 사람이며 우리의 위치가 어떠한가 라는 당당한 권세를 알지 못하면 우리의 믿음도 역사하지 않습니다.

백부장이 예수 그리스도의 권세를 인정하고 믿었기 때문에 주님은 감탄하셨습니다. 믿음은 권세를 통해 역사 하는 것입니다. 그러면 우리는 어떠한 태도를 가지고 이 세상을 살까요? 그리스도 안의 권세는 하나님의 권세에 순종하는 삶을 살 때 하나님께서 한정지어주신 범위에서 그 권세를 사용할 수 있습니다. 우리가 하나님께 불순종하고 반역하고 하나님을 떠나면 우리는 권세를 사용할 수 없습니다.

또 진실로 순종하고 믿는 삶을 살지 아니하고 차지도 덥지도 아니하다면 우리는 우리의 권세를 충분히 활용할 수 없는 것입니다. 그러나 우리가 마음을 다하고 뜻을 다하고 정성, 목숨을 다하여 주님을 전적으로 믿고 그 중심으로 살고 주님과 함께 서면 그러면 예수께서 피 값을 주고 사신 것과 성경에 있는 모든 것을 우리는 강하고 담대하게 사용할 수 있는 권세를 누릴 수 있는 것입니다.

우리가 우리의 권세를 알고 활용하게 될 때 이로써 영혼이 잘 되게 됩니다. 저주를 제해 버리고 범사가 잘되게 됩니다. 마귀의 권세, 질병을 묶어 쫓아버리고 강건함을 얻을 수 있습니다. 우리의 일어서고 앉는 곳마다 생명을 얻되 넘치게 얻을 수 있고 우리가 가는 곳마다 권세를 사용하여 온 세상이 하나님의 빛과 영광과 생명으로 충만하게 되도록 할 수 있는 것입니다. 저는 이렇게 말하고 싶습니다. 오늘 이 시간부터 예수 안에서 우리는 권세 있는 자들이니 권세 있는 신앙생활, 권세 있는 기도, 권세 있는 말을 사용하며 삶을 살게 되시기를 바랍니다.

11장 초자연적인 강자다운 말을 하는 법

(고후 5:17)"그런즉 누구든지 그리스도 안에 있으면 새로운 피조물이라 이전 것은 지나갔으니 보라 새 것이 되었도다"

예수를 믿는 우리는 예수 안에서 강한자입니다. 강한성도답게 세상을 지배하며 살아가야 합니다.

TV에서 자연계에 일어나는 먹이 사슬에 관한 화면을 본 적이 있습니다. 작은 물고기는 플랑크톤을 먹고 중간치 물고기는 작은 물고기를 잡아먹고 큰 물고기는 중간치 물고기를 잡아먹고 살아가고 있었습니다. 이와 같은 현상은 지상의 동물계에도 마찬가지입니다.

간단히 말하면 약한 것은 강한 것의 밥이 된다는 것입니다.

우리 인간도 마찬가지입니다. 이 가혹한 생존경쟁 세계에서 약한 자나 약한 민족은 강한 자나 강한 민족의 지배를 받고 종속되는 것은 다 아는 사실인 것입니다. 그러므로 우리가 살아남고 행복을 추구하기 위해서는 강한 자가 되어야 하는 것입니다. 약자가 되어 눈물을 흘려보았자 약자에 대한 동정은 아무 의미가 없습니다. 그러므로 우리가 강한 자가 되기 위해서 마음속에 깨달아야 될 몇 가지 상황이 있습니다.

1. 내가 얼마나 약한 자인가 알라.

내가 얼마나 약한 자인가를 알아야만 강한 자가 되는 것입니다. 사람들은 자기가 얼마나 약한 자라는 것을 이해하지 못하고 있습니다. 하나님께서 물론 아담을 처음 지었을 때는 아담을 강한 자로 지었습니다. 그는 모든 생물을 다스리도록 명령을 했었으니 모든 생물 중에 으뜸으로 지으신 것입니다. 또 땅을 정복하고 다스리라고 명령을 하셨으므로 땅의 임금으로서 지음을 받았기 때문에 하나님 이외에 아담과 하와보다 강한 자가 없었습니다.

창세기 1장 28절에 보면 "하나님이 그들에게 복을 주시며 하나님이 그들에게 이르시되 생육하고 번성하여 땅에 충만하라, 땅을 정복하라, 바다의 물고기와 하늘의 새와 땅에 움직이는 모든 생물을 다스리라 하시니라" 그러므로 아담과 하와는 임금으로 지음을 받았습니다. 땅에서는 그보다 강한 자가 없었습니다.

그러나 아담이 하나님을 반역하고 에덴에서 쫓겨난 후 형언할 수 없이 약한 자가 되어 버리고 말았던 것입니다. 아담과 하와는 죄의 종이 되고 말았던 것입니다. 죄가 그들을 점령하고 그들을 마음대로 부렸습니다. 죄의 종입니다. 세상과 마귀의 노예가 되어 세상이 이끄는 대로 이끌려 왔고 마귀가 끄는 대로 끌려가는 노예 생활로 전락하고 말았던 것입니다. 그들은 염려, 근심, 불안, 공포, 미움 등의 종이 되어 그 마음속에 걷잡을 수 없는 폭풍이 늘 일어났습니다. 그리고 마음도 몸도 병들어서 결국에는 고통을 당하다가 죽을 수밖에 없었습니다. 가난하고 가시와 엉겅퀴 속에 피투성이가 되어 살고 저주의 종이 되어 사는 비극적인 존재였습니다. 종국적으로 그 영혼이 영원히 지옥으로 떨어지는 불쌍한 존재가 되고 말았던 것입니다.

그러므로 인간은 그 존재 자체가 타락한 이후로는 불안하고 절망적인 존재요, 죽음에 이르는 병이 든 그런 존재인 것입니다. 그렇기 때문에 타락한 아담과 하와와 그 후손들은 실제로 얼마나 약한 존재인지 형언할 수 없습니다. 오늘 우리는 정말로 약한 존재입니다. 육체를 가지고 있기 때문에 약한 존재입니다. 육체는 원래 마귀의 종이였기 때문입니다. 사람은 생명이 있는한 육체를 벗어날 수 없습니다. 그래서 약한 것입니다.

2. 예수님의 대속의 위대함을 알라.

우리가 마음속에 깊이 깨달아야 할 것은 예수님 대속의 위대함을 알아야 되는 것입니다. 예수님께서 우리를 위해서 십자가에 못 박혀 몸 찢고 피를 흘려서 값 주고 사주신 그 은혜가 얼마나 위대하고 크다는 사실을 우리 마음속에 깨달아 알아야 하는 것입니다. 왜냐하면 무한히 강한 자 하나님의 아들이 너무나 약하디 약한 종의 형상으로 이 땅에 오셨습니다.

　이사야 53장 1절로 3절에 보면 "우리가 전한 것을 누가 믿었느냐 여호와의 팔이 누구에게 나타났느냐. 그는 주 앞에서 자라나기를 연한 순 같고 마른 땅에서 나온 뿌리 같아서 고운 모양도 없고 풍채도 없은즉 우리가 보기에 흠모할 만한 아름다운 것이 없도다. 그는 멸시를 받아 사람들에게 버림 받았으며 간고를 많이 겪었으며 질고를 아는 자라 마치 사람들이 그에게서 얼굴을 가리는 것 같이 멸시를 당하였고 우리도 그를 귀히 여기지 아니하였도다."

　예수님은 이와 같이 그의 출생부터 너무나 빈약하고 허약하고 보잘것없는 약한 인생으로 태어났습니다. 왜냐하면, 주님께서 약한 자를 구원하기 위해서는 약한 자와 함께 되어야 하는 것입니다. 하늘과 땅과 세계와 그 가운데 모든 것을 지으신 하나님의 아들 예수 그리스도, 지은 것이 그가 없이는 하나도 된 것이 없는데 그 예수께서 우리 인생과 일체가 되기 위해서 너무나 비천하고 약하게 인생으로 태어나셨습니다.

　그리고 예수님의 일생으로 보면 그는 한없이 약한 인생으로서 삶을 지내셨습니다. 세상에 살 동안에도 떵떵거리고 부귀와 영화, 공명을 누리고 살지 못했습니다. 그는 풍찬 노숙을 하고, 여우도 굴이 있고 새도 거할 곳이 있지만 인자는 머리 둘 곳이 없다고 하면서 생활을 했습니다. 그리고 그가 로마 사람에게 잡혀서 힘없이 인간의 법정에서 심판을 받았습니다. 하나님이 사람의 몸을 쓰고 얼마나 약해졌기에 인간의 법정에서 비참하게 심판을 받고 정죄를 당한 것입니다.

그리고 십자가를 걸머지시고 그는 쓰러지며, 쓰러지며, 갈보리 산으로 가셨습니다. 이러기에 범인으로 흉악범 취급을 받고 그는 못 박힌 것입니다. 하나님의 아들이 흉악범과 함께 좌편 우편에 못 박힌 가운데 그도 못 박힌 것입니다. 죄 짐을 지시고 마귀에게 짓밟히시고 소외되고 버림받고 서럽고 아프고 벌거벗은 몸으로 죽임을 당하신 것입니다.

시편 22편 1절에 예수님은 이미 시편 기자를 통해서 당신에게 장차 다가올 운명에 대해서 예언을 하신 것입니다. "내 하나님이여 내 하나님이여 어찌 나를 버리셨나이까 어찌 나를 멀리하여 돕지 아니하시오며 내 신음 소리를 듣지 아니하시나이까" 주님께서는 벌써 그 미래를 바라보시고 시편 기자의 입을 통해서 이렇게 외친 것입니다. 시편 22편 6절에 보면 "나는 벌레요 사람이 아니라 사람의 비방 거리요 백성의 조롱 거리니이다"

시편 22편 16절로 18절에 보면 "개들이 나를 에워쌌으며 악한 무리가 나를 둘러 내 수족을 찔렀나이다. 내가 내 모든 **뼈**를 셀 수 있나이다 그들이 나를 주목하여 보고 내 겉옷을 나누며 속옷을 제비 뽑나이다" 이와 같이 그리스도는 약하디, 약한 인간으로 오셔서 이 세상에서 멸시와 천대를 받을 만한 것은 다 받으셨습니다.

그러나 그가 무덤 속에 들어가신지 사흘 만에 이 모든 것을 다 이기시고 영원한 강자로 부활하시고 마신 것입니다. 예수님이 만약에 부활하지 않았더라면 인간은 영원한 연약 속에서 파멸되고 말았을 것입니다. 그러나 예수님은 우리의 연약한 것을 다 짊어지시고 우리 대신 그가 심판을 받아 무덤에 들어가서 이 연약함을 다 이기시고 부활하심으로 말미암아 이제는 영원한 강자가 되어 버리고 말았던 것입니다.

골로새서 2장 15절에 보면 "통치자와 권세를 벗어버려 밝히 드러내시고 십자가로 승리하셨느니라" 마귀의 통치자와 권세를 주님께서 다 이기시고 무장해제해 버리시고 사망을 철폐하시고 음부를 이기시고 부활하신 것입니다. 이러므로 예수 그리스도는 이제 우리를 위한 영원한 승리자가 된 것입니다.

그리스도가 약한 자가 되어 오신 것도 우리 때문에 오신 것입니다. 그리스도가 모든 약함을 다 걸머지시고 십자가에 죽고 무덤에 들어가신 것도 우리를 대신해서 그렇게 하신 것입니다. 예수께서 죽음을 이기시고 부활하신 것도 바로 우리를 위해서 그렇게 하신 것입니다. 그러므로 예수 그리스도와 우리는 운명 일체가 되었다는 사실을 우리는 알아야 하는 것입니다.

3. 예수 믿는 우리가 어떠한 사람이 되었는가.

우리가 깨달아 알아야 할 것은 예수를 믿는 우리들이 어떠한 사람이 되었느냐 하는 것입니다.

그러므로 누구든지 그리스도 안에 있으면 새로운 피조물이라 이전 것은 지나갔으니 보라 새것이 되었도다. 그리스도를 믿음으로 말미암아 종교를 받아들이는 것이나 의식을 받아들이는 것이 아니라 우리의 삶 속에 근본적인 일대 변혁이 다가온 사실을 우리가 마음속에 깨달아 알아야 하는 것입니다.

성경에는 "누구든지 그리스도 안에 있으면" 그렇게 말하고 있습니다. 그리스도 안에 들어가면 그리스도가 내 안에 내가 그리스도 안에 들어가서 우리와 그리스도가 운명공동체가 되고 일체가 된다는 것입니다.

로마서 6장 6절로 7절에 "우리가 알거니와 우리의 옛 사람이 예수와 함께 십자가에 못 박힌 것은 죄의 몸이 죽어 다시는 우리가 죄에게 종노릇 하지 아니하려 함이니 이는 죽은 자가 죄에서 벗어나 의롭다 하심을 얻었음이라"고 말한 것입니다. 그러므로 예수를 믿는다는 것은 단지 종교적인 행사가 아닙니다. 예수님과 나와 존재적인 일치가 된다는 것입니다. 예수님이 내 안에 예수님이 우리를 또 당신 안에 영접해 들여서 우리가 일체가 되는 것입니다. 그래서 그리스도로 통하여 우리는 함께 죽고 함께 장사지낸바 되고 함께 부활하는 것입니다. 예수님이 약할 때는 우리와 함께 되어서 주님께서 우리를 걸머지고 십자가에 죽어 장사지내고, 그리스도가 강한 자로 부활했을 때는 그리스도와 함께 되어 그리스도의 그 강함에 함께 참여하게 된다는 것입니다.

그러므로 예수를 믿는다는 것은 나는 그리스도와 운명 일체가 되었다는 사실을 우리 마음속에 받아들여야 하는 것입니다. 그렇기 때문에 성경은 말씀하기를 이전 것은 지나갔다고 말했습니다. 예전의 약한 아담의 후손은 다 지나가 버리고 말았습니다. 아담의 후예로 태어난 그 모든 허약을 예수 그리스도로 말미암아 우리는 벗어 던져 버리게 되었다는 것입니다. 다시 말하면 죄의 종에서 의의 자녀로 우리는 거대한 변화를 받았습니다. 죄의 종은 과거의 것으로 지나가 버리고 그리스도 안에서 의의 자녀로 부활하신 것입니다

에베소서 4장 22절로 24절에 보면 "너희는 유혹의 욕심을 따라 썩어져 가는 구습을 좇는 옛 사람을 벗어버리고 오직 심령으로 새롭게 되어 하나님을 따라 의와 진리의 거룩함으로 지으심을 받은 새 사람을 입으라" 과거는 그리스도와 더불어 청산해서 벗어버리고 현재는 부활한 그리스도를 옷 입고 새롭게 되라는 것입니다. 이것은 우리의 마음속에 큰 변화를 가져와야 되는 것을 말하는 것입니다.

그리고 우리는 세상과 마귀의 노예에서 성결한 승리자로 거대한 변화를 생애 속에 가져오게 된 것입니다. 우리는 세상 속에서 세상의 종살이하고 마귀에게 끌려가던 이 노예 생활은 다 옛것으로 지나가 버렸습니다. 그리스도 안에서 청산되어 버리고 우리는 예수 그리스도 안에서 성결한 승리자가 되어 이젠 일어나서 하늘나라가 우리 속에 와 계시며 성령이 우리 속에 와 계셔서 천국 백성으로서 성령으로 사는 승리자가 되었다는 사실을 우리 마음속에 깨달아 알아야 되는 것입니다.

누가복음 11절로 20절로 22절에 "그러나 내가 만일 하나님의 손을 힘입어 귀신을 쫓아낸다면 하나님의 나라가 이미 너희에게 임하였느니라. 강한 자가 무장을 하고 자기 집을 지킬 때에는 그 소유가 안전하되 더 강한 자가 와서 그를 굴복시킬 때에는 그가 믿던 무장을 빼앗고 그의 재물을 나누느니라." 더 강한 자 예수님이 오셔서 강한 마귀를 다 내어 쫓아 버리고 무장 해제시켜 버리고 우리에게 승리를 나누어주신 것입니다.

요한1서 3장 8절에 "죄를 짓는 자는 마귀에게 속하나니 마귀는 처음부터 범죄함이니라 하나님의 아들이 나타나신 것은 마귀의 일을 멸하려 하심이니라" 그러므로 부활하신 그리스도가 우리 속에 들어올 때에 우리의 옛 세상과 마귀의 종 된 것을 다 내어 쫓아버리고 주님께서 마귀의 일을 멸하시고 우리에게 하늘나라를 주시고 성령을 주시고 그리스도의 강한 능력을 허락하여 주신 것입니다. 그리고 예수님이 우리 속에 들어오심으로 세상의 염려 근심 미움의 종에서 기쁨의 종, 소망의 자녀로 변화시켜 주시는 것입니다. 우리는 이 세상에 살면서 염려 근심 불안 초조 절망의 종이 아닌 사람이 누가 있습니까? 그런데 예수님께서는 수고하고 무거운 짐진자들은 다 내게로오라 내가 너희를 쉬게 하리라. 주님께서 모든 것을 다 맡아서 정복하시고 이를 극복하시고 그리스도께서는 그 대신 우리 마음속에 기쁨으로 채우시고 소망으로 채우는 거대한 변화를 가져오게 되신 것입니다.

로마서 5장 5절에 "소망이 부끄럽게 아니함은 우리에게 주신 성령으로 말미암아 하나님의 사랑이 우리 마음에 부은바 됨이니" 우리 마음속에 염려 근심 불안 초조 절망 대신에 하나님의 사랑을 부어주시고 그로 말미암아 소망이 넘치고 기쁨이 넘치게 하는 이러한 거대한 변화를 우리 주 예수 그리스도께서 우리 속에 가져다주신 것입니다.

그리고 우리는 이 세상에서 마음의 질병과 육체의 병고의 종에서 해방되었습니다. 예수께서 십자가에 올라가셨을 때에 우리의 마음의 병도 짊어지고 올라가고 우리의 육체의 병도 짊어지고 올라가신 것입니다. 오늘 예수님은 십자가에서 우리를 내려다보시고 말씀하시기를 내가 너희 연약한 것을 친히 담당하고 너희 병을 짊어졌도다. 내가 채찍에 맞음으로 너희는 고침을 받았노라 주님께서 말씀하고 계십니다.

예수님께서는 우리의 연약을 당신이 친히 보시고 우리가 연약할 때에 붙잡힌 질병과 고통을 대신 짊어지시고 십자가에서 이를 청산해 버리신 것입니다. 오늘날에 와서는 그리스도께서 우리를 새롭게 하여 치료와 건강과 생명으로 넘치게 만들어 주신 것입니다.

마태복음 8장 16절로 17절에 보면 "저물매 사람들이 귀신 들린 자를 많이 데리고 예수께 오거늘 예수께서 말씀으로 귀신들을 쫓아내시고 병든 자를 다 고치시니 이는 선지자 이사야로 하신 말씀에 우리 연약한 것을 친히 담당하시고 병을 짊어지셨도다 함을 이루려 하심이더라" 예수님이 병을 짊어지셨는데 왜 또 우리가 짊어져요? 예수님이 연약함을 다 담당해 주셨는데 우리가 또 왜 연약함을 담당해요? 우리가 이 지식을 알면 마음속이 강하고 담대하여 병과 연약에 대해서 단호하게 저항하고 예수 이름으로 물리쳐야만 되는 것입니다.

호세아는 내 백성이 지식이 없어 망한다고 말했는데 모르면 당하지만 알면 당할 필요가 없습니다. 우리는 마귀에게 속을 이유가 없습니다.

누가복음 10장 19절에 "내가 너희에게 뱀과 전갈을 밟으며 원수의 모든 능력을 제어할 권세를 주었으니 너희를 해할 자가 결단코 없으리라"고 말씀하셨습니다. 강한 자가 되었습니다. 예수님 안에서 우리는 강한 자입니다. 옛날에는 우리가 약했지만 그리스도가 우리의 연약함을 걸머지고 십자가에서 정복하고 죽음에서 부활하심으로 말미암아 이 옛사람을 다 벗어버리고 그리스도는 부활의 강한 새 사람을 우리에게 입혀 주신 것입니다. 그렇기 때문에 죽음과 멸망의 종에서 벗어나서 영생과 천국의 백성으로 거듭나게 된 것입니다. 예수님이 죽었다가 부활하심으로 다시 죽을 수가 없습니다. 다시 사망의 세력이 그를 지배할 수가 없습니다. 우리는 예수를 통해서 사망을 이기고 영생과 부활과 천국을 받아들일 수 있게 된 것입니다.

요한복음 11장 25절로 26절에 "예수께서 가라사대 나는 부활이요 생명이니 나를 믿는 자는 죽어도 살겠고 무릇 살아서 나를 믿는 자는 영원히 죽지 아니하리니 이것을 네가 믿느냐" 말한 것입니다. 그러므로 우리는 그리스도와 함께 죽음과 삶의 운명공동체가 된 것입니다.

4. 보라 새것이 되었도다.

이제 우리가 분명히 하나님의 말씀에 귀를 기울여 보아야 할 것은 보라 새것이 되었도다라고 말한 것입니다. 우리는 이전 것은 지나가 버리고 하나님께서도 온 우주 만물에 선포하기를 보라 예수 믿는 사람들은 새것이 되었도다 하나님이 새것이 되었다고 하셨음으로 우리가 이 사실을 마음속에 받아들이고 새것으로서 생각하고 새것으로 꿈꾸고 새것으로 말하고 새것으로 믿고 새것으로 행동해야만 하는 것입니다. 낡은 것으로 우리가 늘 노예 생활을 해서는 안 되는 것입니다. 우리는 그리스도와 함께 강한 자가 되어 버리고 만 것입니다.

요한1서 2장 14절 이하에 보면 "아이들아 내가 너희에게 쓴 것은 너희가 아버지를 알았음이요 아비들아 내가 너희에게 쓴 것은 너희가 태초부터 계신 이를 알았음이요 청년들아 내가 너희에게 쓴 것은 너희가 강하고 하나님의 말씀이 너희속에 거하시고 너희가 흉악한 자를 이기었음이라"고 말씀하고 있습니다.

베드로전서 2장 9절에 "오직 너희는 택하신 족속이요 왕 같은 제사장들이요 거룩한 나라요 그의 소유된 백성이니 이는 너희를 어두운데서 불러내어 그의 기이한 빛에 들어가게 하신 자의 아름다운 덕을 선전하게 하려 하심이라"

이제는 우리는 강한 자로서 그리스도 안에서 영혼이 잘됨같이 범사에 잘 되며 강건하고 생명을 얻되 넘치게 얻는 새로운 존재가 되어서 그리스도 영광을 온 천하에 드러내는 하나님의 사자들이 되었다는 사실을 알아야만 되는 것입니다.

자기 스스로 어떠한 사람이 된 것을 마음속에 알아야 합니다. 진리를 알지니 진리가 너희를 자유케 하리라고 말씀하신 것입니다. 모르면 포로가 됩니다. 알고 난 다음에는 마귀가 한 길로 오더라도 우리가 대적하면 일곱 길로 도망치고 말 것입니다. 우리가 환경에 어떠한 어려움이 다가오더라도 우리가 어떠한 사람이 된 것을 알면 믿음으로 싸워야 되는 것입니다.

믿음으로 대적해야만 하는 것입니다. 주님이 말씀하기를 세례 요한 때부터 지금까지 천국은 침노를 당하나니 침노하는 자가 빼앗느니라. 내 것이 무엇인 것을 알고 내가 어떻게 새 사람이 되었는가를 알면 나는 단호하게 침노해 들어가서 내 것을 소유하고 나를 도적질하고 죽이고 멸망시키려고 오는 것을 단호하게 그리스도의 이름으로 물리치고 싸워서 승리할 수 있는 우리가 되어야 하는 것입니다.

그러므로 우리는 오늘날 그리스도와 함께 이제는 다스리는 자리에 들어와 있습니다. 우리는 종이나 노예가 되어서 운명과 환경에 끌려서 다니는 존재가 아니라 예수와 함께 다스리는 것입니다.

디모데후서 2장 11절 12절에 "미쁘다 이 말이여 우리가 주와 함께 죽었으면 또한 함께 살 것이요 참으면 또한 함께 왕 노릇할 것이요 우리가 주를 부인하면 주도 우리를 부인하실 것이라"고 말했습니다. 이는 그리스도와 함께 부활해서 그리스도와 함께 이제는 생명 안에서 왕 노릇합니다.

우리는 의로서 왕 노릇하고 천국과 성령 안에서 왕 노릇하고 우리는 기쁨과 치료 안에서 왕 노릇하고 우리는 축복과 번영 안에서 왕 노릇하고 영생 부활 천국의 영광 속에서 왕 노릇하는 것입니다. 왕은 지배하는 자를 말하는 것입니다. 우리는 그 가운데서 그 생명의 은혜를 누리고 이 생명의 은혜를 나누어주며 그곳에서 다스리며 사는 것입니다.

그렇기 때문에 요한 3서 2절의 말씀은 우리에게 참으로 절박하게 주님께서 주시는 말씀인 것입니다. "사랑하는 자여 네 영혼이 잘됨같이 네가 범사에 잘되고 강건하기를 내가 간구하노라" 이와 같은 하나님의 축복의 은총은 우리가 그리스도 안에서 어떠한 사람이 된 것을 확실히 깨달아 알아야 하는 것입니다. 내가 얼마나 약한 자인가를 먼저 알아야 합니다. 자기가 약한 자인 것도 모르고 강한 체하는 사람은 어리석은 사람이요 속은 사람입니다.

예수 믿기 전에 우리들은 어마어마하게 허약하고 보잘 것 없는 존재라는 것을 알아야 하는 것입니다. 죄가 끄는 대로 코에 꿰어서 끌려 다니고, 마귀와 세속을 따라서 흙탕물 속에 내려가면서 살아왔고 늘 슬프고 염려하고 근심하고 불안하고 초조해하면서 살고 영육 간에 병들어서 고통을 당하고 이마에 땀을 흘려도 먹고 살기 힘들고 온 우리의 삶 전체는 개인도 가정도 생활도 가시밭길에 뒹굴고, 그리고 결국에는 죽음의 종이 되어 북망산천에서 사라지는 연약한 존재입니다. 내가 얼마나 연약한 존재라는 것을 알아야 됩니다. 죽음에 이르는 병이 들어서 갈 길을 모르고 허덕이는 우리들이라는 것을 알아야 됩니다. 이런 우리를 구원하기 위해서 예수님께서 우리와 같은 연약한 인간으로 오셨다는 사실을 우리는 확실히 알아야 되는 것입니다.

하나님께서 사람이 되어 오셔서 우리와 함께 연약한 존재로서 우리를 대신 걸머지시고 우리를 위해서 십자가에 희생제물이 되었다는 사실을 우리는 알아야 됩니다. 그리스도께서 우리를 위해서 십자가에서 못 박혀 몸부림치며 고통을 당하며 우리의 모든 연약함을 그곳에서 청산하신 것입니다.

그 몸을 찢고 피를 흘려 다 청산하고 무덤에 들어갔다가 사흘 만에 부활하심으로 주님은 죄를 이기고 부활했으며 세상과 마귀를 이기고 부활하셨으며, 슬픔과 질병을 이기고 부활하셨으며, 저주와 가난을 이기고 부활하셨으며, 죽음과 멸망을 이기고 부활해서 영원한 강자가 되어서 주님께서 오늘날 우리 안에 들어오시고 우리가 주님 안에 들어와서 주님의 승리를 함께 나누기를 원하시고 계신 것입니다.

그러므로 새로운 피조물은 그리스도 안에서 그리스도의 승리를 함께 나누는 자가 새로운 피조물인 것입니다. 예수님과 함께 우리가 연약을 나누었으면 예수님과 함께 이제는 승리를 나누는 자가 되어야만 되는 것입니다. 이제 나는 약하다고 생각하지 말아야 합니다. 왜? 예수 안에서 이전 것은 지나가 버리고 말았습니다. 지나간 것에 자꾸 집착하면 안 됩니다. 보라 새것이 되었다고 함으로 우리는 항상 십자가를 바라보고 거기에서 내가 새로 태어난 모습을 언제나 마음속에 그려보아야 하는 것입니다. 예수 그리스도의 십자가는 우리가 새로운 인생으로 태어난 장소인 곳입니다. 우리의 어머니요. 우리가 그곳에서 태어난 것입니다. 그리스도의 십자가를 바라보고 그 속에서 언제나 이전 것은 내어 던져버리고 새것으로 갈아입는 이러한 역사가 매일 같이 일어나야만 하는 것입니다.

우리는 매일같이 그리스도의 십자가를 바라보고 그 속에서 내가 옛사람은 벗어버리고 새사람이 된 것을 거듭거듭 마음속에 생각해 보아야 하는 것입니다. 마음속에 생각해 보아야 합니다. 사람은 마음의 생각이 어떠하면 그 행위도 그러한 것입니다. 생각이 예수 그리스도의 승리로 꽉 들어차면 그 삶이 승리의 삶으로 나가게 되는 것입니다. 성경에 보면 마귀가 가롯 유다에게 예수를 팔 생각을 집어넣어 주었다고 했습니다.

즉 그는 예수를 팔았습니다. 마귀가 아담과 하와에게 선악과를 따먹을 생각을 집어넣어 주었습니다. 결국 선악과를 따먹고 배반했습니다. 그러나 우리는 십자가를 바라보고 예수께서 십자가를 통하여 믿는 우리를 위해서 이룩해 놓으신 전인적인 축복을 마음속에 깊이 생각하면 우리의 생애 속에 승리와 형통이 다가오게 되는 것입니다.

그러므로 항상 십자가를 바라보며 내가 새로 태어난 그곳에서 마음의 옷을 매일 갈아입고 이전 것은 버리고 주님 주실 새로운 생각으로 채워놓는 그러한 과정이 늘 있어야 하는 것입니다. 그리고는 입술로 단호하게 고백하십시오. 이제는 말이 씨가 된다는 것을 알아야 됩니다. 끊임없이 입술로 새로운 생명의 씨앗을 심어야 되는 것입니다. 나는 그리스도 안에서 의로운 사람이 되었다고 주장해야 하는 것입니다. 그리스도 안에서 천국과 성령이 내 속에 와 계신다고 늘 입술로 주장해야 되는 것입니다. 나는 기쁨과 소망이 넘친다고 말해야 하는 것입니다.

나는 건강과 치료가 넘친다고 말해야 되는 것입니다. 나는 축복과 번영이 넘친다고 말해야 되는 것입니다. 나는 부활과 영생과 천국을 가진 자라고 말해야 하는 것입니다. 입술로 고백해야 되는 것입니다. 마음의 생각을 입술로 고백해야 열매를 맺게 되는 것입니다. 생각도 씨앗이요 입술의 고백하는 말도 씨앗인 것입니다. 그리고 하나님께 감사해야 하는 것입니다.

우리를 이렇게 만들어 주신 하나님 아버지의 은혜를 끊임없이 감사하고 찬양을 드리는 삶을 살아야 됩니다. 쉬지 말고 감사의 제사를 하나님께 드리십시오. 그리고 그 다음부터는 이제 배짱 있게 강하고 담대해야만 합니다.

이제는 옛사람이 아닙니다. 이제는 새 사람입니다. 강한 자입니다. 강하고 담대하게 배짱 있게 원수를 향해서 우리는 대적해야만 하는 것입니다. 원수 앞에 떨 필요가 없습니다. 이제는 사탄아 물러가라고 담대하게 말할 수 있습니다. 성령의 임재 하에 죄야 물러가라. 질병아 물러가라. 저주야 물러가라. 사망아 너희 쏘는 것이 어디 있느냐 물러가라. 우리가 예수 이름으로 물리치고 강하고 담대하게 가슴을 내밀고 왕 같은 삶을 살아야 하는 것입니다. 자신을 다스리며 살아야 합니다. 긍정적이고 적극적이며 창조적이고 생산적인 그런 마음의 생각과 입술의 고백과 생활의 태도를 가지고 살게 될 때에 우리의 삶 앞에는 하나님의 영광이 넘치게 되실 것입니다.

12장 자신의 말을 분별하는 비결

(눅1:5-23) "유대 왕 헤롯 때에 아비야 반열에 제사장 한 사람이 있었으니 이름은 사가랴요 그의 아내는 아론의 자손이니 이름은 엘리사벳이라. 이 두 사람이 하나님 앞에 의인이니 주의 모든 계명과 규례대로 흠이 없이 행하더라. 엘리사벳이 잉태를 못하므로 그들에게 자식이 없고 두 사람의 나이가 많더라. 마침 사가랴가 그 반열의 차례대로 하나님 앞에서 제사장의 직무를 행할새 제사장의 전례를 따라 제비를 뽑아 주의 성전에 들어가 분향하고 모든 백성은 그 분향하는 시간에 밖에서 기도하더니 주의 사자가 그에게 나타나 향단 우편에 선지라. 사가랴가 보고 놀라며 무서워하니 천사가 그에게 이르되 사가랴여 무서워하지 말라 너의 간구함이 들린지라 네 아내 엘리사벳이 네게 아들을 낳아 주리니 그 이름을 요한이라 하라. 너도 기뻐하고 즐거워할 것이요 많은 사람도 그의 태어남을 기뻐하리니 이는 그가 주 앞에 큰 자가 되며 포도주나 독한 술을 마시지 아니하며 모태로부터 성령의 충만함을 받아 이스라엘 자손을 주 곧 그들의 하나님께로 많이 돌아오게 하겠음이라. 그가 또 엘리야의 심령과 능력으로 주 앞에 먼저 와서 아버지의 마음을 자식에게, 거스르는 자를 의인의 슬기에 돌아오게 하고 주를 위하여 세운 백성을 준비하리라. 사가랴가 천사에게 이르

되 내가 이것을 어떻게 알리요 내가 늙고 아내도 나이가 많으니이다. 천사가 대답하여 이르되 나는 하나님 앞에 서 있는 가브리엘이라 이 좋은 소식을 전하여 네게 말하라고 보내심을 받았노라. 보라 이 일이 되는 날까지 네가 말 못하는 자가 되어 능히 말을 못하리니 이는 네가 내 말을 믿지 아니함이거니와 때가 이르면 내 말이 이루어지리라 하더라. 백성들이 사가랴를 기다리며 그가 성전 안에서 지체함을 이상히 여기더라. 그가 나와서 그들에게 말을 못하니 백성들이 그가 성전 안에서 환상을 본 줄 알았더라 그가 몸짓으로 뜻을 표시하며 그냥 말 못하는 대로 있더니 그 직무의 날이 다 되매 집으로 돌아가니라"

세례요한의 부모님은 연로하도록 아기를 낳지 못했습니다. 아버지 사가랴는 제사장으로 자기 차례가 와 성소에 분향하러 들어가서 마침 성전에 분향을 하고 있는데 향단 오른편에 하나님의 천사 가브리엘이 나타나셨습니다. 그는 가브리엘을 보고 깜짝 놀랐습니다. 그러자 가브리엘은 이렇게 말했습니다. 네 아내 엘리사벳이 수태하여 아들을 낳을 것이요, 그 이름을 요한이라고 하라 그러나 이 갑작스런 소식을 듣고 도저히 사가랴는 믿을 수가 없어서 의심에 꽉 찬 대답을 했습니다.

내가 이것을 어찌 알리요, 내가 늙고 아내도 나이가 많으니이다. 그러자 천사 가브리엘은 이렇게 대답했습니다. 나는 하나님의 앞에 서는 가브리엘이라. 이 좋은 소식을 전하여 네게 말하라고 보냈음을 입었노라. 보라 이 일이 되는 날까지 네가 벙어리가 되어 능히 말을 못하리니 이는 내 말을 네가 믿지 아니하려니와 때가 이르면 내 말이 이루리라. 사가랴는 그의 불신앙으로 인하여 그 아들 요한이 태어날 때까지 벙어리가 되고 마는 것입니다.

왜 하나님께서 이같이 가혹하게 사가랴를 벙어리로 만들고 말았을까요. 그 이유는 간단합니다. 사가랴가 천사가 전해준 말을 믿지 않고 계속 부정적인 마음과 부정적인 말을 하면 하나님의 역사가 이루어질 수 없기 때문인 것입니다. 불신앙과 부정적인 말이 하나님의 사역에 얼마나 방해가 된다는 것을 이 사건을 통해서 주님이 분명히 보여주신 것입니다. 하나님의 말씀을 들으면 이것을 믿고 부정적인 말을 하지 말아야지 차라리 부정적인 말을 해서 하나님의 말을 사역을 막을 바에는 벙어리가 되라는 것입니다.

그래서 하나님께서 사가랴를 통해서 위대한 하나님의 계획을 이루시기 위하여 사가랴의 불신앙과 부정적인 말을 방지하도록 하기 위해서 그를 쳐서 벙어리로 만들어 버리고 마는 것입니다. 이래서 하나님의 역사에 대해서 의심하거나 부정적인 말을 하지 못하도록 만들어 버리고 마는 것입니다. 오늘날 수많은 사람들이 자기 인생의 실패를 하나님이나 이웃에게 그 책임을 돌리려고 합니다. 그러나 실상 그 실패의 원인이 사가랴 처럼 자기에게 있다는 것을 깨달아 알아야 하는 것입니다.

그럴 때 그 사람에게 행복이 다가오는 것입니다. 그러면 어떠한 것들이 우리들을 실패케 하는 요소가 될 수 있는 것일까요? 오늘 저는 우리를 실패케 하는 요소를 지적해 주므로 말미암아 사가랴처럼 실패하지 않고 위대한 인생을 살아갈 수 있는 길을 모색하게 되기를 바랍니다.

1. 자기의 자존심을 상실해서는 안 된다.

이 세상에 살면서 하나님께 응답을 받고 믿음의 생활을 하기 위해서는 자기의 자존심을 상실해서는 안 됩니다. 수많은 사람들이 열등의식과 좌절감과 자기 비하의 심정을 가지고 나는 아무 것도 아니다. 나는 은혜를 받거나 축복을 받을만한 자격이 없다. 이와 같이 내심 끊임없이 시인하고 있는 것입니다. 이것은 무서운 부정적인 파괴가 되고 마는 것입니다. 자기 스스로를 실격자로 믿는 이상 그 사람은 결코 성공적인 인생을 살아갈 수가 없습니다. 자기가 자격이 없다고 하는 사람이 하나님께서 아무리 축복을 주셔도 이것을 다 담대한 믿음으로 소유할 수가 없는 것입니다.

이렇기 때문에 자존심을 상실한 사람은 하나님 앞에 설 수 있는 그릇이 준비 안 된 사람인 것입니다. 저는 이런 간증을 읽어 보았습니다. 한 사람이 사람을 죽이는 죄만 짓지 아니하고 세상에 죄란 죄는 다 지었었습니다. 그러고 난 다음 나이가 50길에 이르고 보니 이제는 지쳤습니다. 면도할 때 자기 얼굴을 거울 속에서 들여다보면 미운 생각밖에 없습니다.

야! 이 못난 자야. 이 죄인아 이 더러운 녀석아 너는 인생을 행복하게 살아갈 자격이 없다. 그래서 열등의식과 좌절감과 자존심을 모두 상실한 생활 속에서 살기 때문에 말도 행동도 거칠고 세련되지 못했었습니다. 아내에게 멸시를 당하고 자식들에게 존경을 받지 못했었습니다. 그가 회사 생활에도 승진하지 못하고 언제나 말단에 머물러 있었습니다.

그러다가 한번은 교회출석해서 목사님의 설교를 듣고 난 다음 크게 깨달은 바가 있었습니다. 하나님께서는 죄를 짓고 불의하고 추악하며 버림을 받아야 마땅한 사람들을 죄 있는 그대로 못난 그대로 빈손 든 그대로 주님 앞에 나오면 십자가의 보혈로 씻어주시고 성령으로 인을 쳐주시고 하나님의 자녀로 만들어서 하늘과 땅을 상속으로 받을 후사로 만들어준다는 말을 듣고, 그 마음속에 깊이 충격을 느끼고, 그는 하나님께 엎드려 통회하며 자복했습니다.

자기의 죄를 다 고백하고 용서를 받고 난 다음에 그 다음 자기는 하나님 앞에서 하나님 내 자신을 내가 용서합니다. 나는 나를 미워했습니다. 나를 멸시했습니다. 나를 천대했습니다.

그러나 이제부터는 내가 하나님의 아들이 되었으므로 내가 나를 사랑하고 나를 존경합니다. 그렇기 때문에 나는 이제 존경받을 만한 사람이 되었으므로 말도 존경받을 만한 말을 하고 행동도 그렇게 하겠습니다. 그래서 그의 자아가 그리스도 안에서 완전히 변화되어 자기 스스로를 존경할 수 있는 자가 되어서 그는 말과 행동을 바꾸자 얼마 있지 아니하여 자기 아내에게 존경을 받고 자녀들에게 추앙을 받게 되었었습니다. 직장에서도 사람들이 다 그를 존경하게 되고 그의 지위가 향상되고 축복 받은 삶을 살게 됐다는 그와 같은 간증을 적은 것을 읽어보았었습니다.

오늘 우리들은 하나님의 아들로서 우리 마음속에 스스로 자존심을 갖지 않으면 안 되는 것입니다. 나는 못났다. 나 같은 사람은 버림받을 존재다. 나는 스스로 미워한다. 이와 같은 열등의식과 자기혐오와 자기 조소를 가지고 있는 사람은 어떠한 사람도 도와줄 수 도 없고 축복해줄 수도 없는 것입니다.

이렇기 때문에 오늘 우리 모두 한사람, 한사람이 하나님 앞에 나와서 예수 그리스도의 십자가를 통하여 옛사람은 벗어버리고 새사람을 입어서 스스로를 존경할 수 있는 사람이 될 수 있는 것입니다.

하나님께서는 수고하고 무거운 짐진자들아 다 내게로 오라 내가 너희를 쉬게 하겠다고 말하는 것입니다. 자기 열등의식과 좌절감과 수고하고 무거운 짐을 짊어지고 자기를 조소하고 자기를 비난하며 사는 인생들이 십자가 밑에 와서 죄를 고백하고 예수를 구주로 모실 때 하나님께선 그 사람에게 값없이 죄사함을 주시고 의롭다 함을 주시고 하나님의 자녀가 되게 만들어 주시는 것입니다. 한번 생각해보십시오. 하늘과 땅과 세계와 그 가운데 모든 것을 지으신 영원무궁한 왕 되신 하나님께서 우리를 영접하여 친자식으로 만들어 주시고 예수 그리스도와 함께 만물을 상속으로 받을 자로 만들어 주시니 이 얼마나 위대한 자격과 은 총을 얻는 것이 아니겠습니까. 이러므로 예수 그리스도 안에서 하나님 앞에 인정을 받고 용납을 받고 축복을 받고 난 다음에는 자기 스스로가 새사람이 된 것을 느낄 수 있습니다.

누구든지 그리스도 안에 있으면 새로운 피조물이라. 이전 것은 지나갔으니 보라 새것이 되었다고 바울 선생은 외쳤습니다. 이와 같은 새사람을 볼 때 자기 스스로를 존경할 수 있게 되고, 그래서 언행 심사, 행동을 존경받을 자로 행하게 될 것이요, 이렇게 되면 가족에서 이웃에서 그리고 불신자의 사회 속에서 존경을 받게 되는 자존심을 가지게 되는 것입니다.

사람은 자존심을 가질 때 어깨를 펴고 살 수 있으며 하나님 앞에 나와서 기도할 때 담대하게 기도 할 수 있고 또 믿음의 역사가 일어날 수 있는 것입니다. 이러므로 오늘 우리를 실패케 하는 것은 자존심을 상실할 때 실패케 하는 것입니다. 우리의 자존심은 예수 앞에 나와서 회개하고 하나님을 아버지로 섬기고 성령으로 충만하고 말씀에 서서 살게 될 때 하나님이 주시는 위대한 자존심을 얻을 수 있고 회복할 수 있는 것입니다.

2.꿈을 상실하고 살 때 우리를 실패케 하는 것이다.

우리를 실패케 하는 것은 꿈을 상실하고 살 때 우리를 실패케 하는 것입니다. 꿈은 믿음의 어머니입니다. 사람들은 생각하기를 나는 열심히 기도하고 애쓰면 많은 믿음을 얻을 수 있을 것이라고 생각하는데 실제는 그렇지 않습니다. 사람이 꿈이 없으면 아무런 믿음도 소용이 없습니다. 꿈이 없는 사람에게는 신념도 필요가 없는 것입니다. 나는 믿는다고 말할 때 무엇을 믿는다고 말합니다. 꿈이 없는 사람은 그 무엇이 없습니다.

내일에 대한 목표가 없고 꿈이 없는데 무엇을 믿는다 말하는 것입니까. 아무리 믿습니다. 믿습니다. 목이 쉬도록 고함을 쳐도 그는 믿음의 대상이 없는 이상 그 믿음은 죽은 믿음인 것입니다. 이러기 때문에 오직 큰 꿈이 있을 때 큰 믿음도 생겨나고 믿음이 있을 때 하나님이 축복해 주시는 것입니다. 성경은 말씀하시기를 "네 믿음대로 될지어다. 할 수 있거든이 무슨 말이냐 믿는 자에게는 능치 못하심이 없느니라"고 말씀하시는 것입니다.

오늘날 세상의 생존경쟁 속에서 승패는 우리의 가슴속에 끓어오르는 심령에 있는 것입니다. 믿음이 우리를 승리자로 만드는 것이지 마음의 불안과 공포와 좌절감을 가지고 있는 사람은 절대로 인생을 승리로 살아갈 수가 없는 것입니다. 이러므로 오늘 꿈을 상실한 사람에게는 믿음도 있을 수가 없습니다.

그렇기 때문에 인생의 목표가 무엇인지 분명히 알아야 됩니다. 더구나 젊은 사람은 젊을 때 자기 인생의 목표를 신속히 설정하려면 꿈이 있어야 합니다. 나는 오늘 당신에게 질문하겠습니다. 당신은 매해 12월에 무엇이 이루어질 것을 기도하고 있는 것입니까. 새로운 해를 맞이할 때 한 해 동안에 무슨 목표를 세우고 살았습니까? 앞으로 5년 후에 당신은 당신의 인생에 무엇이 일어날 것을 기대하고 있습니까? 앞으로 20년 후에 당신은 무엇이 성취될 것을 기대하고 있습니까?

그런 목표도 없이 그 목표가 이루어질 꿈과 환상 가운데 살지 아니하고 바람 부는 대로 물결치는 대로 인생 365일을 그대로 먹고 자고 깨고 먹고 자고 깨는 사람은 패배자에 불과한 것입니다. 사람은 목표를 향해서 추구해 나가도록 지어져 있습니다. 이렇기 때문에 우리들은 인생의 목표가 무엇인지 분명히 알아야 됩니다.

우리가 진실로 하나님의 축복을 받기 위해서는 1년 동안에 목표가 있어야 됩니다. 앞으로 5년 동안 자신의 가정의 경제 상태, 사업, 자신의 자녀, 자신의 건강, 자신의 행복에 대한 목표를 설정해야만 되는 것입니다. 그러고 향후 20년 동안 자신에게 일어날 것을 목표를 설정하고 그것을 바라보고 꿈을 꾸고 그것을 바라보고 믿습니다. 라고 외칠 때 하나님께서는 네 믿음대로 될지어다. 라고 말씀하고 계시는 것입니다.

이 세상에 우연이란 일어나지 않습니다. 요행이 일어날 것이다. 설마 잘되겠지, 옛말에도 설마가 사람 잡는다는 말이 있는 것입니다. 설마는 일어나지 않습니다. 요행이란 일어나지 않습니다. 목표를 설정하고 꿈을 가지고서 그 목표가 이루어진 모습을 바라보고 거기에 취해서 전력을 기울일 때 하나님께서 함께 역사해 주는 것입니다. 성경은 밝히 말씀하기를 믿음은 바라는 것의 실상이라고 말하는 것입니다. 바라는 것 그 목표가 분명하지 아니하면 믿음은 실상이 없습니다. 믿음은 그것은 죽은 믿음이 되고 마는 것입니다.

이러므로 목표와 꿈이 없는 믿습니다. 하지 않고 끊임없이 꿈을 가지는 사람이 될 때 그 꿈을 통해서 위대한 인생을 살게 되는 것입니다. 꿈이 없는 개인, 꿈이 없는 청년, 대학생, 꿈이 없는 민족은 망하고 마는 것입니다. 이러므로 당신께서 성공적인 인생을 살기 위해서는 하나님 앞에서 말씀을 통하여 성령의 은혜를 통하여 기도하는 가운데서 1년의 꿈을, 5년의 꿈을, 20년 후의 꿈을 가지게 되시기를 주의 이름으로 소원합니다.

3. 자신을 상실한 사람은 아무 것도 할 수가 없다.

자신을 상실한 사람은 아무 것도 할 수가 없는 것입니다. 이 세상에서 사람들이 자신을 상실하고 자기 상실증의 병에 걸려있습니다. 이것이 바로 할 수 없다 병인 것입니다. 할 수 없다. 병에 걸린 사람은 정신적인 죽음에 이르는 병에 걸린 사람인 것입니다. 그렇기 때문에 하나님은 세례요한의 아버지 사가랴가 나이 늙어 아들을 낳을 수가 없다는 할 수 없다. 병에 걸린 것을 보고 할 수 없다. 병을 입으로 말하지 못하게 하려고 입을 쳐서 병어리로 만들어 버리고 마는 것입니다. 차라리 할 수 없다는 말할 바에는 벙어리가 되라는 것입니다. 당신의 입술의 적은 혀가 이야기하는 것이 무슨 큰 영향이 있을 것이냐, 생각하지만 실제는 그렇지 않습니다. 자신의 입술의 말 한마디가 천지를 지으신 하나님이 그 배후에서 움직이게 하는 것입니다. 하나님은 당신의 입술의 말을 통하여 움직입니다. 성경은 말씀하기를 사람의 입술이 얼마나 힘이 있는지 마치 큰 광풍에 화물을 잔뜩 실은 배가 이리 저리 마음대로 조종해서 항구로 나가는 것처럼 당신의 적은 혀도 그렇게 자신의 인생의 운명을 좌우한다는 것입니다.

혀가 적어서 날름거리고 말을 하지만, 그러나, 그 혀의 말을 따라 밑에 거대한 능력이 움직이기 시작하는 것입니다. 혀는 마치 질풍처럼 달리는 말의 입 속에 자갈과 같다고 말했습니다. 적은 자갈은 눈에 안보이지만 이것으로 말을 좌우로 움직이는 것처럼, 사람의 혀의 말에 따라서 거대한 창조적인 힘이 그 말에 따라 좌우로 움직이기 시작하는 것입니다. 적은 불이 온 도시를 태우는 것처럼, 혀의 적은 것이 온 도시를 태울만한 위대한 능력을 일으킨다는 것입니다.

오늘날 우리의 생애에 위대한 창조를 가져오기 위해서 창조적인 위대한 능력인 성령께서 와 계시지만 우리의 입술의 말을 통하여 이 위대한 창조능력이 움직이고 있는 것입니다. 그렇기 때문에 당신이 할 수 없다. 병에 들려서 할 수 없다고 말하고 있으면 당신을 살릴 도리가 없습니다. 이스라엘 백성이 모세를 따라서 가데스 바네아까지 왔었습니다. 열두 정탐꾼을 40일 동안 정탐시켰는데 그 중에 정탐하고 온 사람 중에 10명은 할 수 없다 병에 들린 사람이었습니다. 그래서 그들은 끊임없이 할 수 없다고 외쳤었습니다. 우리가 정탐한 땅은 산은 높고 골은 깊었습니다. 그곳에 있는 성은 하늘을 찌를 것 같고 그곳의 네피림의 후손 아낙 자손들은 키가 장대하여 그들이 우리 보기에 여치새끼 같이 보였을 것입니다. 라고 말했었습니다.

이와 같은 할 수 없다고 하는 병은 유행병처럼 돌아서 온 이스라엘 300만이 땅을 치고 밤새도록 울면서 우리 장관을 세워 애굽으로 돌아가자 할 수 없는 유행병에 걸렸었습니다. 그곳에 오직 여호수아와 갈렙 만이 할 수 있다. 들어갈 수 있다. 그 땅을 점령할 수 있다고 말한 것입니다. 그러나 사람들은 여호수아와 갈렙을 돌로 쳐 죽이려고 한 것입니다.

그러자 하나님께서 분노하셔서 나타나서 열 정탐꾼을 그 자리에서 죽이고 300만 이스라엘 백성을 저 광야로 회진 시켜서 할 수 없다는 사람들은 모두 다 죽어 벙어리가 될 때까지 주님은 사십 년 동안 광야를 배회시키셨습니다.

이래서 할 수 없다고하던 백성이 다 죽어 그 입술이 벙어리가 되고 난 다음에 할 수 있다는 여호수아와 갈렙을 앞세워서 그 후손들을 데리고 가나안 젖과 꿀이 흐르는 땅으로 들어간 것입니다. 오늘날도 하나님께서는 당신이 할 수 없다고 외치면 사가랴처럼, 주님께서 당신을 벙어리로 만들던지 그렇지 않으면 이스라엘 백성처럼 죽어 무덤에 들어가서 그 입술이 벙어리가 되게 하든지 해야 되실 것입니다. 이러므로 우리는 할 수 없다는 말을 하지 말아야 되는 것입니다. 하나님의 대한 신앙과 하나님의 말씀을 가지고 있는 우리들이 왜 할 수 없다는 말을 하는 것입니까. 천지와 만물을 지으신 하나님이 당신 편에 계시고 예수께서 십자가를 걸머지시고 죄를 속해 주시고 성령을 주시고 질병을 치료해주시고 저주를 다 제하여 번창을 주시고 그리스도의 재림할 약속을 주셨는데 왜 자신이 할 수 없다는 말인 것입니까.

우리에게는 말씀이 있고 하나님의 성령이 계시지 않습니까. 이러므로 할 수 있거든이 무슨 말이냐 믿는 자에게는 능치 못하심이 없나니, 라고 말씀하신 것입니다. 이러므로 우리는 할 수 있습니다. 매일같이 긍정적인 할 수 있다고 하는 말을 외쳐야 됩니다. 저는 잠자리에 들어가기 전에 침대에 들어 누우면 이렇게 말합니다.

예수 안에서 나는 할 수 있다. 할 수 있다. 할 수 있다. 할 수 있다. 나는 축복을 받은 사람이다. 거대하게 그리스도 안에서 복 받은 사람이다. 나는 성공 자다. 그리스도가 나를 성공시켰다. 그리고 우리 집사람도 따라하라고 그럽니다. 안 따라할 도리가 있나. 별수 없이 따라합니다. 그리고 아침에 일어나면 나는 말합니다. 나는 성령님과 하루 같이 일한다. 나는 할 수 있다. 할 수 있다. 할 수 있다. 나는 성공자다. 나는 축복 받은 사람이다. 나는 하나님께서 능력을 주셔서 오늘 모든 일을 다 성공 할 수 있다. 사람들은 내가 그렇게 하는 걸 보고 웃을는지 모릅니다. 그러나 그 사람들은 내가 그 말을 통해서 내 배후에 있는 위대한 창조적인 능력을 움직이고 있다는 것을 모르고 있는 것입니다.

사람들은 말하기를 강 목사는 왜 그렇게 성령 충만하게 목회를 할 수 있냐고 묻습니다. 그것은 나는 이 혀를 올바르게 사용해서 자신 없는 자신을 상실하는 그런 생활을 하지 아니하고 언제나 내 속에 천지를 창조하고 변화시키는 그 동력을 움직이고 있는 것입니다. 당신의 입술의 말로서 당신이 묶인바 되었으며 사로잡힌바 되는 것입니다. 죽고 사는 권세가 혀에 있다는 것을 알게 되시기를 주의 이름으로 소원합니다. 이러므로 자신의 이 위대한 능력 속에 들어가기 위해서 매일 아침 저녁 시시각각으로 긍정적인 입술을 사용하게 되시기를 주의 이름으로 축원합니다. 그렇게 되면 자신을 상실한 무기력한 생활을 하지 않게 될 것입니다.

4. 기대를 상실하고 사는 사람은 인생에 있어서 패배한다.

만일 우리가 아직 낭패와 실망과 저주와 죽음을 바라고 산다면 그 사람이 얼마나 불안하고 불행하고 고통스럽지 않겠습니까. 그러나 놀랍게도 대다수의 사람은 그의 마음속에 안개가 끼듯 언제나 아련하게 불안과 공포와 절망의식을 가지고 있습니다. 무언가 모르게 내게 불행한 일이 다가올 것이다. 불안한 일이 생길 것이다. 낭패와 실망이 생길 것이라는 무언가 모르게 공포심에 잡혀 있는 것입니다. 바로 성경에 보면 욥이란 사람은 그가 낭패와 실망을 당하고 난 다음 외쳐 말하기를 내 무서워하던 그것이 내게 미쳤고 내 두려워하던 그것이 내 몸에 미쳤다고 말하는 것입니다. 오늘날 우리가 부정적인 기대를 가지고 인생을 살면 파괴적인 것 밖에는 인생에 기대할 수 없는 것입니다.

그러나 다 같은 에너지를 사용하면서 매일 매일 긍정적인 기대를 가지고 사십시오. 나는 하나님이 나와 같이 계신다. 성령이 함께 계시므로 나는 기도하고 믿음으로 살므로 무언가 좋은 일이 일어난다. 모든 일이 합력하여 선을 이룬다. 하나님께서 같이 하시므로 기적이 일어난다. 이런 기대를 가지고 살아야 됩니다.

저는 개척 초기 질병에서 치유 받고난 이후로부터 시작해서 누가 가르쳐 주지 않았는데 하나님 성령께서 저의 마음속에 역사해 주셔서 희한하게 부정적인 기대를 깡그리 버리기로 작정을 했었습니다. 아무리 눈엔 아무 증거 안보이고 귀에는 아무 소리 안 들리고 손에는 잡히는 거 없고 내 앞길 칠흑같이 어두워도 어두운 가운데서 빛이 있으라고 하신 하나님을 의지하고 저는 언제나 잘될 것을 기대했었습니다. 승리할 것을 기대했었습니다. 축복 받을 것을 기대했었습니다.

제가 시화에서 교회를 개척했을 때 사람들은 나를 보고 비참하게 생각했는지 모르겠지만, 그러나 그 가운데서 나는 매일 같이 기적이 일어날 것을 기대했었습니다. 왜 언제나 저의 마음속에는 기대가 살아 있었습니다. 내일은 오늘보다 나아진다. 다음 달은 이달보다 나아진다. 명년은 금년보다 나아진다. 어둡고 캄캄할 지라도 하나님께서 같이 하시므로 기적이 일어나게 된다. 좋은 일이 일어나게 된다. 모든 일이 합력하여 선을 이루게 된다는 줄기찬 기대를 가졌었습니다. 만일 이 기대를 가지지 않았더라면 저는 파멸하고 말았을 것입니다.

서울로 교회를 옮길 때 정말 절벽같이 어둡고 캄캄할 때 슬픔과 고통과 절망이 홍수로 휘몰아 올 때도 무언지 모르게 뼈 속 깊은 곳에 샘물같이 솟아오르고 있었습니다. 예수님이 인도하고 계시니 난 할 수 있다. 좋은 일이 일어난다. 하나님께서 합력하여 유익을 이룬다. 그러므로 뒤로 물러가면 안 된다. 믿음으로 나갈 수 있다. 이와 같은 기대에 꽉 들어찬 믿음이 오늘날 저를 살려주시고 교회를 이끌고 나갈 수 있게 만들어 준 것입니다. 사도 바울 선생은 바로 이와 같은 줄기찬 기대를 가진 사람이었습니다.

로마서 8장 31절 이하에 보면 "그런즉 이 일에 대하여 우리가 무슨 말 하리요 만일 하나님이 우리를 위하시면 누가 우리를 대적하리요. 자기 아들을 아끼지 아니하시고 우리 모든 사람을 위하여 내주신 이가 어찌 그 아들과 함께 모든 것을 우리에게 주시지 아니하겠느냐 누가 능히 하나님께서 택하신 자들을 고발하리요 의롭다 하신 이는 하나님이시니 누가 정죄하리요 죽으실 뿐 아니라 다시 살아나신 이는 그리스도 예수시니 그는 하나님 우편에 계신 자요 우리를 위하여 간구하시는 자시니라. 누가 우리를 그리스도의 사랑에서 끊으리요. 환난이나 곤고나 박해나 기근이나 적신이나 위험이나 칼이랴 기록된 바 우리가 종일 주를 위하여 죽임을 당하게 되며 도살 당할 양 같이 여김을 받았나이다. 함과 같으니라.

그러나 이 모든 일에 우리를 사랑하시는 이로 말미암아 우리가 넉넉히 이기느니라. 내가 확신하노니 사망이나 생명이나 천사들이나 권세자들이나 현재 일이나 장래 일이나 능력이나 높음이나 깊음이나 다른 어떤 피조물이라도 우리를 우리 주 그리스도 예수 안에 있는 하나님의 사랑에서 끊을 수 없으리라"

줄기찬 긍정적인 기대인 것입니다. 그에게는 어떠한 어두움도 바울 선생을 정복할 수 없었습니다. 그는 너무나 줄기차고 힘찬 내일에 대한 기대를 가지고 있었습니다. 예수를 믿는 사람은 이 밝고 맑고 환한 기대를 저버리고 살수가 없는 것은 왜냐하면 하나님께서는 어두운 가운데서 빛이 있으라고 외치매 어두움이 떠나가고 빛이 다가오게 한 하나님이시기 때문인 것입니다.

그러므로 어떠한 칠흑 같은 어두움도 하나님과 함께 기대를 가지고 사는 사람에게 어두움이 함몰시킬 수가 없는 것입니다. 생명의 근원은 마음에 있습니다. 하나님께서도 우리들의 마음을 통하여 우리를 만나주시는 것입니다. 마음을 떠나서 저 하늘과 땅과 좌우의 어디에서 하나님을 만날 것으로 생각하지 마시기 바랍니다. 마음을 저버린 사람은 자기 인생을 저버린 삶인 것입니다. 우리들의 운명과 환경을 탓하기 전에 마음의 바탕을 새롭게 하십시오. 성경은 말씀하시기를 지킬만한 것보다 내 마음을 지켜라. 생명의 근원이 거기에서 나오나니, 라고 말씀한 것입니다. 오늘 우리가 이 마음을 정돈하고 정리해서 그래서 자신의 자존심을 가지고 꿈과 환상을 가지며 할 수 있다 믿음을 가지고 기대에 꽉 들어찬 인생을 살아갈 때 성령이 함께 역사하사 영혼이 잘됨같이 범사에 잘되며 강건하고 생명을 얻되 충성하게 얻는 승리로운 삶으로 들어갈 수 있는 것입니다.

13장 믿음에 어깃장 놓는 말을 찾아내는 법

(마14:23-33)"무리를 보내신 후에 기도하러 따로 산에 올라가시니라 저물매 거기 혼자 계시더니 배가 이미 육지에서 수 리나 떠나서 바람이 거스르므로 물결로 말미암아 고난을 당하더라. 밤 사경에 예수께서 바다 위로 걸어서 제자들에게 오시니 제자들이 그가 바다 위로 걸어오심을 보고 놀라 유령이라 하며 무서워하여 소리 지르거늘 예수께서 즉시 이르시되 안심하라 내니 두려워하지 말라. 베드로가 대답하여 이르되 주여 만일 주님이시거든 나를 명하사 물 위로 오라 하소서 하니 오라 하시니 베드로가 배에서 내려 물 위로 걸어서 예수께로 가되 바람을 보고 무서워 빠져 가는지라 소리 질러 이르되 주여 나를 구원하소서 하니 예수께서 즉시 손을 내밀어 그를 붙잡으시며 이르시되 믿음이 작은 자여 왜 의심하였느냐 하시고 배에 함께 오르매 바람이 그치는지라. 배에 있는 사람들이 예수께 절하며 이르되 진실로 하나님의 아들이로소이다 하더라"

예수님께서 벳세다 광야에서 남자만 5천명, 부녀자 기만 명에게 말씀을 증거 하시고 병을 고쳐주시고 그리고 나중에 허기증에 허덕일 때 보리떡 5개와 물고기 두 마리로 그들을 다 배불리 먹이셨습니다. 그러자 날이 저물어지매 주님께서 제자들을 재촉

하셔서 배를 타고 가버나움으로 건너가게 하시고 난 다음 예수님은 군중들을 흩어 보내시고 산 위에 올라가서 밤이 새도록 주님께서 하나님 앞에 간절히 기도하셨습니다. 그런데 제자들이 배를 저어서 가버나움으로 가는 도중에 풍랑이 다가와서 배를 아무리 저어도 배가 나아가질 않습니다. 바다 가운데서 그들은 배가 나가지 아니하지 바람은 불지 몸은 지치지 마음에 불안과 공포심이 꽉 들어차 있는데 갑자기 바다위로 누가 걸어오고 있습니다.

예수님께서 제자들을 돌보시려고 물위로 걸어오시는 것인데 예수님이 물위로 걸어올 줄 꿈에도 알았겠습니까? 그래서 제자들이 보니 그 어두운 밤중에 뿌연 불빛을 내면서 파도를 따라 오르락내리락하면서 배를 향하여 걸어오는 유령이 보이기 때문에 그들은 이제는 죽었다고 생각했습니다. 왜냐하면 바다에서 풍랑 만났을 때 유령을 보면 배가 반드시 침몰합니다.

이렇기 때문에 이제 이 배가 침몰한다고 생각했기 때문에 너무 놀라서 그냥 고함을 치고 사람 살려 라고 외쳤습니다. 그럴 때 예수님께서 말씀하기를 내니 두려워 말라, 그렇게 하셨습니다. 그럴 때 베드로가 예수님에게 요구를 했습니다. 만일 주시어든 나로 물위로 걸어오게 하소서. 여기에서 여러분 베드로의 물위로 걸어가는 위대한 기적의 역사가 일어나는데 이곳에서 오늘 배울 교훈이 있습니다.

1. 주시어든 나로 오라 하소서

　베드로가 왜 그냥 주님께 저벅저벅 물위로 걸어서 다가가지 아니하고 주시어든 나로 오라 하소서 주에게 간절히 간구했냐는 것입니다. 오늘날 우리가 이 세상에 사는 것은 인간은 다 자기 지식을 따라서 말하고 보고 행하고 사는 것입니다. 그런데 베드로에게는 아직까지 인간의 지식으로서는 물위로 걸어갔다는 것을 들어본 적도 없고 체험해본 적도 없고 그런 지식이 없습니다. 그러므로 물위로 걸어간다는 그런 지식이 전혀 없는데 베드로는 자기가 물위로 걸어가겠다고 나가다가는 빠져 죽습니다.

　그렇기 때문에 우리 주 예수그리스도에게 만일 주시어든 나로 물위로 걸어오게 하소서. 말씀을 주시옵소서. 말씀을 요구한 것입니다. 우리가 전혀 모르는 사실에 대해서는 주의 말씀을 받아야 우리가 무엇을 할지 알 수가 있는 것입니다. 믿음은 들음에서 나며 들음은 그리스도의 말씀으로 말미암는다고 말씀도 없이 우리가 믿습니다. 라고 아무리 외쳐본들 아무 소용이 없는 것입니다. 그렇기 때문에 우리가 하나님의 나라에 들어가서 하나님의 은총을 받으려면 먼저 인간적인 지식이 아닌 하늘에서 내려오는 천상적인 지식으로써 우리 마음이 변화되어야만 되는 것입니다.

　베드로는 주님께서 오라는 그런 말씀을 듣고서 그 마음이 변화되기 전에는 절대로 물위로 걸어갈 수가 없습니다. 마음대로 걸어갔다가는 반드시 물에 빠져 죽는 것입니다. 오늘날 우리도 그와 한가지인 것입니다. 하나님의 말씀을 통해서 우리의 생각이 달라지기 전에는 하나님의 역사가 우리의 생활 속에 일어날 수가 절대로 없습니다. 이러므로 우리가 먼저 말씀을 듣고 내 생각이 달라지고 내 생각이 달라지면 그 달라진 생각을 통해서 하나님의 성령의 역사가 일어날 수가 있는 것입니다.

　이러므로 반드시 하나님 말씀을 들어야 되고 성경을 공부해야 되고 우리의 생각이 달라져야 된다는 이유가 여기에 있는 것입니다. 우리의 마음이 새로워져서 이제 하나님의 성령께서 새로워진 마음을 통해서 마음대로 역사할 수 있어야만 되는 것입니다. 하나님의 성령은 지금 우리 속에서 우리를 통해서 나타나려고 하는 것입니다. 그러나 우리 마음이 여기에 인간적인 생각, 부정적인 생각, 절망적인 생각, 할 수 없다는 생각으로 꽉 막아 놓으면 하나님의 성령께서 역사할 수가 없는 것입니다. 배에 타고 있는 다른 모든 제자들은 한 사람도 남김없이 다 물위로 걸어갈 수 없다고 생각했습니다.

　그러나 여기 베드로만은 주여 말씀을 주시옵소서. 주의 말씀을 주시면 내가 그 말씀을 받아 듣고 내 마음을 변화시켜서 나도 물위로 걸어갈 수 있다는 생각을 갖게 되겠습니다. 그러므로 말씀을 주시옵소서. 그렇게 요청했던 것입니다. 오늘날 우리가 인생을 새롭게 살고, 승리하며 살고, 하나님의 축복 가운데서 살려면 하나님 앞에 나아가서 마음을 새롭게 함으로 변화를 받아야 되는 것입니다. 어떻게 변화를 받을까요? 가장 근원적으로 우리가 변화를 받을 수 있는 것이 예수그리스도의 십자가 밑에서 변화를 받을 수가 있는 것입니다. 누구든지 그리스도 안에 있으면 새로운 피조물이라 이전 것은 지나갔으니 보라 새것이 되었다고 성경은 말하고 있는데 십자가 밑에 가서 우리의 생각이 달라지는 것입니다. 먼저 어떤 생각이 달라질까요? 십자가 밑에서 죄의 용서를 받고 나는 의롭게 되고 하나님의 거룩함을 입는 사람이 되었다는 이러한 생각이 달라지는 것입니다. 예수를 믿지 않는 사람들은 모두 다 그 마음속에 나는 죄인이란 생각, 죄책이 꽉 들어차 있습니다.

그러나 그리스도의 십자가 밑에 나와서 내가 예수 십자가를 바라보게 될 때 그리스도께서 나의 과거의 죄, 현재의 죄, 미래의 죄를 다 짊어지고 가시는 것을 바라보고 난 다음에 내 마음의 생각에 이제 나는 용서를 받아들이고 하나님의 의롭다함을 받아들이고 거룩함을 받아들여서 새사람이 되었다는 생각으로 마음에 변화를 받아야 되는 것입니다.

또한 예수님 십자가 밑에 나와서 나는 예수그리스도를 통해서 성령을 마시어 드림으로 말미암아 하나님의 성령이 나와 같이 계셔서 나를 도와주므로 나는 할 수 없다. 못한다. 안 된다. 라는 생각을 밀어내 버리고 성령이 나를 도와주심으로 내게 능력 주시는 자 되어서 나는 능치 못함이 없다는 생각을 받아들여야만 되는 것입니다. 성경은 말씀하기를 "누구든지 목마른 자는 내게로 와서 마셔라 그리하면 그의 뱃속에서 생수의 강이 넘쳐

나리라"고 했으니, 이는 저들이 받을 성령을 일컬어 말한 것이라고 했습니다. 이러므로 십자가 밑에 나와서 나는 예수를 바라봄으로 말미암아 성령이 내 속에 들어와 계심으로 할 수 있다는 사람이 되었다고 생각이 달라져야 되는 것입니다.

또한 십자가 밑에서 예수님을 바라봄으로 말미암아 주님께서 나의 연약한 것을 친히 담당하시고 병을 짊어지고 가신 것을 깨달아야 되는 것입니다. 예수께서 채찍에 맞으시므로 내가 병고침을 받은 사실을 마음속에 깨달아서 나는 마음속에 나는 병자다. 나는 연약하다. 나는 못 산다는 이러한 생각을 밀어내 버리고 나는 그리스도로 말미암아 치료를 받고 그리스도의 건강을 얻고 새 생명을 얻었다는 이러한 생각이 달라져야 되는 것입니다. 생각이 달라지지 않고는 성령이 역사할 수 없는 것입니다.

또한 십자가 밑에 나와서 하나님을 쳐다보고 난 다음에 그를 통하여 나는 저주에서 해방을 얻고 가난에서 해방을 얻고 없다는 것에서 해방을 얻었다는 것을 깨달아야 됩니다. 그리스도께서 우리를 위하여 저주를 받은바 되사 율법의 저주에서 우리를 속량하셨으니 아브라함의 축복이 이방인에게 미치게 하기 위해서 그렇게 했었음으로 예수 십자가를 통하여 나는 저주받은 것이 아니라 아브라함의 축복을 받은 자요 낭패와 실망하는 자가 아니라 형통하고 남에게 축복이 될 수 있는 사람이 되었다는 이러한 생각을 십자가 밑에서 바꾸어야 되는 것입니다.

또한 십자가를 쳐다보고 난 다음에 나는 영원히 멸망 받을 사람이 아니라. 그리스도께서 죽은 자 가운데서 부활한 것처럼 나도 그리스도를 통해서 사망을 면하고 부활할 것이며 그리스도가 우리를 위해서 예비한 신천 신지에 들어갈 것이라는 이러한 생각이 마음속에서 변화를 받아야 되는 것입니다. 이와 같이 해서 우리의 생각이 복음으로 완전히 달라지면 달라진 그 모습을 통해서 하나님의 성령께서 생활 속에 기적을 베풀어주시기 시작하는 것입니다. 이러므로 말씀을 듣고 자신의 생각을 바꾸십시오.

생각이 나는 못 한다. 안 된다. 죄인이다. 무력하다. 병자다. 저주받은 사람이다. 나는 멸망을 받을 것이다. 이러한 생각을 가지고 있는 이상 하나님은 당신을 도와 줄 수가 없는 것입니다. 이렇기 때문에 오늘 우리는 다 예수그리스도 앞에 나와서 그리스도의 그 대속의 은총을 바라보고 마음과 생각이 달라져서 우리는 옛사람이 아니라 새사람이 된 모습을 마음속에 뚜렷이 가져야만 되는 것입니다.

2.베드로는 물위로 걸어가는 자기의 모습을 분명히 마음속에 그려보았다.

베드로가 이 배에서 그가 스스로 자기 모습을 바라본 것은 자기가 배에서 나와서 예수님을 향하여 저벅저벅 물위로 걸어가는 자기의 모습을 분명히 마음속에 그려보았습니다.

왜냐하면 나중에 베드로는 바람과 바다를 바라보고 난 다음에 자기가 물위로 걸어간다는 이 꿈과 환상을 저버렸었을 때, 물에 빠진 것입니다. 우리의 생각이 달라지고 난 다음에는 마음속에 꿈과 환상이 달라져야 되는 것입니다. 나는 할 수 없다. 못 한다. 안 된다 하는 것이 나는 할 수 있다. 하면 된다. 해보자 의 생각이 달라짐과 함께 자기의 꿈이 달라져야 되는 것입니다.

로마서 4장 17절에 보면 "하나님은 없는 것을 있는 것같이 부르신다"고 했는데 아직까지 없는 것을 있는 것처럼 바라볼 수 있어야 되는 것입니다. 병자는 내가 나았다는 생각과 함께 내가 건강하게 되어서 완전히 새사람이 되어서 걸어 다니는 모습을 바라보아야 되는 것입니다. 낭패와 실망을 당한 사람은 자기가 낭패와 실망을 당한 자리에서 일어나서 그리스도의 축복으로 말미암아 하나님께 은총과 축복을 받아서 내가 성공할 뿐 아니라 남에게 나누어주고 남을 도와주는 자기의 모습을 바라볼 수 있어야만 되는 것입니다.

사람은 그 마음속에 언제나 꿈을 꾸는 것이 사람인 것입니다. 꿈이 없는 백성은 망한다는 것입니다. 이러므로 우리가 영혼이 잘됨같이 범사에 잘되며 강건하고 생명을 얻되 넘치게 얻는 새로워진 꿈을 꿀 줄 알아야 되는 것입니다. 오늘날 우리 마음속의 꿈이 바로 그릇이라는 것입니다. 꿈이 없으면 아무 것도 담아놓을 수가 없습니다. 아무리 소나기가 오고 하늘에서 천둥 번개가 치며 비가 쏟아져도 그릇을 준비 안 하면 물 한 방울 얻을 수 없는 것처럼 우리의 마음속에 내일에 대한 꿈을 가지고 있지 아니하면 하나님께서 아무런 축복도 줄 수가 없는 것입니다.

어느 청소년이고 내일에 대한 꿈을 가지고 있으면 그 꿈을 채우는 하나님의 축복이 임하십니다. 어떠한 아버지나 어머니도 내일에 대한 그리스도 안에서 꿈을 가지고서 기도하면 하나님께서 그 꿈을 이루어주기 위해서 성령이 역사할 수 있는 것입니다. 꿈을 저버린 사람에게는 하나님의 성령의 역사도 떠나가 버리고 마는 것입니다. 이렇기 때문에 어느 누구든지 발전하려는 사람은 자기의 마음속에 분명한 목표를 가진 꿈이 있어야 하나님의 성령께서 역사 하여 주셔서 그 생활가운데 기적이 일어나게 되는 것입니다.

베드로는 꿈이 있었습니다. 다른 모든 제자들은 물위로 걸어간다는 것을 꿈에도 생각하지 못했는데 베드로는 자기가 물위로 걸어가는 것을 마음속에 꿈꾸어 보았습니다. 그는 자기는 반드시 예수님이 오라 하시면 물위로 저벅저벅 걸어갈 수 있다는 것을 생각하고 꿈을 꾸어보았습니다. 꿈을 꾸었기 때문에 베드로는 앞으로 나아가서 물위로 걸어가는 체험을 할 수 있었던 것입니다. 꿈을 꾸지 않는 사람은 아무 것도 안 됩니다.

물론 죄악의 꿈을 꿔서는 안 되지요. 불의와 하나님을 반역하는 꿈을 꿔서는 안 되지요. 그러나 하나님 말씀을 통해서 당신이 변화 받은 꿈을 꾸고 있으면 그 꿈대로 하나님께서 성령이 역사하여 주시는 것입니다. 저는 항상 꿈속에서 살았었습니다.

오늘 이 시간에 마음속에 십자가 밑에서 꿈을 꾸십시오. 죄가 용서받고 의롭고 거룩하게 된 자기의 모습을 꿈꾸어 보십시오. 성령을 마셔들여서 성령 충만한 모습을 꿈꾸어 보시기 바랍니다. 병에서 놓여남을 받고 건강하게 되는 자기의 모습을 마음속에 늘 꿈꾸어 보십시오. 저주가 날아가고 가난이 없어지고 영혼이 잘됨같이 범사에 형통해서 내가 남을 도와주고 꾸어주며 살 수 있는 자기의 형통한 모습을 꿈꾸어 보는 우리가 되시기 바랍니다. 주께서 호령과 천사장의 고함과 하나님의 나팔로 친히 하늘로 좇아 강림하실 때 주안에서 죽은 자들이 먼저 일어날 때 나도 부활할 것이고, 그리스도와 함께 신천 신지를 상속으로 받을 내 자신을 꿈꾸어 보십시오.

그리고 난 다음 즐거워하십시오. 이와 같은 꿈이 있는 사람에게 하나님은 그와 같은 기적을 베풀어주시는 것입니다. 이러므로 베드로가 다른 사람보다 다른 것은 그는 하나님의 말씀을 받아서 생각이 변화되었으며 그는 자기가 물위로 걸어간다는 꿈을 꾸어 본 사람이기 때문에 제자들보다도 출중하게 일어나서 그는 물위로 걸어갈 수 있던 것입니다.

3. 실천하는 믿음의 결단을 내려라.

마음이 새로워지고 꿈을 가졌으면 이제 그대로 실천하는 믿음의 결단을 내려야만 되는 것입니다.

변화된 마음과 목표 있는 꿈은 믿음을 산출해내는 것입니다.

그냥 사람이 믿습니다. 해서 믿음이 나오지 않아요. 믿음은 들음에서 나며 들음은 그리스도의 말씀으로 말미암기 때문에 주의 말씀을 들어서 생각이 달라지고 달라진 생각으로 내가 아름다운 꿈을 꾸고 있을 때 그 꿈을 통해서 마음속에 믿음이 생기는 것입니다. 사람은 그 마음속에 믿음이 생기면 내가 믿어 볼 것이냐, 안 믿을 것이냐 마음속에 결단을 내려야 되는 것입니다.

믿음이란 것은 결단입니다. 믿음이란 것은 무슨 마음속에 이런 감격이 있어야 믿고 또 머릿속에 무슨 감격이 있어야 믿는 것 아닙니다. 내가 믿겠다고 결심을 하면 믿는 것입니다. 내가 안 믿고 의심을 하겠다고 생각하면 끝까지 안 믿고 의심할 수 있는 것입니다.

그러므로 우리는 마음이 새로워지고 마음속에 아름다운 성취된 꿈을 가지고 있으면 믿겠다고 결단을 내려야 되는 것입니다. 베드로도 그랬습니다. 주님께서 오라고 하매 그는 마음을 새롭게 하고 그는 물위로 걸어가는 자기의 모습을 꿈꾸어 보고 난 다음에 나는 물위로 걸어갈 수 있다고 마음속에 결단을 내려버리고 만 것입니다.

그래서 그는 일어나서 결단을 내리고 실천을 했던 것입니다. 수많은 사람들이 오늘날 하나님 앞에서 실패하는 이유는 하나님 말씀을 듣고 마음도 새로워지고 꿈도 꾸어보고 있지마는 실천을 하지 않기 때문에 그런 것입니다. 수많은 사람이 하나님께 기도해도 물질적인 축복을 못 받는다고 내게 늘 그런 불평을 하는 사람이 있습니다. 그렇다면 우리 주님께서 우리에게 주신 은혜를 실천하지 않기 때문에 그런 것입니다. 내가 마음속에 예수그리스도께서 나의 저주를 담당하시고, 나의 가난을 다 짊어지고 가시고, 내가 새롭게 되었다는 지식을 받아들이고, 그리고 하나님께 축복을 받아서 내가 영혼이 잘됨같이 범사에 잘되며 강건하게 되어서 남에게 꾸어주고 나누어주고 남을 도와주는 나의 모습이 분명해서 내가 그렇게 될 수 있다는 주님의 축복을 마음속에 믿었다면 그 믿은 대로 실천을 하기 시작해야 되는 것입니다.

나는 이렇게 하나님 축복을 받았으니 이제는 눈에는 아무 증거 안보이고 귀에는 아무 소리 안 들려도 축복 받은 사람처럼 나는 실천해야 되겠다. 그래서 믿음으로 결단을 하고 하나님 앞에 나와서 성수주일하고 십일조 도둑질하지 말고 믿음으로 십일조를 드리고, 그리고 믿음으로 하나님의 사업을 위해서 도울 때 하나님의 사업을 위해서 심을 때 하나님의 기적이 일어나기 시작하는 것입니다. 이러므로 베드로는 아직까지 물위로 인간이 걸어간 적이 없지마는 예수님이 오라고 말씀하셨고 자기가 물위로 걸어가는 모습을 그려보고 난 다음에는 나는 그렇게 해보겠다고 결심을 하고 일어나서 그는 믿음으로 물위로 걷기 시작한 것입니다. 이것은 믿음의 결단인 것입니다. 믿음이란 항상 모험이 필요한 것입니다. 모험이 없는 믿음은 믿음이 아닌 것입니다.

믿음이란 것은 죽으면 죽고 살면 살리라는 결단을 내리고서 눈에는 아무 증거 안보이고 귀에는 아무 소리 안 들리고 손에는 잡히는 것 없어도 그대로 실천해 나갈 때 그것이 믿음이 되는 것입니다. 믿음이란 것은 모든 환경이 다 좋을 때 형편이 좋을 때 그리고 내가 믿을 수 있는 환경이 될 때 그때야 믿겠다고 생각하면 그건 믿음이 아닌 것입니다. 믿음이란 것은 내 마음속에 믿기로 결심을 하고 그대로 실천해 뛰어 들어갈 때 이것이 믿음이 되는 것입니다. 이렇기 때문에 수많은 사람들이 믿어볼까 말까 자꾸 주저하다가 하나님이 주신 귀한 기회를 잃어버리고 마는 것입니다.

우리는 베드로처럼 말씀을 받고 말씀을 따라 이루어진 모습을 마음속에 분명히 그려볼 수 있거든 그 다음 그것으로 인하여 생기는 믿음을 단호하게 잡고 그대로 실천하는 것입니다. 온 세상이 다 나를 반대하더라도 내 환경이 아무리 어두울지라도 내가 할 수 있다고 믿으면 그대로 실천해보는 것입니다. 밀고 나갈 때 하나님의 능력이 따라오는 것입니다. 행함이 없는 믿음은 죽은 믿음인 것입니다. 행하지 않을 때 하나님의 능력이 다가오지 않습니다.

사람들은 생각하기를 하나님의 능력이 다가와서 나를 축복해주면 행하겠다. 천만에요. 하나님은 말하기를 네 입을 넓게 열라 내가 채우리라 내가 먼저 입을 열어놓으면 내가 먼저 믿음으로써 입을 열어놓고 믿음으로써 실천하면 그 다음 기회에 하나님께서 채우시는 능력이 따라오기 시작하는 것입니다. 이러므로 행하십시오. 믿음으로 행하십시오. 실천 하십시오. 능력은 뒤에 따라오는 것입니다. 나는 기도할 줄 모른다. 그렇지 않습니다. 기도할 수 있다고 믿고 기도를 하기 시작 하십시오. 그러면 기도할 수 있는 능력이 따라오는 것입니다. 나는 전도 못한다. 그렇게 말하지 마십시오. 나는 전도 할 수 있다고 믿고서 전도하기 시작하면 전도할 수 있는 능력이 따라오기 시작하는 것입니다. 나는 축복을 못 받는다고 생각하지 마십시오.

축복 받는다고 결심을 하고 난 다음에 십일조를 드리고 또 하나님 사업에 헌신해 보십시오. 그런 다음에는 축복의 능력이 다가오는 것입니다. 언제나 우리 믿음이 먼저 앞서고 하나님 능력이 뒤에 따라오는 것이지 하나님의 능력이 앞서고 난 다음에 뒤에 믿음이 따라오는 것은 아닌 것입니다.

이러므로 우리가 하나님 말씀을 받아서 마음이 새로워졌으면 그 다음 새로워진 모습으로 이루어진 꿈을 늘 마음속에 꾸어 보십시오. 사람이 마음속에 그 아름다운 꿈을 늘 그리면 그를 통하여 믿음이 생겨나는 것입니다. 믿어보자는 것입니다. 그러면 마음속에 결단을 내리고 눈에는 아무 증거 안보이고 귀에는 아무 소리 안 들리고 손에는 잡히는 것 없어도 믿습니다. 하면서 실천해 나가십시오.

홍해수를 향하여 걸어 들어가고 요단강을 향해서 걸어 들어가고 여리고성을 향해서 빙글빙글 돌기 시작하고 믿습니다. 를 외치고 나가면 믿는 자에게 이러한 표적이 따라오기 시작하는 것입니다. 믿지 않으면 아무리 왔다 갔다 해도 아무 소용도 없는 것입니다. 믿을 때 역사 하는 것입니다. 베드로도 믿고 난 다음에 물위로 뛰어들어갈 때 하나님의 능력이 뒤에 따라와서 그는 물위로 걸어갈 수 있는 능력이 생긴 것입니다.

4. 베드로가 믿음에 실패한 이유

베드로가 믿음에 실패한 이유는 그 다음 물위로 꽤 잘 걸어가다가 그만 바람이 불고 파도가 내리치니까 예수님을 바라보고 자기의 마음속에 자기가 물위로 걸어가는 모습을 늘 바라보고 있던 그것을 확 그림을 바꿔 놓고 만 것입니다. 예수님을 바라보는 것을 그만둬 버리고 자기 마음속에 다른 그림을 그렸습니다.

그것은 물에 빠져 죽는 모습을 그려버린 것입니다. 나는 물에 빠질 것이다. 바람과 파도를 바라보고 난 다음에 잘못된 마음속에 환상을 그렸습니다. 나는 실패한다. 나는 물에 빠진다. 나는 죽을 것이다. 그렇게 생각하자마자, 그리고 그런 꿈을 꾸자마자 그런 공포가 들어오자마자 그는 물속에 빠져들어 가기 시작한 것입니다. 먼저 생각이 잘못 들어왔습니다. 나는 물에 빠질 것이다. 생각이 잘못 들어왔습니다. 둘째는 자기가 물에 빠져들어 가서 허우적거리며 빠져 죽는 모습을 마음속에 그려보았습니다. 그러자 마음속에 믿음은 사라지고 공포가 꽉 들어오자 베드로는 물속에 빠져버리고 만 것입니다.

똑같은 베드론데 조금 전까지는 물위를 걷다가 똑같은 베드로가 조금 후에는 물속에 빠졌습니다. 여기에서 베드로가 무엇이 잘못되었을까요. 베드로가 잘못된 것은 환경적인 위협이 다가올 때 담대한 입으로 신앙고백을 안 했기 때문에 베드로가 물에 빠진 것입니다. 우리가 믿습니다. 로 나갈 때 언제나 환경적인 협박은 다가오는 것입니다. 우리가 믿음으로 나간다고 해서 환경 전체가 다 그렇게 조용하고 좋아지기만 기다려서는 안 됩니다. 환경에는 여러 가지 역경이 다가오는 것입니다.

　베드로가 물위로 걸어갈 때 바람도 불고 파도도 치고 물벼락도 덮어씁니다. 그럼에도 불구하고 그는 입으로써 예수님을 바라보고 믿음을 시인했더라면 베드로는 끝까지 걸어갈 수 있을 것입니다. 뭐라고 시인할까요. 주께서 오라고 하셨으니 나는 걸어가고야 만다. 바람아 불어라. 주께서 오라고 하셨으므로 나는 걸어간다. 파도야 쳐라. 주께서 오라고 하셨으므로 나는 파도위로 걸어간다. 물벼락아 나를 덮어 씌워라. 그러나 주님께서 오라고 하셨으므로 나는 걸어간다. 하나님의 말씀을 입으로 시인하고 나갔으면 그는 믿음을 붙잡을 수가 있을 것입니다. 우리의 담대한 신앙고백은 꼭 필요합니다.

　왜냐하면 신앙을 고백하는 것은 아무리 환경이 어렵더라도 하나님은 참말이라는 것을 증거하는 것입니다. 눈에는 아무 증거 안보이고 귀에는 아무 소리 안 들리고 손에는 잡히는 것 없어도 하나님의 말씀은 참말이라는 것을 입으로 고백하는 것이 바로 우리의 신앙고백이며 우리가 입으로 고백할 때 마귀의 모든 거짓되고 헛된 형상을 다 깨뜨려버립니다. 마귀가 와서 우리에게 불안을 갖다 주고 공포를 갖다 주고 우리를 넘어뜨리려고 환경적으로 시험을 할 때라도 우리가 말씀을 담대히 입으로 시인하면 마귀가 거짓말쟁이인 것을 드러내 보이고 마귀를 내어 쫓아버릴 수가 있습니다. 또 우리가 입으로 담대하게 신앙을 시인할 때 우리의 믿음을 강하게 만들어 줄 수가 있는 것입니다.

이 혀는 적은 것이나 온 몸을 제어 한다고 말한 것입니다. 말의 입에 있는 조그마한 쇳덩어리가 말을 움직이는 것처럼, 방풍에 몰려가는 배를 조그마한 키가 움직이는 것처럼 자신의 혀가 자신의 운명을 움직이는 것입니다. 자신의 마음속에 믿음의 말을 담대하게 시인하면 전체가 믿음으로 꽉 들어차고 마는 것입니다. 믿음에 붙잡히게 돼요. 바람이 불고 파도가 쳐도 믿음 속에 설 수 있는 것입니다. 그런데 베드로가 시험을 받았었을 때 그는 믿음의 고백을 안 했습니다. 이것이 베드로가 물에 빠져들어 간 동기가 되어 버리고 만 것입니다.

예수님께서는 기적을 가져오는 4단계법칙을 가르쳐 주셨습니다. 오늘날 우리들도 이 법칙을 따르게 될 때 하나님의 기적을 체험할 수가 있게 되는 것입니다. 이러므로 나는 이 4단계를 우리가 다시 한 번 음미해보기를 원합니다. 첫째로, 하나님 말씀을 받아서 생각이 달라지시기를 주의 이름으로 축원합니다. 옛 생각 그대로 가지고는 믿음의 위대한 생활을 할 수가 없습니다. 생각이 달라지십시오. 복음으로 생각이 달라지십시오. 전인 축복의 생각이 달라지십시오. 생각이 달라졌으면 둘째, 마음속에 이미 하나님께서 이루어진 모습을 마음속에 그려보십시오. 우리 예수 믿는 사람들은 가슴에 늘 그림을 그릴 줄 알아야 되는 것입니다. 하나님은 없는 것을 있는 것같이 부르시기 때문에 아직 이루어지지 않은 모습이라도 있는 것처럼 마음속에 그리십시오. 그것을 마음속에 자꾸 그릴 때 믿음이 생깁니다. 약한 자는 강한 모습을 그리십시오. 실패한 자는 성공한 모습을 그리십시오. 절망한 자는 소망을 그리십시오. 세상의 사람들은 천국의 모습을 마음속에 그리십시오. 마음속에 하나님께서 이루어진 모습을 확연히 바라볼 수 있을 때 믿음이 생기는 것입니다.

그리고 세 번째 믿기로 결단을 내리고 실천하십시오. 행함이 없는 믿음은 죽은 믿음인 것입니다. 믿음을 가지고 결단을 내리고 실천을 하기 시작하면 하나님의 권능이 다가오는 것입니다. 그리고 넷째 단계로 실천하고 나갈 때 시험이 다가오는 것입니다. 바람이 불고 파도가 치고 물보라가 치고 여러 가지 믿음에 정반대되는 현상이 다가올 때 그것을 보고 두려워해서 그만 마음에 두려움이 들어와 버리고, 그리고 물에 빠져 죽는 모습을 그리고 절망적인 말을 하면 실패합니다.

어떠한 역경이 다가와도 입으로 말씀을 시인하십시오. 저 하늘이 무너지고 이 땅이 꺼져도 하나님의 말씀은 일점일획도 변하지 않습니다. 말씀 위에 서서 말씀을 그대로 외치고 시인하면 그러한 환경가운데 하나님이 참되신 것을 증거하게 되고 마귀의 거짓된 것을 드러나게 되고 그 입의 시인을 통해서 자기의 믿음이 강해지고 그래서 그는 계속해서 기적적으로 물위로 걸어가는 삶을 살아갈 수가 있게 되는 것입니다.

베드로가 입으로만 시인했더라면 끝까지 물위로 걸어갔을 것인데 입으로 시인한 것을 실천하지 못했기 때문에 그는 물에 빠져버리고 만 것입니다. 나는 당신의 일생을 통해서 당신이 믿음의 4단계를 실천하므로 말미암아 당신 가운데 한 사람도 낙오자가 없게 되기를 바라고 또 당신이 예수 믿으면서 하나님의 은총을 듬뿍 받아서 진실로 영혼이 잘됨같이 범사에 잘되며 강건하여 남에게 꾸어주고 남을 도와주고 남을 사랑하고 땅 끝까지 복음을 증거 하는데 기여하는 우리가 다 되시기를 주의 이름으로 소원합니다.

14장 인생을 성공하게 하는 말을 하는 법

(눅 6:38)"주라 그리하면 너희에게 줄 것이니 곧 후히 되어 누르고 흔들어 넘치도록 하여 너희에게 안겨 주리라 너희가 헤아리는 그 헤아림으로 너희도 헤아림을 도로 받을 것이니라"

이 세상에 태어난 모든 사람들은 삶이 성공하기를 그 누구하나 예외 없이 간절히 원하고 있습니다. 그리고 하나님께서도 인생들이 참으로 성공하고 행복하게 살기를 원하고 계십니다. 그런데 일반적으로 대다수의 사람들은 성공과는 정반대되는 생활 철학을 가지고 살고 있습니다. 그것은 탐욕이나 욕심을 중심으로 한 생활태도인 것입니다. 내가 남에게 주는 대신에 받으려고만 하고 남을 기쁘게 해 주는 것보다도 자기가 기쁨을 받으려고 하는 것이 오늘날 세상적인 사람들의 일반적인 태도인 것입니다. 성도들도 하나님께 드리는 것보다도 하나님께 받으려고 기도드리며 하나님을 기쁘시게 하는 것보다도 내가 어떻게 하면 하나님께로부터 기쁨과 만족을 받을 수 있을까 이 자아 중심적인 이와 같은 신앙생활을 하는 사람이 많습니다.

저는 미국에서 일선 직장에서 은퇴한 노인이 백만장자가 된 이야기를 읽어보고 마음에 큰 감동을 얻었습니다. 이 사람의 이름은 레이만 프레슬리라는 사람으로서 일리노이 주의 마칸타읍에서 우체부로서 이십 년 동안 공직하고 은퇴를 했습니다. 그는 은퇴할 때 보잘 것 없는 연금과 은행 예금 천백 불 밖에는 손에 쥔 것이 없었습니다. 그런데도 불구하고 그는 현재 82세 이며, 그가 경영하는 미국 전역에 상지하는 여행사의 한해 매출액은 약 700만 달러, 우리 한화로 53억이 됩니다. 어떻게 해서 우체부로서 젊은 날을 다 보내고 은퇴해서 이제 세상에서 별 볼일 없는 사람으로 생각하는 사람이 은퇴한 후에 기업을 시작해서 이렇게 큰 여행사로 성공할 수 있었냐 하는 것입니다. 이 사람은 조그마한 읍의 우체부로 있을 때부터 그는 나무를 사랑하고 꽃을 사랑하고 새를 사랑하고 동물을 사랑했습니다. 그래서 사람들에게 나무나 꽃이나 동물 이런 것을 설명해 주는 것을 대단히 기뻐했습니다.

그런데 은퇴를 하고 있으니까 그곳에 있는 사람들이 바다를 보기를 간절히 소망했습니다. 미국에는 육지가 너무 크기 때문에 일생을 살면서 바다를 구경하지 못한 사람들이 많습니다. 바다를 한번 봤으면 좋겠다. 바다를 한번 보았으면 좋겠다고 하기에 그가 자원해서 그럼 관광단을 동원해서 내가 저 바다를 볼 수 있도록 플로리다로 인도해 주겠다고 자원을 했습니다. 그는 한 푼의 보수도 요구하지 아니하고 자원해서 바다를 구경해 드리고 바다의 여러 가지 형태와 생태를 설명해 주겠다고 했습니다. 그래서 첫 관광단을 조직해 보니까 540명이 바다를 구경하러 가겠다는 관광단이 생겼습니다. 그래서 자기의 개인적인 비용은 자기가 내고 마이에미에 가서 바다 구경을 시키고 난 다음 그 곳에 모인 사람들이 고맙다고 화폐 120불을 모아 주었습니다. 그런데 그가 바다 설명을 잘하고 구경을 잘 시켜주기 때문에 사람들이 모여서 이제는 산 구경을 시켜달라. 또 다른 도시 구경을 시켜달라고 합니다.

이래서 이분은 헌신적으로 이 사람들을 위해서 섬기며 봉사했습니다. 자기가 섬김을 받으려고 한 것이 아니라, 다른 사람들을 섬기고 자기가 기쁨을 얻으려고 한 것이 아니라, 다른 사람을 기쁘게 하기 위해서 헌신을 함으로 할 수 없이 여행사를 세우게 되고 그 여행사가 얼마나 눈부시게 성장하고 발전했던지 작년 한 해 매출액이 53억원을 넘어섰고, 그는 82세에 큰 여행사 사장으로서 지금도 원기왕성하고 기쁘게 사람들에게 봉사하고 있다는 것입니다. 이 사람의 성공비결은 관광객을 섬기므로 관광객을 전심전력으로 기쁘게 하므로 성공하게 된 것입니다. 바로 인생을 살아가면서 인간이 이 세상에서 성공하느냐, 실패하느냐 하는 것은 그 삶의 자세와 태도에 절대적으로 달려 있는 것입니다.

1. 인생을 성공적으로 사는 대는 하나님의 원리가 있다

우리가 알아야 할 것은 이 세상 인생을 성공적으로 사는 대는 하나님의 원리가 있다는 사실을 알아야 됩니다. 하나님께서는 하나님 자신이 전 우주를 지으셨음에도 불구하고 하나님은 끊임없이 주시는 것으로 그 존재의 근원을 삶고 있는 것입니다. 성경에는 "하나님이 세상을 이처럼 사랑하사 독생자를 주셨으니라."고 말하고 있습니다. 우리 모든 세상 사람들은 내게 주시옵소서. 내게 주시옵소서. 받기를 원하지만 하나님께서는 우리 이 세상에 아름다운 태양을 주셨으며 밝은 달을 주었으며 공기를 주시고 물을 주셨으며, 저 검푸른 바다와 그 밑에 있는 수많은 어족들을 주셨으며, 우리 주님께서는 우리에게 오곡백과를 주었고 우리의 삶을 값없이 주신 것입니다. 그런데다가 죄를 짓고 불의하고 추악하며 버림을 받아야 마땅한 인생들에게 하나님은 그 아들 예수님을 아끼지 않고 주셔서 우리를 위해 희생 제물로 삼아주신 것이 하나님의 원리인 것입니다.

그러므로 하나님과 함께 하려고 하는 사람은 주시는 하나님에 대해서 우리도 주는 마음으로써 하나님을 만나야 올바르게 하나님을 만날 수 있는 것입니다. 하나님 속에는 이기주의라는 것은 있을 수가 없는 것입니다. 예수님을 보십시오. 하나님의 뜻을 좇아 자기의 일생을 인생을 위해서 주셨습니다. 하늘 보좌와 그 영광을 내어 던져 버리시고 예수님은 동정녀 마리아의 몸에 자신을 던져 잉태하게 하시고 이 땅에 태어나셔서 33년 동안 사람들에게 자기 생명을 퍼 부어주는 일을 하셨습니다. 우리 주님께서는 급기야 십자가에 자기 몸을 스스로 내어주신 것입니다. 어떤 누가 강요해서 십자가에 올라간 것이 아니라 스스로 자원해서 우리를 살리기 위해서 자신의 생명을 내어주신 것입니다. 예수님은 십자가에 못 박혀 몸 찢고 피 흘려주시므로 우리의 과거와 현재와 미래의 죄악을 하나도 남김없이 다 청산해 주시므로 누구든지 저를 믿으면 용서함을 받고 의로움을 받고 멸망하지 않고 영생을 얻도록 하여 주셨습니다.

십자가를 통하여 하나님과 우리의 원수 된 것을 다 철폐하시고 하나님과 우리 사이를 화목하게 해 주셨으며 성령을 주셔서 우리에게 정결히 살 수 있고 성령의 능력으로 살 수 있게 만들어 주신 것입니다. 예수님은 십자가를 통해서 우리의 연약함과 질병을 친히 짊어지고 가셨습니다. 오늘 우리가 연약과 질병 중에서 주님께 부르짖을 때 주께서 우리 병을 고치시고 건강한 삶을 얻도록 주님께서 만들어 주셨습니다.

십자가에서 하늘과 땅 사이에 저주를 받아 벌거벗고 못 박혀서 수치와 곤욕을 느끼므로 아담 이후 저주받은 인류들의 모든 죄를 주님께서 대신 청산하셨습니다. 십자가에서 죽음의 쓰디쓴 고통을 체험하시므로 사망의 음침한 골짜기에 사는 우리들에게 영원한 천국의 빛을 허락해 주신 것입니다. 이러므로 예수님은 당신 자신이 대접을 받으려고 한 것이 아니라 우리를 대접하기 위해서 오셨습니다. 당신 자신의 생명을 취하기 위해서 오신 것이 아니라 우리를 위해서 자신을 주시기 위해서 오신 것입니다.

보혜사 성령을 보십시오. 그는 하늘 보좌를 버리시고 지금은 성경에 있는 말씀대로 교회가운데 와 계십니다. 나 한 사람 한 사람 속에 와 계셔서 성령도 우리 연약함을 도와주시고 우리를 붙들어 주시기 위해서 오신 것입니다. 성령은 당신 자신을 위해서 와 계신 것이 아니라, 바로 교회를 위해서 우리 자신을 가르치기 위해서, 깨우치기 위해서, 회개하기 위해서, 성결케 하기 위해서, 변화시키기 위해서, 승리하며 살 수 있도록 하기 위해서, 역사하고 계시는 것입니다. 그러므로 하나님의 원리라고 하는 것은 주는데 있지 받는데 있지 않습니다. 그렇기 때문에 오늘 우리가 진실로 성공적인 인생을 살려면 하나님의 원리를 배워서 그 가르침을 좇아 살아야 되는 것입니다. 성경에는 "남에게 대접을 받고자 하는 자는 먼저 남을 대접하라. 이것이 율법이요. 선지자라"고 말합니다. 우리는 세상에 살면서 남에게 언제나 대접을 받으려고 생각 했었습니다. 그러나 성경에는 먼저 남을 대접하라고 말씀하고 계십니다. 이것이 바로 율법이요. 이것이 바로 선지자라고 말하는 것입니다.

이러므로 하나님께서 인생을 바라보는 태도와 인간이 스스로 인간세계를 바라보는 태도는 너무나 틀린 것입니다. 이렇기 때문에 인생들은 탐욕을 가지고 무엇이든지 자기가 먼저 대접을 받으려고 하고 자기가 먼저 섬김을 받으려고 하므로 이 우주의 법칙을 거역하고 있는 것입니다. 그렇기 때문에 하나님께서 이러한 사람들에게 은총과 축복을 주실 수 없습니다. 우리 한국 사람은 정말로 하나님 앞에서 잘 살 수 있는 기질을 가지고 있습니다. 그것은 왜냐하면 한국 사람처럼 주기를 원하고 대접하기를 원하는 백성은 없습니다. 좌우간 어느 집에서 대접을 받고 가도 상다리가 무너지게 대접하는 사람은 한국 사람밖엔 없다고 합니다. 다른 국가에 가서 그런 대접을 받으려고 했다가는 큰 오해를 한다고 합니다. 우리 한국 사람처럼 주기를 원하는 사람은 없습니다. 우리 한국 사람들은 우리 주의 종들이 심방을 가면 감사헌금을 합니다. 우리 한국 사람처럼 대접하기를 좋아하고 주기를 좋아하는 민족이 없습니다. 그렇기 때문에 우리 한국 사람은 하나님의 법칙에 의해서 축복을 받게 되어 있는 것입니다. 두고 보십시오. 주기를 좋아하는 민족이 이 세상에 망할 수 없는 것은 하나님의 원리를 따라 살고 있기 때문인 것입니다.

우리나라가 잘 살면 우리 민족이 일어나서 온 세계에 걸쳐 못 사는 민족과 나라에게 도와주는 우리나라가 될 줄 확실히 믿고 있습니다. 성경에는 "주라 그리하면 돌려 줄 것이니." 곧 , 눌러 , 흔들어 넘치게 해서 안겨 주리라 했으니 이 얼마나 놀라운 것입니다. 그러므로 성경에는 "그 나라와 그 의를 먼저 구하라. 그러면 이 모든 것을 너희에게 더하시리라."고 했으므로 오늘 하늘나라의 원리는 이 대한민국 성도들의 마음의 원리와 대단히 일치하고 있는 것입니다.

이것은 바로 우리 한국 민족들이 많이 예수 믿게 되고 그리고 하나님의 나라 역사가 이 나라에게 크게 임하는 것은 우리 국민적인 마음의 심상이 하나님의 원리와 일치하는 점이 많기 때문에 그렇다고 저는 생각을 하고 있습니다.

2.마귀의 파괴적인 원리

오늘 우리가 이곳에 심각하게 생각해보고자 하는 것은 마귀의 파괴적인 원리인 것입니다. 마귀는 섬김을 받으려고 하고 빼앗으려고 하고 자기가 기쁨을 독차지하려고 하는 것입니다. 원래 마귀의 이름은 루시퍼였습니다. 그는 하나님의 보좌를 덮는 그룹이었습니다. 천사 중에 가장 힘이 있고 아름다운 천사였습니다. 그러나 어느 날 마귀는 자기의 그 영화로움을 바라보고 자기의 아름다움과 능력만을 바라보고 그 마음속에 잘못된 생각을 품게 된 것입니다. 천국의 존재 원리를 바꾸어서 마귀의 원리를 만든 것입니다. 섬기려고 하지 않고 섬김을 받으려는 마음이 들어오자 자기도 하나님처럼 되어서 자기의 보좌를 하나님 보좌에 나란히 하고 자기가 하나님처럼 섬김을 받겠다고 생각하는 것입니다. 섬기려고 만들어진 자가 섬김을 받겠다고 말하고 기쁨을 드리기 위해서 만들어진 자가 기쁨을 자기가 독차지하려고 하자 그는 사탄이 되고 만 것입니다. 그래서 하나님께서 그를 더럽게 여기셔서 하늘에서 찍어내어 던져버린 것입니다.

하나님께서는 하나님의 형상과 모양을 따라 아담과 하와를 만드시고 그에게 먹기도 좋고 보기도 좋은 실과가 많이 나는 상함도 해함도 없는 에덴동산을 만들어서 주셨습니다. 그리고 아담과 하와를 그곳에 두었습니다. 그리고 아담과 하와가 진실로 하나님의 원리를 좇아 살기를 주님께서 원하셨습니다. 그런데 원수 마귀가 와서 마귀의 생활 원리를 아담과 하와에게 심어준 것입니다. 아담과 하와를 꾀어서 하나님을 섬기는 대신에 오히려 섬김을 받기를 원하고 하나님을 기쁘시게 하는 대신에 자기들이 기쁨을 받을 수 있도록 하나님처럼 되도록 꾀었습니다.

그래서 아담과 하와가 하나님이 지어주신 에덴동산에 하나님의 축복을 받고 살면서 마귀의 존재 원리를 받아드려서 자기들도 하나님처럼 되고 자기들이 오히려 섬김을 받고 기쁨을 받을 수 있는 존재가 되겠다고 결심하고 하나님을 반역하고 만 것입니다. 결과로 아담과 하와는 하나님의 세계에서 쫓겨나서 저주받은 세상에서 오늘날 온 인류를 저주의 가시와 엉겅퀴 속으로 집어 넣어버리고 만 것입니다.

아담과 하와의 아들 중에 가인과 아벨이 있는데 가인과 아벨의 생활 철학을 보십시오. 하나님께서는 하나님이 나올 때는 하나님의 뜻을 좇아 온 인류를 위해서 장차 와서 몸을 찢고 피를 흘려 죽어주실 나사렛 예수를 상징하는 어린양을 잡아 그 기름과 피로써 하나님께 제물을 드리라고 명령하셨을 때 아벨은 하나님 기쁘시게 하기 위해서 하나님을 섬기게 하기 위해서 하나님 뜻대로 제단을 쌓고 어린 양을 잡아 피를 흘리고 그 기름으로 하나님께 제물을 드렸더니 하나님께서 하늘에서 불을 내려서 그 제물을 받으시고 하나님이 기뻐하셨습니다. 그러나 가인은 똑같이 하나님께 제단을 쌓았습니다. 무실론 자가 아니었습니다. 그리고 그는 하나님 앞에 제물을 드릴 때 하나님 중심으로 드리지 않았습니다. 그는 하나님을 섬기는 것보다도 자기의 생각으로 섬기려고 한 것입니다. 내 생각에는 하나님 생각보다 양의 피나 기름으로 드리지 말고 곡식을 드리는 것이 낫겠다. 그래서 그는 하나님 생각보다도 자기 생각을 주장하고 하나님을 기쁘시게 하는 것보다도 자기가 손으로 지은 곡식을 드려서 자기 자랑을 하므로 자기를 기쁘게 하겠다고 생각을 한 것입니다.

여기에서 같은 형제이지만 아벨은 하나님의 존재 원리를 따라 성공적인 삶의 원리를 터득했고 가인은 마귀의 존재 원리를 따라 이기주의적인 탐욕적인 원리대로 산 것입니다. 그래서 그는 똑같이 제단을 지었으되 하나님 뜻대로 양을 제물로 드리지 아니하고 자기 뜻대로 곡식을 드렸으며 하나님을 기쁘시게 하려고 하지 않고 자기 마음을 기쁘게 하기 위해서 제물을 드렸으나 하나님이 응답하지 않았습니다.

그래서 하나님께서 그를 미워하시매 나중에 가인이 시험에 들어서 동생 아벨을 쳐 죽였으나 아벨의 이름은 천천세세에 성경에 믿음의 위대한 인물로 기록되어 있고 하늘나라에서 하나님이 그를 높이 받들어 주신 것입니다. 오늘날 수많은 교회가 있습니다만, 그 교회가 모두 다 하나님이 기뻐하는 교회가 되지 않고 있다는 사실을 우리는 알아야 합니다. 가인의 제단도 있고 아벨의 제단도 있습니다. 다 같이 교회당 건물을 지어놓고 십자가를 달아 놓고 성경을 읽고 찬송을 하고 기도를 합니다. 그러나 우리 교회가 하나님의 뜻을 좇아 주 예수그리스도를 중심으로 모시고 예수의 보배로운 피와 성경과 말씀을 따라서 살면서 하나님께 기쁜 제사를 드리며 삽니다. 그러나 일부교회는 교회를 지어놓고 예수 십자가나 성경을 중심으로 하지 아니하고, 사람의 생각이나 인간의 정치적인 이념이나 사회 개혁이나 사회 개혁 복음을 가지고서 그 제단에 제물을 얹어 놓습니다.

그 후에는 예수 십자가 보혈을 전하지 않습니다. 동정녀 마리아 탄생을 부인합니다. 성경의 기적을 인정하지 않습니다. 교회라는 한 단체의 모임을 통해서 사회 개혁을 주장하고 이 세상의 복지를 전진하는 것을 교회의 목적으로 삼고 있습니다.

외면적으로 보면 좋은 것 같아도 그 제단은 하나님께 기쁘게 드리는 제단이 아니요. 하나님을 기쁘게 섬기는 것이 아니라 사람을 기쁘게 하고 사람을 섬기는 우상의 제단이므로 하나님께서 그 제단을 버리시는 것입니다.

이러므로 우리가 이 세상에 살면서 여러 교회 왔다 갔다 하지만 제단을 잘못 택하면 그로 말미암아 하나님 섬기는 대신에 인본주의적인 우상을 섬기다가 결국에는 하나님의 심판을 받아 지옥에 떨어질 수밖에 없는 위험에 떨어지게 되는 것입니다.

이러므로 이 세상에 마귀의 원리인 탐욕과 이기주의에서 떨어져서는 안 됩니다. 내게만 달라고 하는 내 중심에서 살면 안 됩니다. 나를 기쁘게 하고 나를 섬기는 삶은 결국에 올무에 빠지고 우주에서 파멸되어 버리고 마는 것입니다.

3. 참 생활의 지혜를 알고 살자

우리가 하나님 앞에 진실로 알아보고자 하는 것은 참 생활의 지혜를 알고서 우리가 이 세상에 살아가자는 것입니다. 우리는 하나님과 이웃을 사랑 하므로써 우리는 사랑을 받을 수 있는 것입니다. 이 세상 사람들이 모두다 사랑을 갈급하게 구하고 있습니다. 사람들은 사랑 없이 살 수 없습니다. 왜냐 하면 사람은 하나님의 형상과 모양대로 지음 받았습니다. 성경에 하나님은 사랑이라고 말했습니다.

그러므로 사람들마다 모두 다 사랑 받기를 원하고 있습니다. 마귀는 이 세상에 와서 사랑과 정 반대인 미움을 심어 놓았지만 그래서 인간이 타락해서 미움의 종이 되어서 서로 미워해서 물고 찢고 살지만, 그러나 사람의 중심에는 모두 다 사랑을 갈급히 찾고 있는 것입니다. 아버지도 어머니도 사랑을 찾고 있습니다. 자녀도 이웃도 사랑을 찾고 있습니다. 오늘날 수많은 가정이 파괴되는 것은 부부간에 물질이 없어서 그런 것이 아니라 사랑과 이해와 동정의 부족으로 파괴됩니다.

자녀들이 가정을 뛰쳐나가서 사회에 무리를 일으키는 못된 자녀가 되는 것도 부모의 사랑과 이해와 동정의 부족으로 그렇게 되는 것입니다. 오늘날 사회가 이렇게 어수선하고 물고 찢고 분쟁으로 꽉 들어 찬 것은 우리 서로 서로 이해하고 동정하는 그 사랑이 부족해서 그와 같이 되는 것입니다. 그러므로 참 생활의 지혜란 하나님과 이웃을 사랑하며 사는 것입니다. 사랑을 하면 내가 사랑을 받게 되고 사랑을 하지 않게 되면 나도 사랑을 받지 못하게 되는 것입니다. 주라 그리하면 돌려주겠다고 말한 것입니다. 주는 것이 없이 받기만 하겠다면 이것은 사탄의 생활 원리요. 하나님의 삶의 원리가 아닌 것입니다. 하나님과 이웃을 기쁘게 해 주십시오. 자신이 기쁨을 얻을 것입니다. 남편 여러분 아내를 기쁘게 해 주십시오. 그러면 아내가 당신을 기쁘게 해 줄 것입니다. 아내 여러분 남편을 기쁘게 해 주려고 노력을 해 보십시오. 그러면 남편이 당신을 기쁘게 해 주실 것입니다.

자녀들은 부모를 기쁘게 해 드려 보십시오. 부모가 당신에게 기쁨을 주려고 할 것입니다. 성도들은 하나님을 기쁘시게 하려고 전력을 기울여 보십시오. 하나님께서 성도들에게 기쁨을 부어주실 것입니다. 이웃을 도와주십시오. 그러면 당신이 도움을 받습니다. 오늘날 장사하는 사람들이 어떻게 하던지 일확 천금하기 위해서 적당히 이웃을 속이고 혹은 외국을 속이고 엉터리 물건을 팔아먹고 도망치려고 하지만, 이러한 사람은 일시적으로 한두 번 성공할지 몰라도 나중에는 파탄에 이르고 맙니다.

사업이라는 것은 내가 원가로 가장 품질 좋은 물건을 만들어서 사람들을 행복하게 만들어 주는 것입니다. 사람들의 삶을 윤택하게 하고 부유하게 만들어 줘야하는 것입니다. 그렇게 해서 이웃을 잘 섬기면 이웃 사람들이 그 대가로 물건을 사주고 그러므로 말미암아 축복을 받아서 사업도 번창하고 무역도 잘되게 되는 것입니다. 이것이 바로 하나님의 원리인 것입니다. 그러나 그렇지 않고 내가 나쁜 물건을 비싸게 속여서 만들어 일시적으로 팔아먹고 적당히 자기만 잘 살겠다는 이기주의적인 생각을 가진다면 그는 일시적으로 한두 번은 성공할지 몰라도 그 다음에는 자기의 파탄의 올무를 만들고 자기 무덤을 스스로 파게 되는 것입니다.

이웃을 도와주십시오. 이웃을 성공시켜 주십시오. 그러면 이웃이 당신을 도와주고 또 이웃이 당신을 성공시켜 주실 것입니다. 우리가 내 스스로의 성공을 추구하지 말고 이웃을 성공시켜 주면 이웃사람이 와서 나를 성공하게 만들어 주는 것이 오늘날 너무나 잘 알려진 원리인데도 불구하고 사람들은 이 원리를 외면하고 있는 것입니다. 하나님과 이웃을 섬기십시오. 그러면 당신은 반드시 이 세상에 살면서 섬김을 받습니다.

오늘날 교회에 나오는 수많은 사람들이 철야하고 금식하고 기도하면서도 섬기려는 근본적인 마음의 바탕보다도 하나님이여 나를 섬겨주십시오. 나의 문제를 해결해 주고 나의 가족을 구원해 주고 나의 병을 고쳐주고 나에게 축복을 주고 내게 행복을 주십시오. 그래서 하나님을 어떤 부자 방망이로 생각하고 하나님을 이용해서 내 스스로가 섬김을 받고 내가 출세하고 내가 행복하고 내 즐거움을 얻으려고 하는 사람들이 얼마나 많은지 모릅니다.

이러한 신앙은 잘못하면 기복신앙으로 떨어지고 이것이 미신적인 신앙으로 떨어지게 되는 것입니다. 우리가 참으로 하나님께 복을 받는 길은 하나님과 이웃을 섬길 때 하나님께서는 더 잘 섬기게 해서 복을 내려주시는 것입니다.

이러므로 하나님께 내게 축복을 주시옵소서. 기도하지 말고 하나님이여 내가 하나님을 섬기기 위해서 내가 교회를 섬기기 위해서 내가 이웃을 섬기기 위해서 하나님이여 내게 지혜도 주시고 총명도 주시고 건강도 주시고 물질적인 축복도 주시고 출세도 하게 하여 주시옵소서. 우리가 섬기기 위해서 하나님께 축복을 구할 때 이것은 우리가 참으로 축복 받을 수 있는 마음가짐을 가지고 구하는 것입니다. 그러나 섬김이 없이 내 자신의 욕심을 따라서 하나님께 축복을 구하면 이것이야말로 기복신앙이요. 이것이야말로 미신적인 신앙이 되어버리고 마는 것입니다.

이러므로 우리가 하나님께 나아 갈 때 참생활의 지혜를 얻어서 나아가야만 할 것입니다. 아담의 후손으로 태어난 사람들은 태어나서부터 탐심과 욕심 탐욕의 노예로서 태어납니다.

그 정도의 차이는 있을지라도 이와 같은 상태를 그 어느 누구 하나 피할 수가 없습니다. 그렇기 때문에 사람들의 생활태도는 자기중심주의요. 이기주의로 점철되어 있는 삶을 살고 있습니다. 이 때문에 이 세상에 분쟁과 싸움과 시기와 분노와 질투와 전쟁과 살상이 그치지 아니하는 것입니다. 자기중심주의 이기주의가 판치는 곳에는 죄와 사망과 분쟁과 고통이 그치지 않을 뿐 아니라 삶이 불행하고 실패가 됩니다. 참 행복과 성공의 삶은 하나님을 닮은 삶이라는 것을 당신은 알아야 할 것입니다. 모든 삶의 동기와 실행을 하나님과 사람을 섬기는데 두어야만 하는 것입니다. 이것이 없이 우리의 삶은 결코 참 평안과 행복과 기쁨을 누릴 수가 없을 것입니다. 이와 같이 일반적으로는 하나님 중심으로 섬기고 살면 어리석은 삶을 사는 것 같이 보이나 세월이 흐르고 보면 그 길이 참 성공과 승리와 축복의 길인 것입니다.

성경에는 하나님이 세상을 이처럼 사랑하사 독생자를 주셨다고 말하고 있습니다. 하나님의 아들 예수를 믿고 구원받은 우리들은 하나님께 시간 드리고 물질 드리고 몸 드리고 정성 드려 하나님을 섬기고 하나님의 형상과 모양대로 지음 받은 인류를 주께로 인도하기 위해서 열심을 다하여 섬길 때 이러한 사람에게 하나님께서 하늘 문을 여시고 흔들어 넘치게 하셔서 영혼이 잘 됨같이 범사에 잘되며 강건하고 생명을 얻되 넘치게 얻는 축복을 허락해 주실 것입니다.

15장 성공적인 삶의 세 가지 조건.

(수 1:1-9) "여호와의 종 모세가 죽은 후에 여호와께서 모세의 수종자 눈의 아들 여호수아에게 말씀하여 이르시되 내 종 모세가 죽었으니 이제 너는 이 모든 백성과 더불어 일어나 이 요단을 건너 내가 그들 곧 이스라엘 자손에게 주는 그 땅으로 가라. 내가 모세에게 말한 바와 같이 너희 발바닥으로 밟는 곳은 모두 내가 너희에게 주었노니 곧 광야와 이 레바논에서부터 큰 강 곧 유브라데 강까지 헷 족속의 온 땅과 또 해 지는 쪽 대해까지 너희의 영토가 되리라. 네 평생에 너를 능히 대적할 자가 없으리니 내가 모세와 함께 있었던 것 같이 너와 함께 있을 것임이니라 내가 너를 떠나지 아니하며 버리지 아니하리니 강하고 담대하라 너는 내가 그들의 조상에게 맹세하여 그들에게 주리라 한 땅을 이 백성에게 차지하게 하리라. 오직 강하고 극히 담대하여 나의 종 모세가 네게 명령한 그 율법을 다 지켜 행하고 우로나 좌로나 치우치지 말라 그리하면 어디로 가든지 형통하리니 이 율법책을 네 입에서 떠나지 말게 하며 주야로 그것을 묵상하여 그 안에 기록된 대로 다 지켜 행하라 그리하면 네 길이 평탄하게 될 것이며 네가 형통하리라. 내가 네게 명령한 것이 아니냐 강하고 담대하라 두려워하지 말며 놀라지 말라 네가 어디로 가든지 네 하나님 여호와가 너와 함께 하느니라 하시니라"

묵은 땅을 그대로 내버려두면 잡초가 무성하고 쓸모가 없게 됩니다. 그러나 그 땅을 잘 기경하여 가꾸어서 씨앗을 뿌리면 좋은 수확을 거두어 드리는 좋은 땅이 되는 것입니다.

인간의 삶도 마찬가지입니다. 우리의 삶을 개발하지 않고 그대로 내버려 두면 무익한 삶을 살게 되고 허송세월 하게 되지만, 하나님 앞에서 우리의 삶을 잘 가꾸고 개발하면 참으로 가치 있는 사람이 되고 영광스런 삶을 살 수가 있습니다. 저는 하나님 앞에서 우리의 삶을 성공으로 이끄는 세 가지 조건에 관해 성경이 가르쳐 주시는 데로 진리를 깨달아 보고자 합니다.

1. 성공은 우리의 가슴속에 주어진 꿈으로 출발한다.

모든 삶의 성공은 우리의 가슴속에 주어진 꿈으로부터 출발합니다. 꿈은 내일의 성공을 잉태한 어머니와 같습니다. 이 세상에 어머니 없이 태어난 사람이 없는 것과 같이 꿈이 없이는 아무것도 산출할 수가 없습니다. 어머니가 어린 아이를 잉태하고 낳는 것처럼, 우리는 꿈을 잉태하고 그리고 그것이 태어나게 하는 것입니다.

그러므로 꿈이 없는 사람은 내일이 없는 사람인 것입니다. 그렇기 때문에 성경은 '꿈이 없는 백성은 망한다'라고 말씀하시는 것입니다.

성경을 보면 아브라함은 75세까지 이름도 없는 사람이었습니다. 그가 75세까지 무엇을 했는지 성경은 아무것도 기록하고 있지 않습니다. 왜냐하면 그는 생산적인 삶을 전혀 살지 않았기 때문입니다. 75년을 그는 무익한 삶을 살았으며 허송하는 세월을 살았습니다.

그러나 그의 나이가 75세가 되었을 때 그에게 영광의 하나님이 나타나셨습니다. 그래서 75세인 아브라함에게 장엄한 꿈을 허락해 주셨습니다.

창세기 12장 1절로 4절에 보면 "여호와께서 아브람에게 이르시되 너는 너의 고향과 친척과 아버지의 집을 떠나 내가 네게 보여 줄 땅으로 가라. 내가 너로 큰 민족을 이루고 네게 복을 주어 네 이름을 창대하게 하리니 너는 복의 근원이 될지라. 너를 축복하는 자에게는 내가 복을 내리고 너를 저주하는 자에게는 내가 저주하리니 땅의 모든 족속이 너로 말미암아 복을 얻을 것이라 하신지라. 이에 아브람이 여호와의 말씀을 따라갔고 롯도 그와 함께 갔으며 아브람이 하란을 떠날 때에 칠십오 세였더라."

그는 75세가 되어 비로소 하나님 앞에서 장엄한 꿈을 받고 그의 인생을 새 출발했습니다. 꿈도 없고 환상도 없이 허송세월 하던 그의 고향과 친척과 아버지의 집을 떠나서 하나님께서 주신 꿈을 가슴에 품고 그는 가나안 땅을 향해 나아가는 것입니다.

하나님께로부터 꿈을 받자 그는 꿈을 잉태한 사람이 되었습니다. 그리고 그 꿈은 그의 전 생애를 바꾸고 말았습니다. 아브라함의 인생에는 많은 기복이 있었습니다. 성공도 있고 실패, 슬품, 기쁨, 그리고 고난, 영광도 있었지만, 그의 전 생애를 그는 그의 가슴속에 품은 그 꿈으로 말미암아 변화를 받고, 그 꿈은 그의 삶을 통틀어 일관되게 아브라함의 생애를 만들어 갔습니다. 결국 그는 유태인의 조상이 되고 믿음의 조상이 되고 위대한 하나님의 일꾼이 되었습니다.

모세를 보십시오. 모세는 40세에 혁명을 일으켜 이스라엘을 애굽으로부터 구하려 하다가 실패하고 애굽으로부터 도망을 갔습니다. 미디안의 추장 이드로의 사위가 되어 장장 40년 동안 아라비아 광야에서 목동의 생활을 했습니다.

그는 사람들에게 기억에서 떠나있는 사람이었습니다. 아무도 그를 기억하지 않았고 그는 친구도 없었습니다. 그는 버림받은 사람이었습니다. 그는 이제 나이 80이 되었습니다. 머리는 백발이 되고 말은 어둔해 지고 눈도 어두워 졌습니다. 발걸음도 빠르지 못합니다. 사람이 80세가 되었으니 이제는 인생을 마무리 지을 때가 된 것입니다. 그러나 하루는 호렙산 주변에서 장인 이드로의 양 무리를 이끌고 갔을 때에 가시덩굴에서 불이 활활 타오르고 있었습니다. 광야에서는 날씨가 더우니 가시덩굴에 불이 붙을 수도 있습니다. 그러나 이상한 것은 가시덩굴에 불이 붙었으나 그것이 잿더미가 되지 않는 것입니다. 이상하여 구경을 하러 가니 그 가시덩굴에서 하나님의 음성이 들려 왔습니다. "모세야, 모세야, 네가 선 땅은 거룩하니 신발을 벗으라." 그가 신발을 벗자 가시덩굴 가운데서 하나님의 장엄한 음성이 들려왔고 그곳에서 모세는 나이 80에 하나님으로부터 꿈을 얻었습니다.

출애굽기 3장 7절로 10절에 보면 "여호와께서 이르시되 내가 애굽에 있는 내 백성의 고통을 분명히 보고 그들이 그들의 감독자로 말미암아 부르짖음을 듣고 그 근심을 알고 내가 내려가서 그들을 애굽인의 손에서 건져내고 그들을 그 땅에서 인도하여 아름답고 광대한 땅, 젖과 꿀이 흐르는 땅 곧 가나안 족속, 헷 족속, 아모리 족속, 브리스 족속, 히위 족속, 여부스 족속의 지방에 데려가려 하노라. 이제 가라 이스라엘 자손의 부르짖음이 내게 달하고 애굽 사람이 그들을 괴롭히는 학대도 내가 보았으니 이제 내가 너를 바로에게 보내어 너에게 내 백성 이스라엘 자손을 애굽에서 인도하여 내게 하리라."

하나님의 거룩하고 장대한 꿈을 80이 된 모세에게 주셨습니다. 모세는 그 꿈을 받기 전에 스스로 인생을 포기하고 있었습니다. 이제는 삶의 모든 것을 정리, 정돈하고 있었습니다. 무명의 사람으로 광활한 광야에서 한 줌의 흙으로 돌아갈 준비를 하고 있었습니다.

그런 그에게 하나님께서는 가시 덩굴에서 나타나셔서 그 불꽃 가운데서 모세에게 꿈을 주셔서 그는 이제 평범한 사람이 아니라 하나님의 꿈을 가슴에 품은 사람이 되었습니다.

그 이후의 모세의 삶을 우리는 너무도 잘 아는 것입니다. 80 노인이 꿈을 받자마자 눈은 영롱하게 빛나게 되고, 그 발걸음은 가벼워 졌으며 온 몸에는 생기가 넘치고, 그는 권위와 위엄이 꽉 들어찬 하나님의 사람이 되었습니다. 지팡이 하나를 짚고 홍해를 건너 애굽으로 가서 애굽 왕 바로와 당당히 대결하여 300만 이스라엘 백성을 이끌어 젖과 꿀이 흐르는 가나안 땅으로 인도하는 위대한 정치가요, 위대한 주의 종이요, 선지자요, 지도자가 된 것입니다.

그는 평범하고 사람들의 생각에서 사라질 수밖에 없고 이미 버려진 사람이었습니다. 그러나 꿈이 마음속에 들어오자 꿈이 그를 변화시켰습니다. 그가 스스로 노력하여 위대한 사람이 된 것이 아닙니다. 그 속에 꿈을 품었기 때문에 꿈이 그를 변화시킨 것입니다.

모세가 죽자 여호수아는 이스라엘 백성을 인수받았습니다. 그 때에 하나님께서는 여호수아에게 꿈을 주셨습니다. 다른 무엇보다도 여호수아에게 이스라엘의 지도자로서의 장엄한 꿈을 주셨습니다. 하나님은 아십니다. 사람이 그 마음속에 꿈을 품으면 보통사람도 꿈의 사람이 됩니다. 보통사람도 위대하고 능력 있는 사람이 된다는 것을 알고 계셨습니다.

여호수아 1장 2절로 5절을 보면 "내 종 모세가 죽었으니 이제 너는 이 모든 백성으로 더불어 일어나 이 요단을 건너 내가 그들 곧 이스라엘 자손에게 주는 땅으로 가라. 내가 모세에게 말한 바와 같이 무릇 너희 발바닥으로 밟는 곳을 내가 다 너희에게 주었노니, 곧 광야와 이 레바논에서 부터 큰 하수 유브라데에 이르는 헷 족속의 온 땅과 또 해 지는 편 대해까지 너희 지경이 되리라.

너의 평생에 너를 능히 당할 자 없으리니 내가 모세와 함께 있던 것 같이 너와 함께 있을 것임이라 내가 너를 떠나지 아니하며 버리지 아니하리니."

이 놀라운 꿈을 그는 받았습니다. 여호수아는 모세의 종자였습니다. 그러나 그가 하나님께로부터 이 꿈을 받자 그 꿈이 여호수아를 모세의 후계자로 만들어 버렸습니다.

그는 위대한 지도자가 되었습니다. 믿음의 사람, 하나님의 종이 되었습니다. 그는 이스라엘 백성을 이끌고 능히 가나안 땅으로 들어갈 수 있었습니다.

이러므로 하나님께서는 우리 각자에게 꿈을 주셔서 우리를 변화시키십니다. 성경은 마지막 때에 하나님께서 모든 육체에게 성령을 부어주시겠다고 말씀하십니다. 그리고 너희 젊은이들은 환상을 보고 너희 늙은이들은 꿈을 꾸리라고 말씀하십니다.

이 마지막 때는 하나님께서 성령을 부으셔서 예수 그리스도를 믿고 하나님을 사모하는 모든 사람에게 꿈과 환상을 마음속에 주시겠다고 말씀하셨습니다.

이러므로 우리는 꿈을 품고 사는 사람이 되어야 참 크리스천인 것입니다. 예수 믿는 사람이 하나님 앞에 나아와 꿈도 갖지 못하고 환상도 갖지 못한 다면 성공적인 크리스천의 삶을 산다고 할 수 없는 것입니다. 그러므로 우리는 항상 하나님 앞에 엎드려 "주여 제게 꿈을 주옵소서, 주여 제게 환상을 주시옵소서, 성령께서 제 맘속에 제가 살아가야 할 목표를 주시고 저의 가슴속에 꿈을 부어 주시옵소서. 환상으로 인을 쳐주시옵소서, 평범한 사람이 아니라 꿈을 잉태하고 꿈을 안고 사는 사람이 되게 하여 주시옵소서."라고 구해야 합니다.

평범한 꿈도 상관없습니다. 평범한 주부, 시민으로서의 삶, 그 속에 작고 큰 차이는 있을지 몰라도 하나님께서 주시는 꿈을 마음속에 품고 이 꿈을 바라보고 살아야 당신의 인생은 생산적이고 창조적이 될 수 있고 능동적인 인생을 살 수 있는 것입니다.

꿈이 없이 텅 빈 가슴을 가지고 사는 사람은 이미 망한 삶, 버림받은 삶을 사는 것입니다. 살았다 하나 죽었고 내일이 없습니다. 내일 아무것도 산출 할 수 없는 것입니다. 그러므로 우리는 하나님 앞에 엎드려 우리에게 꿈을 달라고 기도해야 하는 것입니다.

우리가 우리의 힘으로 운명과 환경을 변화시키려 한다면 실패합니다. 꿈이 우리 자신의 운명과 환경을 변화시킵니다. 꿈을 품으면 꿈이 운명과 환경을 변화시킵니다.

많은 정치인들이 새 한국을 창조하겠다고 외치는데 그 외침이 우리 모든 한국인들의 가슴속에 들어와 새 한국 창조의 꿈으로 영글어 져야 이것이 성공합니다. 말로 아무리 새 한국 창조를 하고 개혁의 칼을 휘둘러도 국민이 그 꿈을 가슴에 받아들이지 아니하면 이것은 성공할 수 없는 것입니다. 국민이 찬란한 꿈을 가지고 더 나은 내일을 향하여 신한국을 창조하겠다는 꿈을 가슴에 품으면 그 환상이 국민 전체를 변화시키고 행동과 말을 변화시킵니다. 그러면 신한국이 창조되는 것입니다. 그러므로 꿈이 없는 개인도 망하고 꿈이 없는 백성도 망합니다.

 "주여 우리 개인이나 교회나 민족에 꿈을 허락하여 주시옵소서."이렇게 기도하여 꿈을 받는 모두가 되시기를 소원합니다.

2.하나님의 계명과 말씀을 지켜 행할 때.

 우리가 하나님의 계명과 말씀을 지켜 행할 때에 하나님께서 우리의 인생을 성공하게 해주신다고 말씀하십니다. 하나님의 계명과 말씀은 무엇입니까? 하나님의 계명은 십계명입니다. 구약성경을 끝맺으시며 하나님은 모든 제사의식을 철폐하셨습니다. 아론의 제사직하에서 주어진 모든 의식과 제사를 다 철폐해버리고, 예수 그리스도의 제사장직 밑에서는 오직 그리스도를 믿음으로 말미암아 구원받는 것이요, 의식과 제사는 모두 폐하셨지만 구약 식의 십계명은 예수님께서도 그대로 두셨습니다.

 그러나 신약성경에는 십계명을 지키므로 말미암아 구원을 받는 것이 아니라 예수를 믿음으로 말미암아 구원을 받습니다. 계명을 지키므로 말미암아 계명이 불의와 불법, 부패와 부정을 막는 하나님의 칼이 되고 이 계명이 우리를 도덕적 인간으로 자라게 만들어 주는 것입니다.

 그러므로 우리가 자라기 위해서 우리는 하나님의 계명을 받아들여야 하고 우리가 불의와 불법, 부패와 부정을 막기 위해서 하나님의 계명을 우리의 마음속에 깊이 받아들여야 하는 것입니다.

그러므로 아론 하에서 주어진 모든 구약의 제사의식은 제사장이신 예수 그리스도께서 오심으로 말미암아 다 철폐되었지만 그 십계명은 예수님께서도 그대로 지키라고 우리에게 주신 것입니다.

그러므로 우리는 하나님 앞에 이 십계명을 마음 깊이 새기고 살아야 하는 것입니다.

네 앞에 다른 신을 두지 말라, 우상에 절하지 말라, 하나님의 이름을 망령되이 부르지 말라, 주일을 거룩하게 지켜라, 네 부모를 공경하라, 살인하지 말라 간음하지 말라, 도둑질하지 말라, 네 이웃을 거짓증거하지 말라, 네 이웃을 탐하지 말라. 하는 이 십계명은 구약 시대나 신약 시대나 우리 마음속에 늘 간직하고 이로써 우리의 삶을 비추어 보고 우리의 삶이 하나님 앞에서 도덕적으로 자라날 수 있도록 해야 하는 것입니다.

이에 더하여 우리는 하나님의 말씀을 언제나 읽고 듣고 묵상해야 합니다. 하나님의 말씀은 우리의 영적인 양식입니다. 우리가 매일 육신의 양식을 먹는 것처럼 하나님의 말씀을 늘 받아들이고 먹어야 영혼이 자랍니다.

"사람이 떡으로만 살 것이 아니요 하나님의 입으로 나오는 말씀으로 살 것이라." 하셨습니다. 이 말씀을 먹어야 우리의 영혼이 삽니다. 그리고 이 말씀을 통하여 우리는 하나님의 교훈을 받고 하나님의 지혜와 지식과 능력을 받게 되는 것입니다.

그러면 사람이 어디에서 하나님의 지혜와 지식과 총명을 얻을까요? 하나님의 말씀에서 얻을 수 있습니다. 그러므로 하나님의 계명과 말씀을 우리의 삶 속에 생활화하기 위해서 우리는 항상 계명과 말씀을 묵상하고 숙고해 봐야 하는 것입니다.

우리는 음식을 먹을 때 맛을 보지 않고 그냥 먹어서는 안 됩니다. 음식을 많이 씹어야 음식의 맛도 알고 소화도 잘 됩니다. 우리는 계명을 늘 마음속에 묵상하고 영적으로 씹어보아야 합니다. 거듭해서 생각해보고 그 내용이 무엇인지 연구해 보고 그래서 말씀이 우리의 생활 속에 깊이 뿌리를 내리도록 해야 합니다.

그리고 우리는 하나님의 말씀을 입으로 담대히 시인하며 살아야 하는 것입니다. 말씀을 시인한다는 것은 대단히 중요합니다. 눈에 안 보이는 영적인 세계와 눈에 보이는 육적인 세계를 연결하는 고리가 바로 우리의 입술의 고백인 것입니다.

말씀을 통하여 눈에 안 보이는 하나님의 능력이 눈에 보이는 현실로 나타나는 것입니다. 하나님께서 빛이 있으라 말씀하시니 말씀이 하나님의 능력과 눈에 보이는 세계의 연결고리가 되어서 빛이 생겼습니다.

온 천하의 물이 한 곳으로 모이고 육지가 드러나라 하나님께서 말씀하시매 하나님의 능력이 그 말씀을 타고 말씀의 고리로 우리의 현실과 연결되어 육체가 나타난 것입니다.

예수님께서도 말씀으로 죄를 용서 하셨습니다. "네 죄 사함을 받았느니라." 말씀으로 "귀신아 나가라." "네 침상을 짊어지고 집으로 돌아가라." "고요하라, 잠잠하라." 하시고 파도를 잠잠케 하셨으며 "나사로야 나오라." 하실 때 말씀이 고리가 되어서 하나님의 눈에 안 보이는 능력이 눈에 보이는 현실로 나타난 것입니다.

그러므로 우리는 항상 말씀을 입술에서 떠나지 않게 하고 입술로 시인해야 하나님의 능력이 현실 속에 나타나게 됩니다. 말씀을 저버리면 하나님의 능력도 저버리게 되고 부정적인 말을 하면 마귀의 세계를 나의 현실로 연결시키는 것입니다. 그래서 도적질 당하고 죽임 당하며 멸망을 당하는 슬픔을 당하게 되는 것입니다.

이러므로 말씀을 굳게 믿고 입술로 긍정적으로 하나님의 말씀을 시인하시게 되시기를 주님의 이름으로 소원합니다.

그리고 말씀을 생활 속에서 실천하며 살아야 합니다. 말씀이 가르치는 대로 우리가 실천하고 현실 속에서 살아가면 이러한 사람과 하나님께서 함께 하십니다. 오늘 읽은 말씀에서 약속하신 것처럼 실천하면 주님께서 "너희 모든 삶이 형통하리라." 하신 것이 이루어지게 됩니다. "어디로 가든지 너희가 성공하리라." 하신 것이 이루어지게 됩니다.

3. 하나님을 믿고 강하고 담대한 마음을 가지라.

우리는 하나님을 믿고 강하고 담대한 마음을 버려서는 안 됩니다. 모세가 가데스바네아까지 왔을 때 12명의 이스라엘 정탐꾼을 40주 40야 동안 가나안땅을 정탐하고 오라고 보냈습니다. 그런데 그 중 10명의 정탐꾼은 겁먹은 채 사물을 봤습니다. 그들은 40주 40야 동안 가나안 땅을 보면서 겁에 질려 돌아왔습니다. 그러나 그 중 여호수아와 갈렙은 성령으로 충만한 강하고 담대한 마음을 가지고 사물을 보았습니다.

그들이 40일간 기다려온 이스라엘 진에 보고할 때 겁에 질린 채 가나안 땅을 본 사람들은 약한 소리만 했습니다. "우리가 가보니 그 땅은 주민을 삼키는 땅이요, 산은 높고 골은 깊고 성벽은 하늘을 찌를 것 같은데 그곳에 사는 사람은 아낙의 후손 대장부들이라. 우리가 그 땅을 점령하지 못할 것이다. 우리의 처자들이 다 포로로 잡히고 우리들은 다 죽임을 당할 것이다."

겁을 먹고 본 사물은 완전히 부정적인 것이었습니다. 그 말은 들은 이스라엘 백성들도 다 겁먹고 땅을 치고 통곡하며 울면서 "우리가 장관을 세워 애굽으로 돌아가자"라고 말했습니다.

그때 강하고 담대한 마음으로 그 땅을 탐지한 여호수아와 갈렙은 말하기를 "아니다. 저들의 보호자는 저들을 떠났고 그들은 이미 우리들의 밥이라. 우리기 들어가자. 그 땅은 우리가 점령할 수 있다"라고 말했습니다. 그러자 백성들이 여호수아와 갈렙을 쳐서 죽이려 했습니다.

그때 하나님께서 영광중에 나타나서 겁을 먹고 부정적인 보고를 한 사람들을 멸하시고 겁쟁이들은 전부 돌이켜 광야로 가서 40년을 광야에서 방황하고 죽게 하셨습니다.

오직. 강하고 담대한 여호수아와 갈렙만 그 후손을 이끌고 젖과 꿀이 흐르는 가나안 땅에 이르게 하신 것입니다.

다윗이 목장에서 전쟁터로 아버지 심부름을 갔을 때 블레셋 군대 중 골리앗이라는 사람이 나와서 전쟁을 이끄는데 그는 키가 크고 장대한 군사였습니다. 모든 이스라엘 군사들이 그를 보고 겁을 먹고 골리앗이 나오기만 하면 모두 다 정신없이 흙더미, 바위 뒤에 숨었습니다. 그들은 모두 할례 받은 하나님의 군대였지만 또 하나님께서 그들과 함께 계셨지만 사울의 군인들은 골리앗의 모습과 협박에 기가 꺾이고 겁을 먹어 그들은 기진맥진했습니다.

그러나 조그만 목동인 다윗은 마음이 강하고 담대했습니다. 그는 아버지의 양을 칠 때 사자와 곰을 쳐서 죽인 경험이 있었습니다. 그는 하나님을 의지하고 하나님을 바라고 환경을 바라보지 않고 강하고 담대한 믿음을 가졌습니다. 그래서 그는 자진하여 사울에게 골리앗을 대항해 나가겠다고 했습니다. 이스라엘의 모든 역전의 용사가 못하는 것을 그는 강하고 담대하며 하나님을 의지했기 때문에 하나님과 함께 나가서 골리앗을 쳐서 죽이고 위대한 승리를 이스라엘에 가져올 수 있었던 것입니다.

이러므로 우리는 신앙생활을 할 때 강하고 담대한 마음을 버려서는 안 됩니다. 성경은 "너희 담대함을 버리지 말라. 이것이 큰 상을 얻는다." 라고 말씀하십니다.

우리의 운명이나 환경을 바라보고 위축되어서 겁을 먹고 뒤로 물러가며 부정적인 말을 하면 그 사람은 벌써 하나님께서 버리신 것입니다. 기드온이 용사를 택할 때 2만여 명의 사람이 모였을 때 하나님께서 이 중에 두려워하는 사람은 다 돌아가라고 하셨습니다. 두려워하는 사람은 하나님께서 사용하실 수 없기 때문입니다. 하나님께서 주시는 마음은 두려워하는 마음이 아닙니다. 우리가 강하고 담대한 마음을 얻기 위해서 어떻게 해야 할까요?

마음에 책망할 것이 없어야 마음이 강하고 담대합니다. 마음에 죄책감이 있고 숨겨진 죄가 있으면 강하고 담대해 질 수 없습니다.

요한 1서 3장 21절로 22절에 "사랑하는 자들아 만일 우리 마음에 책망할 것이 없으면 하나님 앞에서 담대함을 얻고 무엇이든지 구하는 바를 그에게 받나니 이는 우리가 그의 계명들을 지키고 그 앞에서 기뻐하시는 것을 행함이라"라고 말씀하십니다.

그러므로 우리가 마음의 감추인 죄를 다 회개하고 통회 자복하면 마음에 성령이 충만하고 강하고 담대해 지는 것입니다.

또한 우리가 하나님의 사랑을 체험할 때 마음이 강하고 담대해 집니다. 하나님의 사랑이 내 마음에 부은바 되면 마음의 염려, 근심이 사라지고 강하고 담대해 집니다.

요한 1서 4장 16절로 21절에 "하나님이 우리를 사랑하시는 사랑을 우리가 알고 믿었노니 하나님은 사랑이시라 사랑 안에 거하는 자는 하나님 안에 거하고 하나님도 그의 안에 거하시느니라. 이로써 사랑이 우리에게 온전히 이루어진 것은 우리로 심판 날에 담대함을 가지게 하려 함이니 주께서 그러하심과 같이 우리도 이 세상에서 그러하니라. 사랑 안에 두려움이 없고 온전한 사랑이 두려움을 내쫓나니 두려움에는 형벌이 있음이라 두려워하는 자는 사랑 안에서 온전히 이루지 못하였느니라. 우리가 사랑함은 그가 먼저 우리를 사랑하셨음이라. 누구든지 하나님을 사랑하노라 하고 그 형제를 미워하면 이는 거짓말하는 자니 보는 바 그 형제를 사랑하지 아니하는 자는 보지 못하는바 하나님을 사랑할 수 없느니라. 우리가 이 계명을 주께 받았나니 하나님을 사랑하는 자는 또한 그 형제를 사랑할지니라." 라고 말씀하셨습니다.

우리가 하나님의 사랑을 체험하면 마음이 강하고 담대하게 되는 것입니다. 모든 두려움은 내어 쫓기게 됩니다. 어떻게 해서 우리가 하나님의 사랑을 체험합니까? 우리가 하나님께 부르짖어 기도하여 하나님의 성령이 충만해 지면 하나님의 성령이 하나님의 사랑을 가슴속에 부어 주시는 것입니다. 성령충만 하지 않고 하나님의 사랑을 체험할 수 없습니다. 그러나 성령이 오시면 하나님의 사랑이 우리 안에 부으신바 되고 하나님께서 나를 사랑하시는 것을 알고 하나님께 사랑 받는 것을 알게 되면 강하고 담대해지게 됩니다.

하나님께서 나를 위하시면 누가 나를 대적하리요. 아들을 아끼지 않고 나에게 주신 이가 그 아들과 함께 무엇을 선물로 주시지 아니하시겠느뇨 하고 우리는 강하고 담대해지게 되는 것입니다.

그리고 또 우리가 하나님의 뜻을 알고 살 때 강하고 담대해지는 것입니다. 하나님의 뜻이 무엇인지를 알고 하나님의 뜻대로 행할 때는 나와 하나님께서 함께 계십니다.

내가 하나님의 심부름을 합니다. 하나님께서 시키시는 일을 합니다. 하나님께서 내 배후에 있습니다. 누가 하나님을 감히 대적 할 수 있겠습니까? 내 뜻대로가 아니고 하나님 뜻대로 살 때 우리는 마음이 강하고 담대해 질 수 있습니다.

그러나 우리는 무엇보다도 부정적인 생각과 환경을 바라보지 말아야 합니다. 마음의 심지를 언제나 어두운 곳으로 돌리지 말고 하나님의 기적과 능력을 향해야 합니다.

마음을 자꾸 부정적인 곳으로 돌리면 안 됩니다. 마귀가 와서 속삭이는 부정적인 생각과 거짓말과 불안과 공포에 자꾸 귀를 기울이고, 그 마귀의 생각으로 마음을 채워 놓으면 강하고 담대한 마음을 빼앗깁니다.

그러나 우리의 귀를 하나님께로 향해서 하나님의 말씀을 듣고 우리의 눈이 하나님을 바라보고 우리의 마음을 하나님의 긍정적, 적극적, 창조적, 생산적인 그 말씀으로 향하면 우리의 마음은 강하고 담대할 수 있습니다. 마음에 "나는 강하고 담대하겠다. 나는 두려워하고 놀라지 않는다. 무서워하지 않는다. 하나님을 의지하고 나가겠다"는 마음의 결정이 필요한 것입니다. 그래서 눈엔 아무 증거 안보이고 귀엔 아무 소리 안 들리고 손엔 잡히는 것 없어도 하나님을 의지하고 용감하게 행할 때 하나님께서 이런 사람에게 복을 주시는 것입니다.

누구든지 하나님 앞에서 꿈이 있고 말씀을 믿고 흔들리지 않는 강하고 담대한 마음이 있어 앞으로 전진해 나가면 가나안 땅은 정복되고 골리앗은 패하고 승리와 영광은 다가오게 됩니다.

이러므로 이 세 가지 사항을 마음 속 깊이 기억하고 하나님 앞에 늘 구하십시오. 하나님께서 이를 통해서 우리의 인생을 성공으로 이끌어 주실 것입니다.

16장 말과 의식을 혁명해야 성공한다.

(눅 23:44-46)"때가 제 육시쯤 되어 해가 빛을 잃고 온 땅에 어둠이 임하여 제구시까지 계속하며 성소의 휘장이 한가운데가 찢어지더라. 예수께서 큰 소리로 불러 이르시되 아버지 내 영혼을 아버지 손에 부탁하나이다 하고 이 말씀을 하신 후 숨지시니라"

인간의 인격이라든지 그 행동은 그 의식을 따라서 나옵니다. 그 의식이란 그 생각하는 것을 말합니다. 예를 들어 그 한 사람이 죄 의식에 잡혀 있으면 그 인격의 행동이 불안하고 자학하고, 그리고 될 수 있으면 사람들을 피하려고 하고 또 심하면 좌절감에 빠져서 자포자기도하는 것입니다. 이와 같이 의식이 사람을 지배합니다. 열등의식에 잡힌 사람, 피해의식, 가난의식, 패배의식 등 수 많은 부정적인 의식이 인격을 붙잡고 있습니다.

그래서 이와 같이 부정적인 의식이 우리를 점령하면 그 사람의 인격적인 삶이 부정적이 되고, 그 행위가 부정적이고, 파괴적이 되고, 이러한 사람은 인생을 성공적으로 살아갈 수가 없습니다.

이렇기 때문에 사람이 정말 내 개인이 하나님 앞에서 축복 받고 번영하고 성공하며 행복과 기쁨으로 살기 위해서는 의식의 혁명이 다가와야 하는 것입니다.

　공산주의 혁명은 다가와서 수많은 사람들을 노예로 만들어 버렸지마는 우리 기독교의 의식혁명은 수많은 노예를 자유와 해방을 갖다 주는 것입니다. 이러므로 우리의 의식이 어떻게 혁명이 일어나서 의식구조가 완전히 변화될 수 있을까요?

　성경은 에베소서 3장 20절에 "우리 가운데서 역사 하시는 능력대로 우리의 온갖 구하는 것이나 생각하는 것에 더 넘치도록 능히 하시리라"고 말하는 것입니다. 우리의 구하는 것이나 생각하는 것을 좇아서 우리의 의식을 좇아서 우리 가운데 계시는 하나님이 역사 한다는 것입니다. 하나님은 이제 저 바다 건너서 계시지 않습니다. 하나님은 우리가 생각하는 것과 같이 저 우주밖에 계시지 않습니다.

　하나님께서는 성경 말씀 가운데 우리 가운데 역사하고 계신다고 말씀하고 있는 것입니다. 지금 이 가운데 하나님의 성령께서 역사하고 계신 것입니다. 그러나 성령은 우리의 기도하는 것과 우리의 변화된 의식을 통해서 역사 하는 것입니다.

　생각이 달라지지 아니하면 아무리 우리 속에서 역사 하려고 해도 역사 할 수가 없습니다. 하나님은 우리 속에 성령으로 와서 계시지마는 변화된 생각을 통해서 밖으로 넘쳐 나오는 것입니다. 이러므로 이 시간에 의식변화 의식혁명을 가져오기 위해서 우리는 어떻게 해야 될 것인가? 그 길에 대해서 말씀해 드리겠습니다.

1. 의식혁명하기 위해 회개할 줄을 알아야 한다.

 우리가 의식의 혁명을 가져오기 위해서는 우리가 회개할 줄을 알아야 하는 것입니다. 회개라는 것은 내가 과거에 잘못 살아온 모든 죄와 불의와 추악, 또 저주와 절망적인 삶, 이러한 것을 모조리 다 토해 놓는 것을 말합니다. 내 밖으로 다 씻어내는 것입니다. 이것이 통상적으로 말하는 회개인 것입니다.
 그러므로 회개라는 것은 나의 잘한 것을 고백하는 것이 아닙니다. 나의 잘못한 것 나의 실수한 것, 하나님을 거역한 것, 이와 같은 것을 전부 다 토해 놓는데 이것만 가지고 사람들은 회개했다고 생각합니다. 그러나 회개는 이것은 반밖에 아닙니다.
 회개는 이와 같이 토해 놓았으면 그 다음 빈 그릇에 이제는 새롭게 된 것으로 채워 넣어야 되는 것입니다. 빈 것을 그대로 내버려 놓으면 그 빈집에 우환이 다가옵니다. 예수께서 이럼 말씀을 하셨습니다. 한 사람에게서 귀신이 나갔습니다. 쫓겨 나아갔어요. 귀신이 쫓겨 나아간 다음 이 사람은 그 마음의 집을 깨끗이 청소하고 정비해 놓았습니다.
 귀신이 나가서 물 없는 사막으로 두루 다닐 때 쉴 곳을 발견하지 못하매 바로 자기가 쫓겨났던 집으로 찾아 와서 보니 집을 다 청소하고 정리됐는데 주인이 없거든요, 그래서 그 귀신은 가서 자기보다 악한 일곱 귀신을 청해 가지고 습격을 해서 그 집에 들어갔습니다. 그래서 그 집을 점령하고 나니깐 사람의 나중형편이 처음보다 더 나빠지더라고 했습니다. 오늘날에도 우리가 회개만 하고 우리 속에 있는 것을 다 청산하고 정리하고 난 다음 그 다음에는 의식이 변화되어서 천국의식 십자가의식으로 변화되지 아니하면 빈집에 우환이 다가옵니다.

그렇기 때문에 오늘 많은 예수 믿는 사람들이 죄를 회개하고 하나님을 믿는데도 불구하고 예수를 믿으면서도 정죄의식, 절망의식, 패배의식, 저주의식으로 짓눌려서 낭패와 실망을 당하고 사는 이유는 그 사람이 깊은 회개를 안 했기 때문인 것이 아니라 회개는 했으되 빈집에 의식을 변화시켜서 천국으로 채워 놓고 십자가의 보혈의 공로로 채워 넣지 안 했기 때문인 것입니다.

예수께서는 말씀하시기를 "회개하라 천국이 가까이 왔다. 마음의 생각을 바꾸라 의식을 바꾸라 천국이 손이 닿는 곳에 와 있다"고 말한 것입니다. 천국이 아무리 손이 닿는 곳에 와 있어도 의식이 바꾸어지지 아니하면 우리 속에 들어오지 못합니다. "천국은 여기 있다 저기 있다고도 못하려니 천국은 바로 너희 안에 있나니"라고 예수께서 말씀하셨습니다. "내가 성령을 힘입어 귀신을 쫓아내면 하늘나라가 이미 너희에게 이미 임하였느니라."고 말씀하셨습니다. 그러므로 천국은 지금 이 시간에 이 자리에 임하여 계신 것입니다. 손이 닿는 것에 와 있습니다.

이제 우리가 회개하고 진실로 의식을 변화시키면 천국은 우리의 것이 되는 것입니다. 그러면 의식을 어떻게 변화시킬까요? 회개 할 줄은 내가 압니다. 회개는 내가 다 할 수 있어요. 그러나 내 마음 속에 새로운 생각으로 새로운 의식으로 혁명을 가져올 수 있는 길은 어디에 있을까요? 그것은 말씀과 성령으로 채워지는 것입니다. 사람은 영적이면서 육적인 존재입니다. 그래서 영적인 만족을 얻으려고 하는 것입니다. 성령으로 충만하여 말씀을 심비에 새기면 자신의 의식을 새롭게 변화 시킬 수가 있습니다.

2. 천국의식으로 채울 수 있는 유일한 길

천국의식으로 채울 수 있는 유일한 길은 예수님의 십자가 밑입니다. 예수님의 십자가 밑에 나아가서 예수님의 십자가를 쳐다보고 거기에서 일어난 일로 말미암아 우리의 의식이 변화되지 아니하면 우리는 의식을 변화시킬 장소가 없습니다. 그러면 예수님 십자가 밑에서 어떻게 의식이 변화되나요. 죄 의식으로 말미암아 몸부림치는 사람이 예수님의 십자가 밑에 가려면 예수께서 나의 죄 때문에 양손과 양발에 대못이 박히시고, 가시관 쓰고, 높이 달려서 피를 흘리고 계십니다. 그리고 성경은 말씀하시기를 저가 찔림은 너희 허물을 인함이요. 저가 상함은 너희 죄악을 인함이라 그렇게 말하고 있는 것입니다.

그러므로 예수께서 나의 허물과 죄악으로 말미암아 십자가에 매달려서 이를 다 청산하셨다면 나는 그 예수의 보혈을 믿고 나의 생각을 바꾸어야 되는 것입니다. 나의 의식을 이제는 죄인이

다. 정죄 받는 사람의 의식에서 나는 용서받고 의롭게 되었다고 생각과 의식을 바꾸어야만 되는 것입니다.

그래서 나는 죄인이라고 돌아다니지 말고 용서받은 의인이다. 예수 그리스도의 십자가의 보혈로 말미암아 일체의 과거의 죄가 다 청산 되고 현재와 미래의 죄를 다 청산 받고 나는 용서받은 의인이다. 난 의롭게 된 생각으로 바꾸어야 되는 것입니다. 오늘날 사람들은 자꾸만 오랫동안 예수를 믿었으면서도 이 죄인 자식 예수 이름으로 기도합니다. 이렇게 말합니다.

그것은 나는 아직 의식이 바꾸어지지 않았습니다. 그 말인 것입니다. 우리는 이제 예수 믿고 나아올 때는 죄인 자식이 아니라 용서받은 의인 예수 이름으로 기도합니다. 그렇게 말해야 되는 것입니다. 우리는 용서를 받았기 때문에 이제는 예수로 말미암아 그 공로로 의롭게 되는 것입니다. 의롭게 되었은즉 화평을 누리고 생명을 얻습니다. 이렇기 때문에 이제는 자신의 의식 중에 죄인이라는 의식을 뽑아버리고 예수로 말미암아 나는 의롭게 되었다는 의의 의식을 갖게 되시기를 주의 이름으로 축원합니다. 이게 의식 혁명인 것입니다. 주님 십자가 밑에 나와야 철저히 이런 의식 변화를 가져 올 수 있습니다.

그 다음 또 질병의식과 연약 의식을 가진 사람을 보십시다. 질병이 들고 연약합니다. 이것은 우리가 병을 약을 먹고 고칠 수도 있고 주사를 맞고 치료를 받을 수도 있습니다. 이러나 이것은 항구적인 치료는 되지 못합니다. 참으로 항구적인 치료는 의식가운데서 와야 되는 것입니다. 우리의 마음에 우리의 의식가운데 이제는 병과 연약에서 놓여남 받은 사람이라는 그 의식이 마음 속에 충만할 때 그 의식을 가지고 기도하면 성령이 와서 치료하고 역사를 베풀어주시는 것입니다.

아무리 교회에 왔다 갔다고 해서 예수를 믿고 구원을 받은 사람이라도 이와 같이 치료의식, 건강의식이 들어오지 아니하면 하나님께서는 우리의 의식을 좇아서 역사하기 때문에 우리 주님은 역사하지 못합니다. "진리를 알지니 진리가 너희를 자유케 하리라"고 말씀하신 것입니다. 그러면 어떻게 치료의식, 건강의식을 가질 수 있을까요? 역시 십자가 밑인 것입니다. 예수님 십자가 밑에 가서 그렇게 의식을 바꿀만한 이유가 있어야 되는 것입니다.

성경에는 예수님께서 십자가에 못 박히시기 전에 빌라도의 뜰에서 로마군인들에게 채찍에 맞아 등허리가 골처럼 밭고랑처럼 파헤쳐지고 살점이 떨어지고 선혈이 줄기줄기 흘렀다고 기록하고 있습니다. 그래서 성경은 밝히 말하기를 저가 채찍에 맞음으로 너희가 병 나음을 입었다고 말하셨으며, 하나님께서 저로 상함 받기를 원하사 우리의 질고를 당케 했다고 말씀하고, 저가 우리 연약한 것을 친히 담당하시고 병을 짊어지셨다고 하셨으므로 십자가에 못 박힌 예수를 바라보고 의식이 변화될 수 있는 것입니다.

전에는 나는 연약하다 나는 병자다 나는 허약하다는 질병의식으로 꽉 들어차 있는데 이것을 이제는 변화시킬 수 있는 것은 왜냐하면 예수께서 내 연약을 짊어지고 가셨고, 예수께서 내 병을 짊어지고 가셨으면 예수께서 짊어진 것 내가 또 왜 짊어져야 되는가? 나는 이것 안 짊어져도 되지 않은가? 그렇다면 나는 이제부터 안 짊어지겠다. 예수로 말미암아 나는 연약과 질병에서 해방을 받았다. 나는 건강한 사람이다. 이러한 의식 변화가 다가올 수 있는 것입니다.

환경변화는 자신이 못 가져옵니다. 의식의 변화는 자신이 가져올 수 있습니다. 자신의 의식변화를 가져오면 그 의식변화를 통해서 하나님은 자신의 환경의 변화를 가져오게 되는 것입니다. 먼저 의식의 변화가 오고 난 다음 그 변화된 의식을 좇아서 하나님의 성령은 당신의 환경의 변화를 가져오게 되는 것입니다. 이 의식변화라는 것은 내가 개인적으로 의식변화를 가져와야 됩니다. 아버지가 아들을 위해서 대신 의식 변화를 가져올 수도 없고 엄마가 대신 가져올 수도 없는 것입니다. 내 한 사람 한 사람이 십자가 밑에 서서 내 마음에 의식변화가 다가와야 하는 것입니다.

그래서 연약 의식에서 병 의식에서 치료의식으로 건강의식으로 십자가로써 내 마음이 달라지면 내 마음이 달라진 것을 좇아서 성령은 내 육체 속에 달라진 변화를 가져오게 되는 것입니다.

그 다음 또 보십시다. 가난의식, 저주의식을 보십시다. 대다수의 사람들이 잠재 의식적으로 무서운 가난의식과 저주의식과 실패의식으로 차 있습니다. 나는 실패자다. 나는 가난하다. 나는 하는 일마다 안 되고 저주가 온다. 그래서 가정에도 사분오열이 되고 하는 일마다 자꾸 망하고 하는 일마다 전부 다 길이 막히고 처절한 저주와 가난 실패가 다가오고 그러면서도 주여! 주여! 하고 다니며 주님 어디 계시나이까?

도대체 우리를 왜 떠나시나이까? 왜 나를 안 돌보시나이까? 주님이 돌보려고 해도 주님은 우리의 의식을 통해서 돌보는 것입니다. 가난의식과 저주의식에 꽉 막혀서 나는 못 한다. 나는 안 된다. 나는 실패자다. 나는 가난하다. 나는 못한다고 했는데 주께서 아무리 자신의 곁에 있어도 의식이 변화되지 않기 때문에 환경을 변화시킬 수가 없는 것입니다. 하나님께서 팔이 짧아 당신을 도와주지 못하는 것이 아니요. 그가 둔하여 당신의 기도를 못 들어줌이 아닙니다.

자신의 의식이 변화되지 않기 때문에 온갖 구하는 것이나 생각하는 것에 넘치도록 능히 하실 이가 생각이 달라지지 아니하니깐 어떻게 넘치게 합니까? 생각이 가난으로 꽉 들어찼는데 어떻게 부요를 가져오며 생각이 실패로 꽉 들어찼는데 어떻게 성공을 가져오며 생각이 패배로 꽉 들어찼는데 어떻게 승리를 가져옵니까? 십자가 밑에 나와서 역시 의식 변화를 가져와야 합니다. 십자가 밑에서 나무에 달린 예수를 한번 바라보십시다. 그리스도께서 우리를 위해서 저주를 받은바 되사 율법의 저주에서 우리를 속량 하셨으니 이는 기록된바 나무에 달린 자마다 저주받은 자라 하였음이라. 이는 아브라함의 복이 이방인에게 미치게 하고 믿음으로 말미암아 성령을 선물로 받게 하심이라.

예수께서 십자가에 못 박힌 것은 우리 아담의 후예들의 저주를 대신 짊어진 것입니다. 예수께서 우리를 위하여 가시와 엉경퀴의 저주에서 해방을 시켜주기 위해서 저주의 가시 채를 머리에 쓰시고 가시 쇠가시에 박혀서 저주의 상징으로 나무에 매달리신 것입니다.

이것을 보고 의식변화가 안 올 수 있습니까? 예수께서 날 위해서 날 위해서 저렇게 저주를 받으셨으니 난 저주 안 받겠다. 예수께서 지불한 것을 내가 왜 지불해. 그러므로 나의 생각에서 이제 십자가를 통해서 나는 축복 받은 사람이다. 예수 안에서 아브라함의 복은 내 것이다.

나는 예수를 통해서 성령도 받았으니 아브라함의 복이 내 것이다. 나는 이제 저주와 상관 없다. 그리고 나는 가난하게 안 산다. 내 주 예수를 위해서 자진해서 모든 것을 다 바쳐서 가난한 것은 좋지만 내가 그렇지 않고 가난하고 저주 받고 살지 않는다. 왜 "예수께서 우리를 위해서 가난하게 되심은 그의 가난하심으로 말미암아 너희로 부요케 하려 하심이라" 고린도후서 8장 9절 말씀. 예수께서 우리를 위해서 대신 가난하게 되셔서 우리를 부요케 하기 위해서 고난을 당했는데 왜 내가 가난하게 살아야 하는가? 내가 지금 현재 환경이 가난한 것은 내 손으로 변화시킬 수는 없지만 내 마음의 의식은 이를 통해서 부유한 것으로 혁명을 일으킬 수가 있는 것입니다.

그래서 성공의식, 축복의식, 승리의식으로 의식이 바꾸어지면 바꾸어진 의식을 좇아서 하나님께서는 바꾸어진 환경을 여러분 운명에 가지고 와 주시는 것입니다. 그래서 우리가 우리의 운명을 바꿀 수 있는 의식을 변화시킬 수 있습니다.

또 나아가서 사람들은 죽음을 두려워합니다. 절망 이런 것이 두려워서 죽음 앞에는 누구도 비열해지는 것입니다. 그러나 우리가 죽음조차도 예수 그리스도의 십자가를 쳐다볼 때 의식변화를 가져올 수 있습니다. 왜 하나님의 아들은 죽지 않습니다.

죄의 값이 사망이라 죄를 지어야 죽는데 죄 없는 사람 안 죽어요. 그런데 왜 하나님의 아들이 십자가에 못 박혀 죽습니까? 그것은 우리를 대신해서 죽어주는 것입니다. 예수님께서 우리를 대신해서 사흘 동안 지옥에 내려가 우리의 사망을 다 청산하고 주께서 음부와 지옥을 다 파괴하고 열쇠를 빼앗아서 들고 나오셨습니다. 나는 부활이요 생명이라 나를 믿는 자는 죽어도 살겠고 살아서 나를 믿는 자는 영원히 죽음을 보지 아니하리라고 말씀하셨습니다. 볼찌어다 이제 내가 세세토록 살아 있어 사망과 음부의 열쇠를 가졌노니라고 말한 것입니다.

이 예수를 바라볼 때 나도 예수와 함께 이제는 사망과 음부를 이기고 예수와 함께 새 하늘과 새 땅과 새 예루살렘이 내 것이라는 의식을 가지게 될 때 죽음이 두렵지 않습니다. 바울 선생처럼 사망아 너의 쏘는 것이 어디 있느냐? 사망아 너의 이기는 것이 어디 있느냐? 담대하게 말할 수가 있는 것입니다. 이래서 오늘 예수님 앞에 나올 때 우리 의식변화를 십자가를 쳐다보면서 만들 수가 있습니다. 우리 의식변화를 위해서 오신 분이 있습니다. 보혜사 성령이십니다. 주께서 우리를 고아와 같이 버려두시지 아니하시고 성령을 보내셔서 성령이 우리와 함께 거하시고 우리 속에 계셔서 성령이 우리의 연약함을 도와주시므로 말미암아 십자가 밑에서 우리 의식이 변화될 수 있도록 성령께서 도와주시는 것입니다.

오늘 성령은 이 자리에 와 계십니다. 성령을 인정하시면 아멘 하십시다. 환영하시면 아멘 하십시다. 모셔드리면 아멘 하십시다. 의지하시면 아멘 하십시다. 성령께 도움을 청하십시오. 그래서 십자가를 쳐다보고 여러분의 과거의 모든 것을 십자가 밑에 다 청산해버리고 십자가에서 새로운 의식의 옷을 입고 나와야 하는 것입니다.

고린도후서 5장 17절에 "그런즉 누구든지 그리스도 안에 있으면 새로운 피조물이라 이 전 것은 지나갔으니 보라 새 것이 되었도다" 진실로 의식이 새로워지면 그 사람이 새로워지고 마는 것입니다. 의식이 새로워지면 성령께서 오셔서 새로워진 의식을 통해서 새로운 운명과 환경을 만드는 것입니다. 하나님께서는 미신적인 하나님이 아니십니다. 우연의 하나님이 아니십니다. 하나님께서는 변화된 의식을 통해서 변화된 가정, 변화된 사회, 변화된 사업, 변화된 내일을 가져다주는 것입니다. 이것은 종교도 아니요, 의식도 아닌 것입니다. 우리 생각의 혁명인 것입니다. 생각의 혁명이 다가와야 하는 것입니다.

3. 찢어진 성소의 휘장에 관한 하나님의 말씀.

나는 찢어진 성소의 휘장에 관해서 참으로 재미있는 하나님 말씀을 나누고자 합니다. 예수님께서 십자가에 못 박힌 지 여섯 시간이 되었습니다. 피를 다 흘리고 땀을 다 쏟았습니다. 이제 예수님께서 인간의 그 거칠고 괴로운 죄와 질병, 저주와 절망, 죽음을 다 주님께서 하나님 앞에서 청산했습니다. 예수께서 마지막에 청산할 때 여섯 시간 만에 그는 하늘과 땅이 쩡쩡 울리는 생명의 기운을 다하여 외쳤습니다. "내가 다 이루었다" 그러자 희한한 일이 일어났었습니다.

예루살렘성전의 지성소와 성소사이에 있는 휘장이 위에서부터 아래로 쫙 찢어지고 만 것입니다. 도대체 왜 그게 찢어질까요? 이스라엘 사람들의 삶의 중심은 하나님의 성전입니다. 하나님이 그들 가운데 와 계시기 때문에 성전 중심으로 살았습니다. 애굽에서 나왔을 때도 광야에서 성막을 중심으로 그 속에 하나님이 와서 저들을 만나주셨습니다.

가나안 땅에 들어오고 난 다음에는 솔로몬이 지은 대리석 성전 속에 하나님이 거하셨습니다. 그래서 일반 백성들은 성전 뜰에 와서 제사와 예물을 드리고 용서도 받고 축복도 받았었습니다. 그러나 제사장들은 성소 속에 들어가서 성소에서 늘 하나님을 섬겼습니다. 그러나 성소와 그 뒤의 지성소 하나님이 계신 곳에는 큰 두꺼운 휘장이 쳐져 있었습니다. 휘장이 얼마나 두꺼웠던지 황소 두 마리를 묶어서 서로 잡아 댕겨도 안 찢어지는 휘장이라고 말합니다. 그래서 그 뒤의 휘장 뒤에 하나님이 계셨기 때문에 그 뒤에 아무나 들어 갔다하면 즉사합니다.

그러나 일 년에 단 한번 대제사장이 짐승의 피를 양푼에 담아다가 이스라엘의 죄를 사하기 위해서 그 안에 들어가서 하나님 앞에 그 피를 뿌려서 죄를 속했습니다. 그래서 아담의 후예들은 죄가 있는 이상 하나님과 사람사이에는 휘장이 있어 휘장 뒤에 건너갈 수 없었는데 예수께서 "다 이루었다"고 하시자. 하나님 앞에서 인간의 과거와 현재와 미래의 죄를 예수께서 다 청산하시므로 하나님께서 천사에게 말했습니다.

이 사람아! 이제 이리 와서 칼로써 휘장을 위에서부터 아래까지 찢어버려라. 젖혀버려라. 이제는 사람과 나와 막혀 있을 필요가 없다. 이제는 내 아들 예수가 나와 사람들의 막힌 담을 헐었다. 이제는 이것을 찢어라. 하나님께서 휘장을 찢어버리고 지성소에서 일어나서 하나님은 밖으로 걸어 나오고 말은 것입니다. 오늘날은 하나님이 밖으로 걸어 나오셔서 우리 가운데 계신 것입니다. 하나님은 예수님의 피를 통해서 밖에 걸어 나와 우리 가운데 계십니다.

예루살렘 지성소나 하늘 지성소에서 사람을 피하여 계시지 아니하시고 이제는 성령을 통해서 예수의 보혈로 말미암아 그 막힌 담의 휘장을 찢어버리시고, 주님은 이 자리에 직접 와서 우리와 함께 계시고 우리 속에 와서 계시며, 우리에게 손을 내밀어 말씀하기를 수고하고 무거운 짐진자여 죄 짐을 진자여, 병의 짐을 진자여, 저주와 가난의 짐을 진자여, 절망과 죽음의 짐을 진자여 내게로 오라 내가 너희를 쉬게 하겠다고 말씀하고 계신 것입니다.

하나님은 이 시간에 구만리 장천 멀리 계시지 아니하시고 찢어진 휘장을 통해서 지성소에서 나오셔서 지금 우리와 함께 이 자리에 계시는데 이제 우리가 해야 할 일이 있습니다. 하나님은 하나님이 앞에 막힌 휘장을 찢었는데 이제는 우리가 휘장을 찢을 차례인 것입니다. 우리도 아담의 후손으로서 우리는 짙은 휘장을 치고 삽니다. 그 휘장이 무엇인지 압니까? 자신의 생각의 휘장인 것입니다. 자신의 생각의 의식 속에서 나는 죄인이라는 휘장을 덮어쓰고 있는 것입니다.

나는 죄인이다. 나 같은 죄인은 하나님 앞에 설 자격이 없다. 죄악이라는 죄인이라는 휘장을 치고 있기 때문에 하나님께서 이제 휘장을 찢어버리고 나와서 자신 앞에 서서 나와 함께 가자고 손을 내밀었으나 자신은 휘장을 치고 나는 죄인이라는 휘장을 치고 하나님의 손길을 잡지 않습니다. 오늘 이 시간에는 그러므로 예수 그리스도의 십자가를 통하여 의식을 바꾸어야 합니다. 말씀의 검을 들고서 마음에 있는 죄인이라는 휘장을 찢어서 쳐서 없애버려야 합니다.

그리고 우리 앞에 서 있는 하나님의 손을 잡고서 죄가 한 번도 없는 사람으로 용서받은 의인으로서 마귀에게 참소를 당하지 않은 사람으로서 하나님 앞에 사랑 받고 용납 받는 자신의 모습을 마음으로 영롱하게 꿈꾸어 보고 이런 사람이 되겠다고 다짐하고 하나님과 함께 포부도 당당하게 신앙생활 하시기를 주의 이름으로 축원 드립니다. 자신이 죄인이라는 그 불신앙의 휘장을 믿음으로 찢어야 되는 것입니다.

그 다음 당신께서는 나는 언제나 병자라는 그 질병의식의 불신앙의 휘장을 찢어야 되는 것입니다. 오늘날 수많은 사람들이 병들어 고생하는 이유는 불신앙의 휘장 때문인 것입니다. 나는 하나님이 아무리 치료해주신다고 하더라도 나는 병자다. 나는 병들었다. 지금 시방 병들어 있지 않느냐? 이 질병과 연약의 불신앙의 휘장을 자신의 마음에서 자신이 찢어야 합니다. 이것은 하나님이 찢어주지 않아요. 말씀의 검으로 말미암아 오늘 이 불신앙의 휘장을 내어 찢어버리세요. 그 다음 내 앞에 기다리는 나는 너의 병을 치료하는 여호와라는 하나님의 손을 잡고 내 마음 속에 영롱한 그림을 그려봅니다.

나는 영과 마음과 몸이 완전히 예수님의 피로 씻음 받고, 하나님의 성령의 능력으로 말미암아 치료함을 받아서 연약도 사라지고, 질병도 사라지고, 하나님께서 주신 수명대로 건강하게 살 수 있는 나의 변화된 모습을 내 마음 속에 영롱하게 그려보고 꿈꾸어 보고 나는 이런 사람이 되었다고 보장하시기를 주의 이름으로 소원합니다.

그렇게 할 때 하나님께서 손을 내밀어 우리의 손을 잡고서 건강한 사람으로 살아갈 수 있습니다. 또 낭패와 실망, 패배와 절망 가난과 저주의 그 휘장도 하나님은 안 찢어주십니다. 하나님은 이 시간 하나님의 휘장을 찢고 나가셨기 때문에 자신의 휘장은 자신이 찢어야 합니다. 자신의 의식은 자신이 찢어야 합니다. 저는 성경의 진리를 알고 난 다음에 나는 내 마음에서 철저히 가난의식, 저주의식, 절망의식, 실패의식의 휘장을 찢었습니다. 나는 옛날에 그 휘장을 찢고도 가난할 때도 많았고 힘들고 어려울 때도 많았습니다. 낭패와 실망도 다가왔었습니다. 그러나 그것은 환경에 있었습니다.

그러나 내 마음은 가난의식, 저주의식, 낭패와 실망의식 이것을 하나님의 말씀으로 철저히 마음을 덮어놓은 이 생각의 휘장을 찢어서 젖혀 버렸습니다. 그리고 난 다음에 내 영혼이 잘됨같이 범사에 잘되게 하는 우리 하나님의 은총과 축복을 받아 들였었습니다. 그래서 모든 일에 항상 모든 것이 넉넉하여 모든 착한 일을 넘치게 하시는 하나님을 믿었으며 십일조와 헌물을 드리고 하나님께서 하늘 문을 열고 쌓을 곳이 없도록 부어주시는 하나님을 바라보고 나는 그것을 꿈꾸었습니다.

나는 조금도 내가 저주받은 것을 꿈꾸지 않았었습니다. 내가 가난해서 헐벗고 굶주린 것을 꿈꾸지 않았었습니다. 실패와 낭패를 당한 나를 꿈꾸지 않았었습니다. 나는 이제 예수 안에서 저주와 가난에서 해방을 얻어 내가 사람들에게 꾸어 줄지라도 꾸지 아니하고 축복을 받고 승리하고 성공하는 나의 모습을 영롱하게 내 의식 속에 꿈꾸어 보았습니다. 그리고 하나님 나는 예수의 은총으로 말미암아 나는 이런 사람입니다. 나는 축복 받은 사람, 나는 성공적인 사람, 나는 승리적인 사람, 저주에서 해방된 사람입니다. 주여 감사합니다. 그래서 나를 기다리는 하나님 앞에 이 저주의 휘장을 찢어버리고, 가난의 휘장을 찢어버리고, 의식을 변화시키고 나와 함께 기도하고 함께 찬미합니다.

저는 오늘까지 17년의 생활을 목회하면서 살아왔는데 지금 내가 돌이켜볼 때 내가 일어서는 곳마다 앉은 곳마다 전인적인 축복이 따라오는 것을 바라볼 수 있습니다.

당신이 스스로 휘장을 찢으십시오. 하나님은 당신의 휘장을 찢고 나와 계시는데 왜 자신은 교회에 왔다가 갔다가 하면서 마음의 저주와 가난과 낭패와 실망의 휘장을 찢어내지 않고 그대로 왔다가 갔다가 합니까? 오늘 이 시간에 나는 이러한 생활을 더 이상 안 한다. 예수 십자가로 말미암아 나는 이미 저주에서 놓여남 받았으니 가난에서 속함을 받고 낭패와 실망에서 구속을 받았으니 말씀으로 휘장을 찢고 일어나서 이제는 자신에 대한 새로운 이미지, 새로운 꿈을 꾸게 되시기를 주님의 이름으로 축원합니다. 죽음과 절망과 공포의 휘장도 자신이 찢어야 됩니다.

이제는 우리에게는 죽음이 없습니다. 이제 우리에게는 절망이 없습니다. 우리에게 지옥이 있을 턱이 없습니다. 이러한 모든 영상을 우리가 모두 찢어버리고 그리고 우리는 새로운 꿈을 꿉니다. 이 약한 몸이 강한 몸으로 이 죄악된 몸이 신령한 몸으로 이 욕된 몸이 영광스러운 몸으로 변화되어 가지고 새 하늘과 새 땅과 새 예루살렘을 상속으로 받아 주와 함께 영원히 사는 모습을 내 마음 속에 영롱하게 꿈꾸어 봅니다.

나는 그런 사람이지 죽고 절망하고 지옥에 떨어질 사람은 아닌 것입니다. 그러므로 이런 부정적인 영상을 내가 찢어버리고 예수 안에서 새롭게 된 영상을 가지고 내 앞에 기다리는 하나님과 손을 잡아야 되는 것입니다. 성경은 말씀하기를 "볼찌어다 내가 문 밖에 서서 두드리노니 누구든지 내 음성을 듣고 문을 열면, 다시 말하면, 죄의식의 휘장을 열어 젖혀 버리면, 질병의 의식의 휘장을 열어 젖혀 버리면, 저주와 가난의 의식의 휘장을 열어 젖혀 버리면, 죽음과 절망의 공포의 휘장을 열어 제치고, 누구든지 나에게 문을 열면 내가 그에게로 들어가 나는 그와 더불어 먹고 그는 나와 더불어 먹으리라"고 말씀하셨습니다. 종교가 아닙니다. 철학이 아닙니다.

인간적인 의식이 아닙니다. 예수께서 살아 계신 주님이 우리와 일생생활을 같이 살기를 원하시는 것입니다. 주님은 휘장을 찢고서 성 삼위일체 하나님은 지성소에서 나와서 지금 우리 앞에 기다리고 있는 것입니다. 이제 우리가 우리의 휘장을 찢을 차례입니다.

그냥 교회에 왔다 갔다 교회의 뜰만 밟지 말고 위의 마음의 생각의 휘장을 찢을 차례인 것입니다. 죄의 휘장, 질병의 휘장, 저주와 가난과 실패의 휘장, 죽음과 절망과 공포의 휘장을 낱낱이 예수 이름으로 말씀을 가지고 찢어버리고 이제는 입을 넓게 열 때가 온 것입니다.

시편 81편 10절에 "나는 너를 애굽 땅에서 인도하여 낸 여호와 네 하나님이니 네 입을 넓게 열라 내가 채우리라"고 말씀하신 것입니다. 오늘 이 시간에도 하나님께서는 채우시기 위하여 우리 앞에 계십니다. 그런데 채우시는 그릇이 바로 우리의 마음의 생각 즉 마음의 의식입니다. 우리는 예수의 십자가를 통하여 천국의식으로 변화를 받고 믿음의 입을 넓게 열고 하나님께 기도할 때 하나님은 오늘도 이 시간에 우리에게 친히 오셔서 영혼이 잘되게 하시고 범사가 형통하게 하시고 강건하게 하시고 생명을 얻되 넘치게 얻는 좋은 하나님이요. 우리의 목자가 되시는 것입니다. 여호와 하나님은 변경하지 아니하십니다.

하나님께서는 옛날이나 오늘이나 똑같이 오늘도 죄를 사하기를 원합니다. 오늘도 병을 고치고 귀신을 내어쫓기를 원하십니다.

오늘도 죽은 자를 살리시기를 원하십니다. 헐벗고 굶주린 자에게 먹여주고 입혀주기를 원하십니다. 주께서 영생을 주기를 원하십니다. 이것이 주님의 활동이신 것입니다. 예수 그리스도는 어제나 오늘이나 영원토록 동일하다고 성경은 우리에게 말씀하고 있는 것입니다. 이러므로 우리는 주님 앞에 나와서 오늘 이 시간 우리의 생각에 심긴 저주받고 절망에 처하고 헐벗고 굶주리고 낭패와 실망을 당하고 못한다. 안 된다. 할 수 없다. 패배의식을 오늘 쫙 찢어서 확 열어 젖혀서 떠나보내고, 이미 지성소에서 성전의 휘장을 찢고 나와서 우리를 기다리는 하나님과 함께 손을 잡고 인생을 사시기를 주의 이름으로 소원합니다.

하나님은 이 자리에서 오늘 우리를 기다리고 손을 내밀고 계신 것입니다. 살아계신 하나님의 은혜를 체험하기를 바랍니다.

17장 적극적인 말과 행동을 하는 법

(히10:35-39)"그러므로 너희 담대함을 버리지 말라 이것이 큰 상을 얻느니라. 너희에게 인내가 필요함은 너희가 하나님의 뜻을 행한 후에 약속을 받기 위함이라. 잠시 잠간 후면 오실 이가 오시리니 지체하지 아니하시리라. 오직 나의 의인은 믿음으로 말미암아 살리라 또한 뒤로 물러가면 내 마음이 저를 기뻐하지 아니하리라 하셨느니라. 우리는 뒤로 물러가 침륜에 빠질 자가 아니요 오직 영혼을 구원함에 이르는 믿음을 가진 자니라"

하나님은 적극적이고 담대한 성도와 함께 하십니다. 담대한 성도를 통하여 하나님의 일을 하십니다. 매사에 부정적이고 소극적인 사람은 쉽게 불안과 공포의 노예가 되고 성공할 수 있는 기회가 수차 다가와도 그 기회를 잡지 못하고 맙니다. 하나님께서는 언제나 적극적인 사람을 통하여 큰 역사를 이루셨습니다. 구약에 아브라함이나 모세나 여호수아나 다윗이나 다 적극적인 인물들이었습니다. 예수님 당시에도 큰 기적을 체험한 이들은 한결같이 적극적이고 긍정적이고 창조적인 그런 사람들이었습니다. 예수님의 제자 중 가장 적극적인 인물인 베드로는 가장 많은 기적을 체험했습니다.

예수님의 마음을 감동시킨 사람들 즉 수로보니게 여인, 로마의 백부장, 회당장에 들 것에 들려온 중풍병자, 혹은 열두 해 혈루병으로 앓던 여인 등은 모두 다 적극적으로 주님을 찾은 사람들이었습니다. 오늘날도 마찬가지입니다. 적극적으로 하나님을 찾고 찾는 사람은 반드시 하나님을 만나게 됩니다. 그러나 마음이 소극적이 되고 부정적이 되어서 나는 못한다. 나는 안 된다. 나는 할 수 없다. 능력이 없다. 힘이 없다. 돈이 없다. 그렇게 부정적으로 말하는 사람은 하나님도 등을 돌려버리고 마는 것입니다. 우리가 어떻게 하면 인생을 긍정적으로 적극적이고 창조적이고 생산적으로 살아 나갈 수 있겠는가의 문제에 대해서 도전에 대해서 어떻게 적극적으로 응할 수 있을까? 그것을 우리가 알아보고자 합니다.

1. 하나님이 주시는 마음속에 꿈이 있어야 한다.

우리가 적극적으로 인생을 살기 위해서는 하나님이 주시는 마음속에 꿈이 있어야 됩니다. 꿈은 내일을 가슴에 잉태한 사람들인 것입니다. 그렇기 때문에 꿈이 없는 개인이나 민족은 내일을 잃어버린 사람입니다. 마음속에 꿈이 없는 사람은 내일이 없는 사람입니다. 내일이 없는 사람은 희망이 없고 유익도 없고 적극적인 삶을 가질 이유도 없고 망하고 맙니다. 우리 마음속에 꿈을 품는다는 것은 얼마나 중요한지 모릅니다. 꿈을 품고 꿈을 좇는 그 사람이 내일이 있고 긍정적이고 적극적으로 대처 할 수 있는 사람인 것입니다.

아브라함은 꿈이 있는 사람이었습니다. 75세에서 120세가 넘도록 그는 꿈을 좇아 산 사람입니다. 75세에 하나님께서 나타나셔서 "너는 네 고향 친척 아버지의 집을 떠나 내가 네게 지시할 땅으로 가라 내가 너로 큰 민족을 이루고 네게 복 주며 복 주고 번창하고 번창케 하리라. 너를 복 주는 자에게 복을 주고 너를 저주하는 자를 저주하리니 온 땅의 민족이 너로 말미암아 복을 받을 것이니라." 그렇게 말씀하셨습니다.

그러나 나이 75세에 빈손 들고 미지의 세계로 개척의 인생을 떠난다는 것은 마음속에 꿈이 있어야 가능합니다. 하나님의 그 찬란한 꿈을 받아 안고 그는 그 아내와 손을 잡고 가나안 땅으로 혹은 애굽으로 다시 가나안으로 평생을 꿈을 좇으면서 살았습니다. 그러므로 그는 이상주의자요. 꿈을 좇는 사람이었지마는 하나님이 그 사람에게 복을 주셔서 이스라엘의 조상이 되게 하고 믿음의 조상이 되게 만들었습니다. 모세를 보십시오. 모세는 하나님으로부터 꿈을 얻기 전에는 미디안 광야를 양떼와 함께 방황하는 잊어버린 목동에 불과한 사람이었습니다.

나이가 이미 80세입니다. 눈은 어둡고 허리는 구부러졌고 머리는 백발이 되었습니다. 그는 이 세상에서 이제 사라져 가는 사람입니다. 그런데 호렙산 가시떨기 앞에서 하나님께로부터 꿈을 받았습니다. 그는 마음속에 불타는 하나님의 꿈을 받고 그 당시

세계 최대 강국인 애굽이 자기 백성을 430년 동안 포로로 잡고 있었는데 이 백성을 구출하기 위해서 군대도 외교도 돈도 없는 그가 지팡이 하나만 짚고 나갔습니다. 꿈이 있었습니다.

그는 그 백성을 포로생활에서 구출해야 된다는 그 찬란한 마음의 꿈이 있었기 때문에 80세 노구에도 그는 일어나서 인생을 재출발하는 적극적인 삶을 살 수가 있었던 것입니다. 예수님의 제자들을 보십시오. 예수님을 만나기 전에는 제자들은 아무도 알아주지 않는 별로 교육도 없는 너무나 평범한 갈릴리의 어부들이나 세리들이었습니다. 아무도 그 사람들이 위대한 인물이라고 생각하지 않았습니다. 그러나 그들이 예수님을 만나게 되고 그리스도의 가르침을 받게 되고 오순절 다락방에서 성령을 받고 난 다음 그들은 꿈으로 불타는 사람들이 되었습니다.

그 마음속에 그리스도의 복음을 천하에 전해야 겠다는 활활 타는 꿈을 가진 사람들이 되었습니다. 이 사람들을 통해서 세계가 변화 받았습니다. 오늘날에도 그 사람들의 가르침을 우리가 지금도 배우고 가르치고 있는 것입니다. 그들은 학식이 많은 사람들이 아니었습니다.

머리가 좋은 사람들도 아니었습니다. 그러함에도 불구하고 세계를 변화시킨 위대한 사람들이 된 것은 그들이 그리스도로 말미암아 꿈을 받은 꿈의 사람들 이었기 때문입니다.

그러므로 꿈이 없는 백성은 망합니다. 사람의 마음속에 꿈이 있으면 아침 일찍 일어나서 저녁 늦게 누우며 적극적으로 인생을 도전하면서 살 수 있게 됩니다. 반대로 꿈을 잃어버리면 그만 적극적인 삶을 잃어버리고 내일의 희망을 상실하고 삶의 기력을 잃어버리고 마는 것입니다. 이러므로 반드시 하나님 앞에 꿈을 구해야 됩니다. 성경에는 말세에 모든 육체에게 성령을 부어 주리니 너희 젊은이들은 환상을 보고 늙은이들은 꿈을 꾸리라고 말하고 있습니다. 하나님께 꿈을 달라고 구하십시오.

소박한 적은 꿈으로부터 시작해서 큰 위대한 꿈까지 하나님이 주십니다. 하나님께로부터 꿈을 받아 그 꿈을 품에 안고 사람들이 비웃든, 믿지 않던, 인정하지 않던, 상관할 필요 없이 꿈에 잡혀서 뛸 때 꿈이 자신의 인생을 만들어 가는 것입니다. 자신이 인생을 만드는 것이 아닙니다. 자신의 꿈을 품으면 꿈이 당신을 변화시키고 상상시키고 당신을 만들어 가는 것입니다. 이러므로 오늘 꿈이 없는 개인이나 집단이나 백성은 내일이 없는 망하는 사람들입니다.

그러나 꿈이 있는 사람은 아무리 환경이 어렵고 고통스러운 가운데 있어도 그 사람은 그 환경을 낙원으로 변화시키는 것입니다. 당신의 꿈을 제게 보여주십시오. 당신의 내일을 제가 보여 드리겠습니다. 꿈은 이와 같이 인생과 세계를 변화시키는 가장 위대한 힘이기 때문에 적극적으로 인생을 살기 위해서는 하나님께로부터 꿈을 받아야 되는 것입니다. 그 꿈을 받고 그 꿈을 품고 사는 사람이 인생을 적극적으로 살아 갈 수가 있는 것입니다.

2. 믿음의 삶들이 되어야 된다.

인생을 적극적으로 살아가기 위해서는 믿음의 삶들이 되어야 되는 것입니다. 믿음은 돈 보다 지식보다 더 위대한 힘입니다. 아무리 돈과 지식이 많다고 할지라도 겁에 질려 있으면 아무 것도 이룩할 수가 없는 것입니다. 믿음이란 무엇입니까? 믿음이란 하나님이 살아 계신다는 것과 하나님을 간절히 찾으면 복을 받는다는 것을 믿는 것입니다. 하나님이 안 계신다고 믿는 사람에게야 신념이 있을 턱이 없지요. 하나님이 있어도 아무리 찾아보아도 벌만 주고 환란만 주고 고통만 주고 복을 주지 않는다고 생각하면 믿을 수가 없지요.

저는 처음 예수를 믿었을 때 전통적인 예수를 믿었습니다. 예수를 믿고 나서 하나님은 우리를 쫄딱 거지로 만들었습니다. 그리고 고통과 괴로움을 줌으로 울고 울면서 천국까지 가야 된다 그렇게 믿었습니다. 그러므로 하나님에 대한 기대가 없었습니다.

하나님은 내게 와서 좋은 것은 다 빼앗아가고 나에게 고통을 주고 시련과 환란을 주고 십자가를 걸머지고 따르라고 하는 하나님이기 때문에 내 팔자가 좋지 못해서 일찍 예수 믿었지 그렇지 않았으면 죽을 때 믿을 것을 잘못했다. 그런 생각을 했지 적극인 믿음은 생기지 않았습니다.

그러나 제가 시화에서 개척 교회를 할 때 미국의 부흥사 오랄

로버트 목사의 책을 읽고 나의 생애 속에 거대한 변화가 들어왔습니다. 저는 그 목사님을 통해서 처음으로 하나님은 좋은 하나님이라는 것을 배웠습니다. 너무나 소박한 말입니다만 하나님이 좋은 하나님이라는 것을 배웠을 때 온 몸에 전율이 다가왔습니다. 요한3서 2절에 "사랑하는 자여 네 영혼이 잘됨같이 네가 범사에 잘되고 강건하기를 내가 간구하노라. 도적이 오는 것은 도적질하고 죽이고 멸망시키는 것뿐이요. 내가 온 것은 양으로 생명을 얻게 하되 풍성히 얻게 하려 함이라." 하나님께서 나에게 복을 주시기를 원하시는 좋으신 하나님이시다. 이것을 깨닫게 되자마자 하나님에 대한 사랑이 가슴에 넘치게 되고 사랑이 넘치면서 믿음이 살아나기 시작하는 것입니다.

믿음은 사랑으로 말미암아 역사하는 것입니다. 하나님은 좋은 하나님이고 나에게 좋은 것 주시기를 원하신다는 것. 그래서 다윗이 말한 것처럼 하나님은 나의 목자시니 내게 부족함이 없으리로다. 이래서 좋은 하나님을 알고 난 다음에 마음속에 끝없는 믿음이 솟아났습니다.

그래서 눈에는 아무증거 안보이고 귀에는 아무소리 안 들리고 손에는 잡히는 것 없어도 믿습니다. 하나님이 나와 같이 계시므로 좋은 결과가 올 줄로 믿습니다. 그러한 신념이 있어서 모든 역경을 이길 수가 있었습니다.

히브리서 11;6절에 "믿음이 없이는 기쁘시게 못하나니 하나님께 나아가는 자는 반드시 그가 계신 것과 또한 그가 자기를 찾는 자들에게 상주시는 이심을 믿어야 할지니라."고 말씀하셨습니다. 하나님은 살아 계셔서 하나님을 찾는 자들에게 상을 주십니다. 복을 주십니다. 그러므로 믿음이란 이러한 좋은 하나님의 말씀에 귀를 기울이고 말씀을 믿고 순종 할 때 하나님이 기적적으로 복을 주십니다. 어떤 복을 주십니까? 사망의 음침한 골짜기로 다닐지라도 하나님이 함께 계셔서 그 지팡이와 막대기로 나를 안위하여 절대로 해를 받지 않게 만들어 주십니다. 그러므로 어떠한 역경이 다가와도 두려워하지 않습니다.

원수가 쳐들어와서 나를 짓밟고 나의 모든 것을 빼앗으려 할지라도 두려워하지 않을 것은 원수의 목전에서 내게 진수성찬을 차려 주시고 내 머리에 성령의 기름을 발라 내 잔이 넘치게 하는 하나님을 믿습니다. 그러므로 현재 눈앞의 원수들이 나보다 힘이 세어서 나를 물고 찢고 내 살을 먹으려고 할지라도 담대하고 강하게 믿어지는 것은 하나님이 내편이시다.

하나님께서 원수가 오면 진수성찬도 차려주시고 나에게 잔이 넘치는 삶을 주신다는 신념을 가지고 있었기 때문에 원수 앞에서 오히려 할렐루야!!를 하고 찬양을 할 수가 있는 것입니다. 어떠한 곤경에도 하나님께서 해답을 갖고 계심을 알게 될 때 우리는 하나님을 의지하고 담대할 수가 있는 것입니다. 이런 믿음의 결과는 결코 환경을 보고 두려워하지 않습니다.

동남풍이 불고 서북풍이 불어도 환경보다 더 위대한 하나님이 계신데 무엇을 두려워 할 것이 있느냐? 하나님을 바라보고 두려워하지 않습니다.

역경을 당하여도 낙심하지 않습니다. 환란의 깊은 계곡에 떨어지고 시험에 떨어져도 환란 날에 나와 같이 계시는 하나님. 환란 날에 나를 부르라 내가 응답하겠고 너를 영화롭게 하겠다고 하셨으므로 두려워하지 맙시다. 하나님의 도우심을 항상 바라기 때문에 마음에 확신이 있고 그리고 오래 오래 참을 수가 있습니다. 아무리 눈에 아무 것도 안보여도 오래오래 참을 수가 있는 것은 하나님이 나와 함께 계심이라.

하나님께서 나를 위해서 보이지 않는 가운데 역사하심으로 종국적으로 위대한 승리가 올 것을 알기 때문에 그 믿음을 가지고 우리는 버티어 갈 수가 있고 믿음의 결과는 승리입니다. 성경은 말씀합니다. 할 수 있거든이 무슨 말이냐 믿는 자에게는 능치 못하심이 없느니라. 네 믿음대로 될지어다. 너희에게 겨자씨 한 알 만한 믿음이 있으면 이 산더러 명하여 저 바다에 던지우라 해도 될 것이요. 능치 못하심이 없으리라고 말씀하고 있는 것입니다. 그러므로 믿음의 결과는 승리요. 성공이요. 영광인 것입니다. 이러므로 믿음을 가지고 살 때 우리는 적극적인 인생을 살아갈 수가 있는 것입니다.

3. 담대해야 적극적으로 인생을 살아 갈 수가 있다.

우리가 담대해야 적극적으로 인생을 살아 갈 수가 있는 것입니다. 담대함이란 용기 있게 미지의 세계에 도전하는 것을 말합니다. 항상 내가 잘 아는 내 집, 내 동네 밖에 나가지 않으려고 하는 사람은 겁 많은 사람이요. 우물 안 개구리입니다. 우물 안 개구리가 되어서는 아무 것도 못합니다. 대양으로 나가 헤엄치는 개구리가 되어야지 우리 민족이 오늘날 국제화 시대에 잘 살아 가려면 우리의 마음을 열어놓고 옹졸한 우물 안 개구리가 되어서는 안 됩니다. 우리끼리만 모여 살아서는 안 됩니다. 세계를 내 집으로 삼고 내 무대로 삼고 세계로 나가서 살아야 합니다.

저는 우리한국 민족들이 특히 폐쇄적이고, 그리고, 우물 안 개구리라는 것을 자백합니다. 우리는 이 세계를 내 집으로 삼고 가슴을 열어놓고 세계와 함께 호흡하면서 살아야 합니다. 그것은 담대하지 못해서 겁이 나서 자기들끼리 모여서 삽니다. 배짱 있게 살아야 합니다.

우리 예수 믿는 사람은 간을 배 밖에 내놓고 살아야 합니다. 용감하게 살아야 됩니다. 그러므로 담대하기 위해서는 늘 하나님 말씀을 묵상하고 기도하므로 하나님과 가까워지는 것입니다.

하나님께서 여호수아에게 무어라 말씀하셨습니까? "여호수아야, 내가 너와 함께 가니 강하고 담대하라 마음을 강하게 하고 지극히 담대하라 마음을 담대히 하라." 그렇게 늘 부탁하시고 하나님의 율법을 주야로 묵상하고 그것을 다 행하라. 그리하면 어디로 가든지 형통하리라고 말씀하신 것입니다. 우리가 하나님 말씀을 열심히 읽고 묵상하고 기도해서 성령이 충만해서 하나님이 함께 계심을 알게 되면 담대해지는 것입니다.

그리고 하나님의 음성을 들으려거든 직접 들리는 소리로 하나님 음성을 들으려고 하지 마십시오. 대개 하나님의 음성을 듣는 것이 아니라 귀신의 음성을 듣고 맙니다. 하나님은 성령의 감동 하에 말씀을 통하여서 심령에서 말씀하여 주시는 것입니다. 이미 말씀이 있기 때문에 말씀을 찾고 기도하면 성령이 우리 마음속에 있기 때문에 말씀을 찾고 기도하면 성령이 우리 마음속에 고요하고 잠잠하게 이끌어 주시는 것입니다. 그리고 또 담대하게 살아가기 위해서는 그와 같은 기도를 통해서 무엇이 하나님의 뜻인가를 분별해야 됩니다. 이것이 내 뜻대로 마옵시고 주의 뜻대로 하옵소서. 나도 하나님의 것이고 세계도 하나님의 것임으로 하나님이 나를 위해서 결정하십니다.

하나님의 뜻을 보여 주옵소서. 하나님의 뜻을 내가 마음속에 확신하게 되면 강하고 담대하게 될 수가 있는 것입니다. 그리고, 담대하기 위해서는 모험을 할 줄 알아야 합니다. 아예 간을 배 밖에 내어놓고 살면 살고, 죽으면 죽으리라, 흥하던지 망하던지, 성하던지, 쇠하던지 하고 뛰어들어야 합니다.

수영을 배우기 원하는 사람보고 물 밖에서 이렇게 해라. 저렇게 해라. 백날 말만해서는 수영 못 배웁니다. 수영을 배우려면 물속에 밀어 넣어버려야 합니다. 물속에 빠지기도 하고, 물속에서 주저 앉기도 하고, 물도 좀 마시기도 하고, 버둥대고 그래야 물을 두려워하지 않게 되고, 그 뒤에 수영을 배웁니다.

담대해야 배우지요. 성경은 너희 담대함을 버리지 말라. 이것이 큰상을 얻느니라고 말하고 있습니다. 주님께서 상용한 위대한 믿음의 용사들은 다 담대한 사람입니다. 아브라함같이 75세에 인생을 새 출발한다는 것은 담대하지 않고는 못합니다. 그리고 모세는 80세에 한사람의 군인도 없이 세계의 최강국인 애굽의 포로로 잡힌 백성들을 구출하겠다고 지팡이만 짚고 나가는 사람은 미친 사람 아니면 담대한 사람인 것입니다. 담대했습니다. 다윗은 아버지 양을 칠 때 사자나 곰이 와서 양을 물고 가면 겁이 나서 그냥 앉아 있지 아니하고 뛰어나가서 그 양을 빼앗고 곰이나 사자가 달려들면 어울려서 수염을 잡고 박치기를 하고 주먹으로 쳐서 잡았습니다. 그는 담대했습니다. 담대한 사람에게 하나님은 역사하십니다.

그가 형들을 방문했을 때 마침 사울 왕은 군대를 거느리고 블레셋과 전쟁 중이었습니다. 블레셋의 대장군인 골리앗은 "나와서 이스라엘 중에 남자가 있으면 나오라. 나와 싸우자. 네가 이기면 우리가 너희 종이 되고, 너희가 지면 너희가 우리의 종이 되어라. 나오라." 모두 다 겁을 집어먹고 전부 이스라엘 군이 들어가 수풀 뒤에 숨고 흙더미 뒤에 숨었습니다. 그래서 블레셋 사람에게 모욕을 당했습니다. 그것을 조그마한 소년 다윗이 보고 분개했습니다. 다윗이 말하기를 "저 할례 받지 못한 이방인 앞에 만군의 하나님의 군대가 모욕을 당하는데 이렇게 뒤로 숨기 바쁘냐? 내가 가서 싸우겠다."고 했습니다.

형들이 와서 "너 미쳤냐? 가서 양이나 쳐라." 그 말에 다윗은 "내가 이렇게 하는 것은 형들이 도망을 치니까 그렇지 안습니까?" 그 말을 사울이 듣고 "네가 정말 가서 싸우겠느냐?"고 물었습니다. "싸우겠습니다." "골리앗은 어려서부터 용사인데 너 같이 어린 소년이 어떻게 싸운단 말이냐?" "제가 아버지 양을 칠 때 곰이나 사자가 와서 양을 움켜쥐면 가서 빼앗고 달려들면 주먹으로 쳐서 죽였는데 저 놈도 그 곰이나 사자의 한 놈밖에 될 수 없을 것입니다." 다윗은 담대했습니다.

그래서 그는 목자의 도구를 몸에 걸치고 물맷돌을 들고 나갔습니다. 골리앗은 거대한 장군이 오는 줄 알고 위를 쳐다봐도 안 보이니까 어디에 있나 찾다가 밑을 보니 조그마한 어린아이가 나옵니다. 그러니 골리앗이 얼마나 모욕을 느꼈는지 "야! 이놈아 내가 개인 줄 알고 나왔느냐?" 그러면서 다윗에게 저주합니다. "내가 오늘 너를 찢어서 죽여 공중의 새와 땅의 짐승의 밥으로 만들겠다." 다윗이 무어라고 말했습니까? "너는 칼과 창과 단창을 의지해서 나오거니와 나는 네가 모욕하는 하나님. 만군의 이스라엘의 하나님의 이름으로 나가느니라. 내가 오늘 너를 죽여 공중의 새와 땅의 짐승의 밥으로 만들겠고 온 세상에 하나님이 계신 것을 알게 하겠다." 그래서 그는 물맷돌을 흔들면서 뛰어나가 놓아버리니 돌이 나가서 골리앗의 이마에 정면으로 파고 들어가 골리앗이 쓰러져 죽었습니다.

그의 목을 칼로 베어서 피가 뚝뚝 흐르는 머리채를 휘어감아

드니 그때야 이스라엘 백성이 담대해 져서 물결치듯이 습격해 블레셋을 풍비박산을 내었습니다.

완전히 이스라엘의 승리로 돌아갔습니다. 이것은 다윗이 담대했기 때문에 하나님이 역사했지 다윗이 담대하지 못했으면 하나님은 역사하지 못했을 것입니다. 내가 베드로를 존경하는 것은 베드로는 담대한 사람입니다. 캄캄한 칠흑 같은 밤에 파도가 치고 바람은 부는데 예수님이 물 위로 걸어오니 유령이라고 다 고함을 치고 움츠립니다. 그때 예수님이 "내니 두려워하지 말라."고 하니 그때 베드로가 "만일 주시면 나로 물 위로 걸어오게 하소서." "오라." 그 캄캄한 밤에 출렁이는 배에서 베드로가 걸어나갑니다.

내 간이 다 서늘해집니다. 나갔다가 물위로 못 걸으면 뭐, 영원히 고기밥이 되는 것입니다. 어마 어마하게 담대합니다. 캄캄한 밤에 천둥은 치고 바람은 부는데 그 물결 속을 향해서 베드로가 걸어 나갔습니다. 그런데 그는 물위를 걷기 시작했습니다. 인류 역사상에 물위를 걸은 이는 베드로 밖에 없는데 담대했기 때문에 하나님이 함께 했던 것입니다.

담대함이 없었으면 그런 일이 일어날 리도 없습니다. 저도 짧은 목회생활이지마는 제가 하나님 말씀을 듣고 배짱 있게 담대하게 나갔을 때 가장 큰 일이 이루어졌습니다. 우리 충만한 교회를 서울로 이전 할 때도 돈이 하나도 없었습니다.

그때는 나이도 지금보다 젊었고 간이 배 밖에 나왔어요. 사실

아예 담대해져서 뭐 죽으면 죽으리라고 나왔는데 만일 그때 제가 담대하지 못하고 소극적인 마음을 가졌으면 그때 시화에서 서울로 나오지 못하고 우리는 지금의 교회가 되지 못했을 것입니다. 그때 담대함을 가졌기 때문에 주님이 기적을 베풀어주신 것입니다.

제가 병자를 위한 기도를 할 때도 그랬습니다. 언제나 담대한 믿음이 생겨서 아주 강하고 담대하게 병자를 위해서 기도하고 병자를 일으켰을 때는 굉장히 기적이 많이 생겼었는데 그만 겁이 나가지고 소극적으로 기도했을 때는 하나님의 역사가 일어나지 않았습니다.

저의 생애에도 하나님의 말씀과 뜻을 알았을 때에는 아예 그냥 죽든지 살든지 하고는 담대하게 나갔을 때 가장 큰 역사가 일어났던 것을 체험했습니다. 너희는 담대함을 버리지 말라 이것이 큰상을 얻느니라. 이러므로 적극적으로 인생을 살아가기 위해서는 용감하고 담대하게 나아가야만 하는 것입니다.

4. 인내심을 가져야만 한다.

적극적으로 인생을 살기 위해서는 인내심을 가져야만 합니다. 가나안은 광야의 끝에 있지 광야 중간에도 처음에도 있지 않습니다. 광야를 지나고 난 다음에 그 끝에 젖과 꿀이 흐르는 가나안 땅이 있습니다. 광야를 지나는 동안에 우리가 연단을 받고 고집이 깨어지고 탐욕을 버리고 그리고 연단을 통해서 강한 믿음을 얻게 되면 그 결과는 가나안 땅에 들어가는 것입니다. 이러므로 광야가 없이 젖과 꿀이 흐르는 땅은 없습니다. 반드시 시련의 광야가 있습니다.

작은 광야, 황막한 광야, 인생의 광야를 우리가 인내를 가지고 들어가야 결국에는 젖과 꿀이 흐르는 가나안 땅에 들어가기 때문에 적극적으로 인생을 살기 위해서는 광야를 통과할 때 낙심하지 말고 뒤로 물러가지 말고 끝까지 인내를 가져야 됩니다. 성경에는 뒤로 물러가면 내 마음이 저를 기뻐하지 아니하리라 나의 의인은 믿음으로 말미암아 살리라고 말씀하고 있는 것입니다.

아브라함은 75세에서 100세까지 25년 동안 인내의 세월을 보냈습니다. 견뎌냈습니다. 이삭은 모리아 산의 죽음의 시련을 견뎌냈습니다. 요셉은 17세부터 30세까지 13년을 종살이와 감옥살이를 흔들리지 않고 견뎌냈습니다. 모세는 40년을 광야에서 버림받은 생활을 살면서도 뒤로 물러가지 않고 견뎌냈기 때문에 하나님께서 결국에 그들에게 승리의 젖과 꿀이 흐르는 가나안을 주셨습니다. 가장 위대하게 인내한 사람은 바로 욥이었습니다. 욥은 자식이 남자 7명, 여자 3명, 모두 10명의 자녀를 두었습니다.

양이 7천 마리, 약대가 3천 마리, 소가 5백 겨리, 암나귀가 5백 겨리, 동방에서 제일 큰 부자였는데 순식간에 하루아침에 자식을 다 잃어버리고 몸은 종양성 문둥병에 걸리고 아내는 떠나가 버리고 잿더미 위에 앉아서 기왓장으로 몸을 긁고 있는 비참한 인간으로 전락되고 모든 사람이 죄인이라고 손가락질을 합니다. 그는 끝까지 꿈을 버리지 않았습니다. 하나님을 믿는 믿음을 버리지 않았습니다. 내가 죽더라도 하나님을 믿겠다고 했습니다.

그리고 그는 담대했습니다. 나는 지은 죄가 없다. 나는 하나님 앞에 시련을 겪고 있다. 담대했습니다. 그리고 욥은 끝까지 참았습니다. 내가 참고 나면 정금같이 나오리라. 그 결과로 하나님께서 그 광야를 지난 욥을 높이고 복을 주어서 전보다 배나 되는 축복을 넘치게 했습니다.

야고보서 5;10-11절에 보면 "형제들아 주의 이름으로 말한 선지자들로 고난과 오래 참음의 본을 삼으라 보라 인내하는 자를 우리가 복되다 하나니 너희가 욥의 인내를 들었고 주께서 주신 결말을 보았거니와 주는 가장 자비하시고 긍휼히 여기는 자시니라." 욥은 그 인내를 통해서 그 시련의 연단의 광야를 지나 축복의 젖과 꿀이 흐르는 가나안으로 들어갔습니다.

우리에게 크고 작은 시련의 광야가 다가옵니다. 이것을 적극적으로 인내를 가지고 견디면 나중에 그 시험과 환란의 동등, 그 이상의 복이 반드시 내려온다는 것을 알게 되시기를 주의 이름으로 축원합니다.

삶은 전쟁터입니다. 적극적으로 도전하는 자가 하나님의 도

우심을 받습니다. 성경은 구하라. 주실 것이요. 찾으라. 찾을 것이요. 문을 두드리라. 열릴 것이니라. 이 얼마나 적극적입니까? 가만히 앉아 있어도 열린다고 하지 않았습니다. 구하고 찾고 두드리고 나아가는 적극적인 사람에게 하나님이 함께 하셔서 길을 열어 주시는 것입니다. 그러므로 나는 못한다. 나는 안 된다. 나는 할 수 없다. 나는 능력이 없다. 나는 돈이 없다. 그런 말하지 마십시오.

그러면 하나님도 등을 돌려버리고 맙니다. 그런 사람은 내일이 없습니다. 우리가 비록 교육이 부족할지라도 어려운 환경에 처해있을지라도 건강이 나쁠지라도 하나님께 구해서 꿈을 가지고 흔들리지 않는 좋으신 하나님에 대한 믿음을 가지고 있어야 합니다. 그리고 마음을 강하고 담대히 하여 환경에 흔들리며 두려움을 갖지 말고 끝까지 인내하면서 적극적으로 인생을 살면 결과에는 영혼이 잘됨같이 범사에 잘되며 강건한 젖과 꿀이 흐르는 가나안 땅으로 들어가게 되는 것입니다. 하나님의 위대한 승리가 우리의 것이 되는 것입니다.

18장 말의 권세를 바르게 사용하는 법

(막11:23)"내가 진실로 너희에게 이르노니 누구든지 이 산더러 들리어 바다에 던져지라 하며 그 말하는 것이 이루어질 줄 믿고 마음에 의심하지 아니하면 그대로 되리라"

우리 하나님은 우리에게 풍성하게 주시기를 원하십니다. 하나님은 우리에게 못 주어서 안달이 나신 분입니다. 우리가 예수 믿어서 받은 것이 무엇입니까? 재벌 아들이 무지하고 방탕해서 돌아다니면 그 아들에게 땅을 안줍니다. 더 잘못될까 싶어서입니다. 모르면 안주는 겁니다. 자녀라도 모르면 안 됩니다. 우리가 신앙생활에서 알 것도 많고 배울 것도 많지만 내가 얻은 것이 무엇이며, 앞으로 얻을 것이 무엇인가를 분명히 해야 됩니다. 그래야 기도가 바로 됩니다.

그렇게 되어야 주의 봉사도 바로하게 되는 것입니다. 이것을 모르면 어떤 방향으로 봉사해야 될지 기도하는데 어떤 기도를 해야 될 지 알 수 있습니다. 이미 주셨는데 또 달라고는 할 수 없습니다. 하나님이 자기에게 주신 것을 알고 옳바른 신앙생활을 해야 하겠습니다.

하나님은 우리의 말에 권세를 주셨습니다. 하나님의 초자연적인 권세입니다. 하나님의 말씀을 성령으로 육의 심비에 새겨서 깊이 간직해야 합니다. 예수님께서는 마음에 가득한 것을 입으로 말한다고 하십니다(마12:34).

예수를 믿고 성령으로 거듭난 마음에 하나님의 말씀이 가득하면 입을 통하여 나올 것입니다. 하나님의 말씀을 말함으로써 성도의 삶에 작용하고 있는 부정적인 능력을 마음에 쌓아 놓은 선한 능력으로 정화하고 바꿀 수 있습니다.

불신앙의 말이 사탄의 능력을 내보내는 것과 마찬가지로, 초자연적인 믿음의 말이 하나님의 능력을 내보냅니다. 불신앙의 말이 자신에게 죽음과 질병을 가져온 것처럼, 믿음에 찬 말이 생명과 치유를 가져올 것입니다. 불신의 말이 가난과 궁핍을 생산했듯이 하나님의 말씀은 번영과 풍요를 생산할 것입니다.

마가복음 11:23의 영적인 원칙은 거듭난 믿는 자로서 삶의 기초가 됩니다. 그것이 바로 하나님께서 믿음을 사용하시는 방법입니다. 예수님께서는 "하나님을 믿으라"(Have faith in God, 11:22), 혹은 각주에 의하면 하나님의 믿음을 가지라(Have the faith of God)고 말씀하십니다. 그리고 계속하여 하나님의 믿음이 어떻게 작용하는가를 설명하십니다. 입으로 말하는 것과 마음으로 믿는 것과의 밀접한 관계를 주의 깊게 살펴보기 바랍니다.

"누구든지 이 산더러 들리어 바다에 던지우라 (말)하며 그 말하는 것이 이룰 줄 (마음에) 믿고 마음에 의심치 아니하면 (말한 것이) 그대로 되리라"(괄호 안은 영어 성경의 표현을 추가)

우리가 구원받은 것도 말을 했기 때문입니다. 로마서 10:9-10을 보겠습니다. "네가 만일 네 입으로 예수를 주로 시인하며 또 하나님께서 그를 죽은 자 가운데서 살리신 것을 네 마음에 믿으면 구원을 얻으리니 사람이 마음으로 믿어 의에 이르고 입으로 시인하여 구원에 이르느니라."

마태복음 12:36-37에 예수님의 말씀을 기억하십니까? "사람이 무슨 무익한 말을 하든지 심판 날에 이에 대하여 심문을 받으리니 네 말로 의롭다 함을 받고 네 말로 정죄함을 받으리라."

하나님은 얼마나 금식을 했는가, 몇 시간을 기도했는가로 의롭다함을 규정하는 것이 아닙니다. 예수님은 사람의 입으로 나오는 말로 의롭다 하시거나 정죄하실 것입니다. 말이 얼마나 비싼 값을 치러야 하는 것인지 알 수 있습니다. 초자연적인 역사가 일어나는 믿음의 말을 하는 습관을 들여야 할 것입니다.

말로 사탄을 막는 법을 생각하여 보겠습니다. 사탄의 제일가는 책략은 사람이 삶의 경험에 관심을 집중하게 만드는 것입니다. 어느 사람의 삶에 일어난 일들을 되새기며, 왜 그런지를 분석하게 만듭니다. 또 하나님의 말씀을 판단하게 만듭니다. 사탄은 많은 종교인들이 가지고 있는 생각이나 이론은 사람을 변화시키기 위하여 왔다고 하면서 받아들이도록 충동합니다. 사탄이 충동하는 그것을 믿는다면 사탄은 그러한 환란과 폭풍들 속에 묶어둘 수 있습니다. 우리가 이러한 사탄의 말에 귀를 기울이면 절대로 승리하는 인생을 살 수 없을 것입니다.

사탄은 이렇게 말합니다. "너는 실패할 거야." "너는 망할 거야." "너는 병들어 고생할 거야." 우리가 그 말에 동의하면 인생을 비참하게 만들 것입니다. 사탄은 우리를 막다른 지경까지 밀어 붙일 것입니다. 그러나 사탄을 대적할 수 있는 권세가 있다는 것을 알기 바랍니다.

예수님께서는 마태복음 6:31에 이렇게 말씀하십니다. "그러므로 염려하여 무엇을 먹을까 무엇을 마실까 무엇을 입을까 하지 말라."(Therefore take no thought….) 우리는 일단 생각한 뒤에 말을 해야 합니다. 말을 하기 전에 한번 출처를 확인하는 습관을 들이십시오. 이 원칙을 사용하면 사탄의 미혹을 막을 수 있습니다.

먼저 생각하세요. 그리고 이렇게 말해야 합니다. "사탄아, 하나님의 말씀에 나는 너를 지배하는 권세가 있다고 하셨다. 나는 네 말을 들을 필요가 없다. 나는 예수그리스도를 통하여 하나님의 의가 되었다. 나는 다시는 너의 영향을 받지 않겠다. 나는 네가 내 몸에 질병을 가져다주는 것을 더 이상 허락하지 않겠다. 너는 이제 나의 인도자가 아니다. 예수님이 나의 주인이시다. 예수님의 이름으로 명하노니 물러갈지어다. 물러가라" 단호하게 대적할 수 있습니다.

일단 이와 같은 결정을 내리고 하나님의 말씀을 선포하며 자신의 기지를 발휘하고, 다시는 동조하거나 물러서지 말아야합니다. 사탄은 다시 도전해 올 것입니다. 그러므로 사탄의 얼굴을 직시하며 확고하게 권세를 주장하며 대적하여 한 치도 틈을 주지 말아야 합니다.

저는 이렇게 설교한 결과 일부 성도들에게 합리성이 결여 된다고 하는 말을 들은 적이 있습니다. 그러나 그런 사람들에게 적당히 하고, 넘어가는 것을 알려주는 것은 하나님의 뜻이 아니라는 것을 알았습니다. 사람의 이론이나 말을 들으면 사탄을 이롭게 하는 것이라는 것도 깨닫게 되었습니다. 때로는 확고한 태도로 그들의 생각을 온통 뒤흔들어 놓아야만 사탄을 대적하는 사람들이 된다는 것을 깨달아 알게 하셨습니다. 그러한 사람들에게 사탄이 얼마나 자신들을 파괴하여 왔는지를 깨닫게 할 수 있습니다.

수로보니게 여인이 예수님께 왔을 때, 예수님의 반응은 잔인한 것처럼 들립니다. 그는 이렇게 말씀하십니다. "자녀들의 빵을 가져다가 개에게 던져 줄 수는 없다." 그의 말씀은 단호하였습니다. 그러나 그것은 그녀의 불신을 파고들었습니다. 그녀가 하나님에 대한 믿음을 가지게 되었을 때 예수님은 이렇게 말씀하십니다. "네 믿음대로 될 지어다."(마태복음 15:22-28)

말은 능력을 전달합니다. 말은 생명이나 죽음, 축복이나 저주를 지니고 있습니다. 하나님의 이름을 저주하는 말과 합하여 사용하는 언어들이 믿음을 지키기가 얼마나 어려운지 경험해 보셨습니까? 하나님은 저주하는 분이라고 알고 있다면 불행한 사람입니다. 그것은 하나님의 이름을 욕되게 하는 것이기 때문입니다. 왜냐하면 하나님은 우리를 저주하는 분이 아니기 때문입니다. 하나님은 우리를 축복하시는 분입니다. 하나님은 우리가 잘되기를 원하십니다. 우리를 통하여 하나님의 일을 해야 하시기 때문입니다.

대부분의 사람들은 하나님의 이름을 욕되게 하는 말을 들으면 혐오감을 느낍니다. 그러나 똑같은 사람들이 돌아서서 온갖 끔찍한 일들로 인하여 하나님을 원망합니다. "하나님이 우리 아기를 잡아갔다. 하나님이 우리 아버지를 죽게 했다. 하나님이 토네이도(폭풍)를 보내어 내 곡식과 가축을 파괴하였다."

하나님을 살인자나 파괴자로 비난하는 것은 하나님을 저주자라고 하는 것과 같은 것입니다. 하나님은 사랑이십니다. 하나님은 생명이십니다. 하나님은 좋은 것을 창조하십니다. 하나님이 죽음과 멸망을 가져왔다고 말하는 것은 곧 사탄으로 하여금 저주하고 멸망시킬 수 있도록 허락하는 것과 같은 것입니다. 사탄이 행한 악한 것들로 인하여 하나님이 원망을 들으시는 것입니다.

보험 약관에 보면 화재, 홍수, 지진, 토네이도, 등등을 언급할 때 "하나님의 섭리"라고 말합니다. 하나님이 우리 마을에 지진을 불러왔다고 하는 것은 하나님이 저주자라고 하는 말과 꼭 같습니다. 야고보서 1:13에 이렇게 말씀하십니다. "사람이 시험을 받을 때에 내가 하나님께 시험을 받는다 하지 말지니 하나님은 악에게 시험을 받지도 아니하시고 친히 아무도 시험하지 아니하시느니라."

우리 의식 속에는 "불경스러운, 혹은 신성모독의"말로 분류된 어휘들이 있습니다. 그런데 불경(profane)이란 무엇입니까? 하나님이 보시기에는 하나님의 말씀, 속성, 이름, 능력과 사랑에 반대되는 것은 다 불경스럽습니다.

하나님은 사랑이십니다. 하나님은 질병이나 저주나 파괴자가 아닙니다. 예수님께서는 이렇게 말씀하십니다.

> "도둑이 온 것은 훔치고 죽이고 멸망시키려는 것뿐이요 내가 온 것은 양으로 생명을 얻게 하고 더 풍성히 얻게 하려는 것이라"(요한 10:10).

풍성한 생명은 값없이 주어졌습니다. 그럼에도 불구하고 많은 크리스천들이 무지로 인하여 그것을 누리지 못하고 있습니다. "내 백성이 지식이 없으므로 망하는 도다."(호세아 4:6). 일단 이 세상의 모든 체계가 작용하는 원칙을 알고 나면 사탄이 어떻게 자신의 목적을 위하여 그것을 교묘하게 조작하여 왔는지 알 수 있습니다.

> "혀는 곧 불이요 불의의 세계라 혀는 우리 지체 중에서 온 몸을 더럽히고 생의 바퀴를 불사르나니"(야고보 3:6).

이것이 세상에서 작용하는 원칙입니다. 사탄은 당신의 혀를 사용하여 자연계가 당신에게 해가 되도록 조종합니다. 당신은 태어나는 순간부터 자신의 삶과 주변 환경에 관하여 부정적인 말을 하도록 길들여져 왔습니다.

하던 일을 멈추고 자신이 일상적으로 하는 말을 들어보시기를 바랍니다. 자신이 하는 말을 듣는 훈련을 해야 합니다. 대부분의 말들은 소위 "아무 생각 없이"하는 말들입니다. 당신은 그 말들이 삶에 어떤 결과를 가져올지 생각해 본 적도 없을 것입니다.

예를 들어 환절기가 되면, 감기가 유행한다는 말을 합니다. 의사를 찾아가거나 약을 사느라고 돈이 들것이라고 말합니다. 이러한 말들은 두려움의 산물입니다. 질병이 오는 것을 두려워 하면 그것을 피할 수 없을 것입니다. "당신은 치유(healing)를 믿으십니까?"라고 물으면 "물론이죠"라고 대답합니다.

그러나 이와 같은 믿음의 고백을 일상생활의 대화에서 다 무효로 해버립니다. 잠언 6:2에 당신의 입의 말로 당신이 얽어 매였다고 말씀하십니다(You are snared by the words of your mouth.).

당신이 두려움, 의심, 불신 등의 말을 하는 그 때 멸망의 불씨가 붙고 사탄은 온갖 수단을 동원하여 그 불씨에 부채질을 하여 불이 붙도록 할 것입니다. 일단 당신 주변에 불을 붙이면 그가 공격을 할 것입니다. 당신이 이러한 지식을 얻지 못하면, 그 불행이 마치 이유 없이 일어난 것처럼 보일 것입니다.

가장 먼저 당신은 의문을 품을 것입니다. "왜 내게 이런 일이 일어났을까요?" 그것은 마치 답이 없는 질문인 것처럼 보일 것입니다. 그러나 답이 있습니다. 혀가 인생에 불을 붙이고 그 불은 지옥에서 온 불입니다.

자신의 혀가 자신의 인생 전체를 제어한다는 것을 알고 나면 당신은 사탄의 술수를 막을 수 있습니다. 당신의 혀를 제어하는 것을 배우면 사탄을 제어할 수 있습니다. 그것은 마치 불가능하게 보이지만, 가능한 일입니다. 그러나 그렇게 하려면 당신의 삶에 성령의 능력이 반드시 필요합니다.

야고보서 3:7-8에 이렇게 말씀하십니다. "여러 종류의 짐승과 새며 벌레와 해물은 다 길들므로 사람에게 길들었거니와 혀는 능히 길들일 사람이 없나니 쉬지 아니하는 악이요 죽이는 독이 가득한 것이라." 사람은 야생 동물을 길들일 수 있으나 자신의 혀는 길들일 수 없습니다.

그러나 혀를 길들일 수 없다는 뜻은 아닙니다. 단지 사람이 혀를 길들일 수 없다는 뜻입니다. 사람이 야생 동물을 길들일 때 사용하는 자연적 힘으로는 혀를 길들일 수 없습니다. 영적인 힘이 필요합니다. 그리고 그 영적인 힘은 거듭난 신자 모두에게 사용하도록 이미 주어졌습니다. "내 말이 영이요"라고 예수님께서 말씀하십니다(요한복음 6:63). 기록된 성경을 주신 하나님께 감사드립니다.

자신의 혀는 단지 도구일 뿐입니다. 열쇠는 자신의 마음에 있습니다. 무엇이든지 자신의 마음에 가득한 것이 입으로 나올 것입니다. 자신의 마음에 하나님의 말씀을 가득 채우면, 하나님의 말씀이 자신의 입으로 나올 것입니다.

오늘부터 자신의 입에서 나오는 말을 바꾸겠다는 새로운 기준을 세우고 시작해야 합니다. 그러나 먼저 당신은 하나님의 말씀의 권세를 사용하여 과거에 해 온 말의 능력을 제거하는 작업을 먼저 해야 합니다. 말씀과 성령으로 불신앙의 말을 치유해야 합니다. 불신앙의 말을 통해 들어온 귀신들을 축귀해야 합니다. 하나님이 주신 권세를 적극적으로 사용하여 사탄이 당신의 삶에 붙여온 불을 지금 당장 꺼버리기 바랍니다.

참으로 하나님께 감사한 것은 당신에게는 하나님의 말씀과 성령의 능력과 예수님의 이름이 있습니다. 그리고 예수님께서는 당신의 대변자가 되십니다.

"만일 우리가 우리 죄를 자백하면 저는 미쁘시고 의로우사 우리 죄를 사하시며 모든 불의에서 우리를 깨끗케 하실 것이요… 만일 누가 죄를 범하면 아버지 앞에서 우리에게 대언 자가 있으니 곧 의로우신 예수 그리스도시라"(요한1서 1:9, 2:1).

당신의 죄를 어떻게 삶에서 제거하고 있는가? 고백해야 합니다. 그 죄를 입으로 말하여 당신에게서 제거하는 것입니다. 계시록 12:11에 이렇게 말씀하십니다. "또 여러 형제가 어린양의 피와 자기의 증거하는 말을 인하여 저(사탄)를 이기었으니…"

하나님은 말씀을 능력으로 지원하십니다. 하나님의 말씀을 당신의 마음에 담으시기를 바랍니다. 그리하면 당신의 입으로 권능이 나올 것입니다. 당신의 입은 선택권이 없습니다. 무엇이든지 마음에 가득한 대로 말할 것입니다. 오늘부터 완전히 새로운 미래를 향하여 당신의 혀를 예수님과 그의 말씀에 드리세요.

"하나님 아버지, 예수님 이름으로 저는 저의 혀를 제어할 것을 다짐합니다. 저는 하나님께 대항하거나 하나님께서 제 인생에서 하시는 일을 방해하는 모든 말들을 폐기하고 회개합니다. 저는 그 말들의 능력을 제거합니다. 그리고 제 입을 하나님의 말씀을 전하는데 사용토록 내어드립니다" "마음 가득한 것이 입 밖으로 말이 되어 나오므로 저는 제 마음에 하나님의 말씀으로 가득 채우겠습니다. 그러므로 제 입에 파수꾼을 세워주십시오"

"저는 하나님의 말씀과 일치하는 말을 하겠습니다. 하나님의 자녀로서 저는 나음을 입었으며 성령으로 충만함을 입었습니다. 저는 예수 그리스도를 통하여 하나님의 의가 되었습니다. 하나님께서 저를 그렇게 만드셨으므로 저는 제 삶의 모든 분야에서 승리하는 사람입니다. 성령님! 저의 입에 파수꾼을 세우시고 믿음의 말만하도록 지켜주시옵소서. 예수님의 이름으로 기도합니다. 아멘"

19장 말로 귀신이 나가고 들어온다.

(막 7:24-30) "예수께서 일어나사 거기를 떠나 두로 지방으로 가서 한 집에 들어가 아무도 모르게 하시려 하나 숨길 수 없더라. 이에 더러운 귀신 들린 어린 딸을 둔 한 여자가 예수의 소문을 듣고 곧 와서 그 발 아래에 엎드리니, 그 여자는 헬라인이요. 수로보니게 족속이라 자기 딸에게서 귀신 쫓아내 주시기를 간구하거늘 예수께서 이르시되 자녀로 먼저 배불리 먹게 할지니 자녀의 떡을 취하여 개들에게 던짐이 마땅치 아니하니라. 여자가 대답하여 이르되 주여 옳소이다마는 상아래 개들도 아이들이 먹던 부스러기를 먹나이다. 예수께서 이르시되 이 말을 하였으니 돌아가라 귀신이 네 딸에게서 나갔느니라. 하시매 여자가 집에 돌아가 본즉 아이가 침상에 누웠고 귀신이 나갔더라"

예수님께서는 가는 곳마다 사람의 영혼을 구원하시고 병든 자의 병을 고치시며 귀신에게서 자유를 주시고 생명을 얻되 넘치게 주시는 역사를 베푸셨기 때문에 그리스도의 가시는 곳에는 사람들이 인산인해로 모였었습니다. 그래서 주님은 출입하시기조차 어려우시고 진지를 잡수실 수 있는 시간조차 빼앗겼었습니다. 이러므로 주님께서는 할 수 없이 군중을 피하셔서 제자들은 데리고 두로와 시돈 북부지역에 가서 좀 쉬시려고 하는데 예수님께서 그곳에 가서 집에 들어가시자 예수께서 오신 소문이 즉시에 퍼진지라 또다시 군중들이 모여들기 시작한 것입니다.

그런데 그 가운데 비참한 상황에 이른 한 여인이 있었습니다. 그 여인은 헬라인으로서 수로보니게족의 한 여인이었는데 그 딸이 무섭게 귀신이 들려서 인사불성이었습니다. 자기 머리카락을 잡아당기고 고함, 고함을 칩니다. 옷을 찢어 버리고 이부자리도 찢어 버립니다. 부모, 형제도 알아보지 못합니다. 대소변을 가리지 못합니다. 이 어린 소녀 때문에 온 집안은 마치 무덤같이 되었습니다. 그들은 모든 약을 다 먹여 보았었습니다. 여러 의원들에게 다 가서 보았지만 낫지를 않습니다. 그래서 칠흑 같은 어두움이 그 가정을 둘러싸고 만 것입니다. 그런데 예수님이 오셨다는 소식을 듣자마자 이 여인은 결심을 했었습니다. 기어코 예수님께 나아가서 내 딸의 고침을 받겠다는 것입니다.

그래서 예수께서 계시는 곳에 와서 부르짖었습니다. "다윗의 자손 예수여! 우리를 불쌍히 여기소서. 내 딸이 흉악하게 귀신 들렸나이다." 아무리 외쳐도 예수님이 대답을 하지 않습니다. 이 여인은 낙심하지 않고 곧장 가서 예수님의 제자들을 붙잡고 설득을 시켰습니다. 제자들이 와서 예수께 말했습니다. "주여! 이 여인이 몹시 고함을 치니 고쳐서 보내드리지요" 그때 예수께서 하시는 말씀이 "나는 이스라엘의 잃어버린 양 이외에는 보냄을 받지 않았다"고 하셨습니다.

그것은 아직 때가 오지 않았었습니다. 예수님은 십자가 이후로 이방인에게 자비를 베풀기 시작했었습니다. 십자가 이전에는 유대인을 위해서 오신 때인 것입니다. 그런데 예수님이 제자들의 간청도 안 들어준다는 것을 알자 이 여인은 직접 예수님 앞에 와서 무릎을 꿇었습니다. 주님께 간청했습니다. "주님이여 내 딸이 흉악하게 귀신들렸사오니 내 딸을 고쳐주소서" 예수께서 준엄하게 바라보시고 난 다음 말씀하셨습니다. "자녀에게 먼저 배부르게 먹게 할지니 자녀의 떡을 취해서 개에게 주는 것은 마땅치 아니하느니라" 얼마나 모욕적인 말입니까? 그럼에도 불구하고 그 여인은 말하기를 "옳소이다. 그러나 개들도 상 아래에 떨어지는 부스러기는 주워 먹습니다." 예수님이 그 말씀을 듣고 얼마나 감탄했던지 "여자여 네 믿음이 크도다. 네가 이 말을 하였으니 귀신이 네 딸에게서 나갔느니라." 그래서 집에 돌아가 보니 과연 귀신이 떠나가고 그 딸은 생글생글 웃으면서 이전의 아름다운 딸로 변화되어 있었습니다. 온 가정의 눈물은 기쁨으로, 절망은 소망으로, 칠흑 같은 어두움은 광명천지로 변화되고 만 것입니다.

이것이 바로 우리 주 예수께서 하시는 일인 것입니다. 도적이 오는 것은 도적질하고 죽이고 멸망시키는 것뿐이지만 예수님이 오신 것은 양으로 생명을 얻게 하되 더 풍성히 얻게 하는 것이 예수님의 역사인 것입니다. 우리는 이 스토리를 통해서 중대한 교훈 몇 가지를 배울 수가 있는 것입니다.

1. 귀신이 하는 일

　귀신의 일에 대해서도 우리는 깊이 관심을 기울여야 하는 것입니다. 21세기에 들어선 오늘날 이렇게 과학이 발달되었는데 무슨 귀신이 있다고 귀신같은 소리를 하냐고 말할지 모르지만 그러나 실상은 부정할 수 없는 것입니다. 여기에 수로보니게 여인의 딸 속에 들어간 귀신은 오늘날도 수많은 사람들의 개인과 가정과 생활을 파괴하고 있는 것입니다.

　주님께서 상함도 없고 해함도 없으며 먹을 것과 모든 것이 있는 에덴의 낙원을 지으시고 아담과 하와에게 주셨는데 누가 아담과 하와를 파멸시켰습니까? 그 배후에 와서 아담과 하와를 유혹하고 악한 영향을 미친 자가 누구입니까? 바로 마귀였었습니다. 아담과 하와가 낳은 첫째 아들인 가인이 둘째 아들 아벨을 들에 데리고 나가서 돌로 쳐서 죽였습니다. 무엇이 형이 아우를 돌로 쳐서 죽일 수 있도록 마음속에 불붙는 질투심을 일으킨 것입니까? 성경은 여기 밝히 말씀하기를 요한1서 3장 12절에 "가인같이 하지 말라 그는 악한 자에게 속하여 그 아우를 죽였다"고 말한 것입니다. 악한 원수 마귀가 가인에게 들어가서 불같은 질투심을 일으키매 그 아우를 쳐서 죽일 수밖에 없었습니다. 마귀는 눈에 안 보이지만 배후에서 우리를 도적질하고 죽이고 멸망시키는 일을 계속하고 있는 것입니다.

　사울 왕에게 무엇이 왔기에 그 인격이 그렇게 변화되고 만 것일까요? 사울왕은 하나님이 택한 기름부은 이스라엘의 초대 왕이었는데 그가 하나님을 반역하자 악신이 그에게 임하였었습니다. 악신이 그에게 임하자 그는 고통으로 완전히 인격이 일그러지고만 것입니다. 흉악하고 난폭한 사람으로 변화되고 말았습니다. 그럴 때마다 다윗이 와서 수금을 타면서 하나님을 찬미하자 악신이 떠나가고 정상적인 사람이 되었었습니다. 그러나 일단 악신이 임하면 그의 손에 든 창을 가지고 누구든지 찔러 죽이려고 덤벼드는 것입니다. 사람의 눈에는 안보이지만 악신이 사람들의 인격을 변화시켜서 흉악하고 난폭하고 흉포한 인간으로 만듭니다.

오늘날 세상 돌아가는 것을 보십시오. 어떻게 해서 그렇게 흉악한 사건들이 생기고 인질사건이 생겨납니까? 이러한 일들은 그 배후에 우리가 계산에 넣지 않은 악한 원수 마귀와 귀신들의 횡포가 있기 때문인 것입니다. 예수 그리스도를 광야에서 누가 시험했나요? 예수 그리스도를 육신의 정욕과 안목의 정욕과 이생의 자랑으로 시험하여 마귀가 하나님을 반역하도록 예수님을 꾀었지만 예수님은 이것을 이기고 승리하신 것입니다.

가룟 유다가 예수님을 그냥 판 것은 아닙니다. 성경에 보면 최후의 만찬 날에 예수께서 말씀하기를 "이 중에 누군가 한 사람 나를 팔 것이라고 하매 제자들이 내니이까? 내니이까? 내니이까? 할 때 예수께서 내가 한 점 찢어서 국에 적시어서 주는 그 사람이 나를 판다고 했었습니다. 그리고 예수께서 떡을 국에 찍어서 가롯 유다에게 주매 가룟 유다가 그것을 받아먹으매 성경에 말씀하기를 마귀가 그 속에 들어갔다고 말했습니다. 그래서 가룟 유다는 일어나서 밖으로 나가니 캄캄한 밤이더라"고 말씀했습니다. 마귀에게 잡혀서 나가는 인생길은 밤밖에 다가오지 않습니다. 그가 나가서 예수 그리스도를 팔도록 괴계를 만들었고 그래서 유대인들에게 은 삼십냥을 받고 팔아먹고 자기는 나중에 절망에 처해서 목메어 죽은 것입니다.

예수님의 수제자인 베드로가 예수님을 세 번이나 모른다고 부인했습니까? 베드로가 인격적으로 부족해서 그렇습니까? 그렇지 않습니다. 베드로에게 마귀가 사주했던 것입니다. 그는 마귀의 손에 잡히어서 예수님을 세 번이나 모른다고 부인했습니다. 누가복음 22장 31-32절에 보면 "시몬아 시몬아 보라 사탄이 밀 까부르듯 하려고 너를 청구하였으나 그러나 내가 너를 위하여 믿음이 떨어지지 않기를 기도하였노니 너는 돌이킨 후에 네 형제를 굳게 하라"고 예수께서 말씀하신 것입니다. 사탄이 베드로를 마치 키로써 밀 까부르듯이 까불렀기 때문에 사탄의 사주에 이길 수가 없어서 예수님을 세 번이나 모른다고 부인했다고 말하고 있는 것입니다.

이와 같이 오늘날 마귀와 그 종자인 귀신들은 하나님이 없는 세상풍속을 쫓도록 사람들에게 악한 영향을 미치게 하고 육체의 정욕과 마음의 탐욕을 쫓아서 하나님 없는 영원한 파멸로 이끌어 가기를 원합니다. 하나님에 대한 것은 무관심이요. 세상풍

속을 쫓아서 탐욕의 포로가 되어서 나가다가 마지막 이 세상을 떠나는 그 날에는 다시 재기의 기회를 얻지 못하고 영원한 파멸로 떨어져 버리고 마는 것입니다. 이것이 마귀가 하는 일인 것입니다. 성경에는 사도행전 10장 38절에 보면 "하나님께서 나사렛 예수에게 성령과 능력을 기름 붓듯 하셨으매 저가 두루 다니시며 선한 일을 행하시고 마귀에게 눌린 모든 자를 고쳤다"고 하심으로 수많은 병들이 마귀에게 눌리어서 병들었기 때문에 아무리 약을 투약하고 수술을 받고 의사들이 치료해도 재발하고 다시 낫지 않는 이유는 그 마귀를 제하기 전에는 마귀의 억압에서 놓여남 받을 수가 없는 것입니다. 거미줄을 아무리 없애도 거미를 잡지 아니하면 거미가 자꾸 거미줄을 치는 것처럼 악한 원수 마귀를 내어쫓지 아니하면 질병은 재발하고 재발합니다. 그러나 나사렛 예수 이름으로 우리가 이 마귀를 멸할 수가 있는 것입니다.

오늘날 불의, 거짓, 더러움, 탐욕, 미움, 세속적인 것의 배후에는 귀신이 있는 것입니다. 귀신은 자기 본인과 타인을 괴롭히는 것입니다. 이렇기 때문에 우리는 수없이 많은 문제들을 단지 사회과학적인 면에서 철학적으로, 그렇지 않으면 심리적으로 문제를 해결하려고 합니다. 그러나 이러한 것만 가지고는 문제가 해결되지 않습니다. 왜냐하면 인간의 모든 생활의 배후에 우리를 도적질하고 죽이고 멸망시키려고 노리고 있는 원수 귀신이 있기 때문인 것입니다.

2. 문제를 들고 예수님에게 나오라.

우리가 알아야 될 것은 수로보니게 여인이 이 절망적인 상황에서 인력으로 문제를 해결하지 못할 때, 우리 주 예수에게 찾아왔었습니다. 왜냐하면 예수님께서는 눈에 안 보이는 세계, 흑암의 세계를 정복하고 우리를 자유케 해 주시기 때문인 것입니다. 예수 그리스도께서는 광야의 시험을 당할 때 마귀의 유혹에 넘어가지 않고 마귀의 유혹을 깨뜨려 버린 것입니다.

그러므로 예수 그리스도의 생애에는 마귀가 한 발자국도 발을 들여놓을 수가 없었습니다. 예수님은 그 사역을 통해서 어느 곳에 가나 천국 복음을 증거 하시고 귀신을 내어쫓았습니다. 성경 어느 페이지에 보더라도 예수님께서 복음을 증거하던 중에 귀신을 쫓지 않고 지나간 적이 한 번도 없습니다.

그리고 난 다음 12제자에게도 천국복음을 전파할 때 귀신을 내어쫓으라고 말씀하시며 70인의 제자에게도 그렇게 말씀하시고 마지막 부활 승천할 때 최후의 가장 중요한 명령을 남기실 때 말씀하기를 "믿는 자들에게는 이런 표적이 따르리니 저희가 내 이름으로 귀신을 쫓아낼 것이라"고 말씀하셨습니다.

만일 귀신의 활동이 중요하지 않다면 왜 예수께서 그 일생을 통해서 집요하게 귀신을 쫓아내시고 마지막 남긴 말 중에도 믿는 자는 귀신을 쫓아내라고 말씀한 것입니까? 이것은 인간의 상상을 초월해서 오늘날 귀신의 미혹가운데 들어있습니다. 심지어

귀신이 없다는 말조차도 귀신에게 속해서 그런 말을 하는 것입니다. 그렇기 때문에 우리가 개인이나 가정이나 우리의 생활에 자유를 얻고 참으로 그리스도 안에서 행복을 얻기 위해서는 우리는 귀신을 쫓아내야 하는 것입니다. 귀신의 역사를 멸해야 되는 것입니다.

예수님께서 십자가에 못 박힐 때 십자가상에서 마귀와 그 종자인 귀신들을 파멸시킨 것입니다. 왜냐하면 여러분 마귀는 죄악의 괴수인 것입니다. 죄인들은 얼마든지 십자가에 못 박아 죽일 수도 있고 파멸시킬 수 있지만 예수님은 죄인이 아닙니다. 태어날 때부터 그는 죄 없이 태어났고 일생을 죄를 지은 적이 한 번도 없습니다.

그러므로 의인인 예수를 마귀가 죄악의 괴수로서 십자가에 못 박았다는 것은 중대한 우주의 법칙을 어긴 것입니다. 어떻게 죄인이 의인을 심판합니까? 그러므로 마귀가 유대인과 로마 사람을 충동해서 의인인 예수 그리스도를 십자가에 못 박았기 때문에 하나님의 심판을 받아서 십자가에서 마귀는 무장이 해제되고 권력이 다 찬탈되고 만 것입니다.

그러므로 십자가에서 예수 그리스도가 우리를 대신하셔서 못 박히셨을 때 마귀는 파탄에 이르고 파멸되고 만 것입니다. 이렇기 때문에 예수 그리스도의 이름과 십자가의 보혈은 마귀로 하여금 한 길로 왔다가 일곱 길로 도망치게 만들어 버리고 마는 것입니다. 이러므로 우리는 강하고 담대하게 우리의 생활 속에서 우리를 영적으로 심리적으로 육체적으로 우리의 환경에서 도적질하고 죽이고 멸망시키는 마귀의 일을 나사렛 예수의 이름으로 단호하게 대적해서 내어쫓는 성도가 되시기를 바랍니다.

왜냐하면 우리는 부활하신 예수님을 우리 속에 모시고 있기 때문인 것입니다. 예수 그리스도는 어제나 오늘이나 영원토록 동일하십니다. 이 예수가 당신 속에 지금 와 계십니다. 당신 속에 계시니까 저 밖에 있는 마귀보다 강합니다. 성령의 임재하에 예수 이름으로 단호하게 대적하면 마귀는 물러가고 마는 것입니다.

3. 여인의 기도의 진지함과 신앙고백

우리가 여기에서 배워야 할 것은 수로보니게 여인의 기도의 진지함과 신앙고백인 것입니다. 수로보니게 여인은 쉽게 낙심하는 타입이 아니었습니다. 그는 처음 예수께 와서 기도해도 대답을 받지 못했습니다. 예수님은 이방인을 위해서 오지 않았다고 말씀하셨습니다. 제자들을 설득시켜도 응답을 받지 못했습니다. 그래도 낙심하지 않았습니다. 나중에는 예수께 나와서 엎드려 기도하는데 가장 모욕적인 말을 들었었습니다. 자녀에게 줄 떡을 취하여 개에게는 주지 아니한다. 보통사람 같으면 뭐라고 하겠습니까? "응답을 안 주면 안 주시지 그래 개라고요 해도 너무 합니다. 해도 너무해요. 어느 정도 응답 안 해주겠다고 말했으면 좋지만 개라고요 정말 정말 너무합니다. 주여 너무해요 안 해도 좋아요 안 해줘도 좋아요." 그러고 나갈 만도 한데 이 수로보니게 여인은 예수님의 가혹한 대답에도 그는 그 대답을 긍정적으로 받아들였습니다. "옳소이다 마는 주여 개들도 상 아래에서 떨어진 부스러기를 먹나이다" 아마 도시에서 자란 사람들은 이 의미가 무엇인지 잘 모를 것입니다.

수로보니게 여인은 개에게 밥을 던져주는 예를 든 것입니다. 개에게 안 준다고 하니까 주님이여 개들도 어린아이 밥상 밑에서 부스러기는 주워 먹으니 내게는 부스러기만 주셔도 우리 딸이 병에서 낫습니다. 병고침은 바로 예수님께서 자녀에게 주는 떡이라고 말씀하셨습니다. 떡이란 우리 한국말로 말하면 밥이라는 말입니다. 오늘 병고침 받는 것 그렇게 신기하게 생각할 것 없습니다. 왜냐하면 병은 낫게 되어 있어요. 어느 부모가 자식에게 밥 안 줍니까? 내 자식이 떡을 달라하면 돌을 주며 생선을 달라하면 뱀을 줄자가 있겠느냐고 말씀했습니다.

그러므로 부모가 자식에게 세 때 밥을 주듯이 주님께서는 병고침은 바로 자녀에게 주는 떡이라고 말한 것입니다. 이렇기 때문에 우리들은 병들었으면 담대하게 하나님 앞에 나와서 기도하면 낫게 되어 있습니다. 안 낫는 것이 신기하고 낫는 것이 보통인 것입니다. 병은 고침 받게 되어 있는 것입니다.

그러므로 이 수로보니게 여인은 그 밥 부스러기만 먹어도 요기를 할 수 있다는 것입니다. 이러므로 오늘 이 시간에 부스러기만 먹어도 이 병고침을 받고 건강을 얻겠다는 갈급한 심령에 요기를 얻을 수가 있는 것입니다. 이러므로 이 수로보니게 여인은 하나님은 좋은 하나님이라는 것을 얼마나 깊이 믿었던지 하늘과 땅을 지으신 하나님은 좋은 하나님이요. 우리에게 좋게 해주기를 원한다는 것을 그 심령으로 믿었습니다. 그렇기 때문에 눈에는 아무 증거 안 보이고 귀에는 아무 소리 안 들리고 손에는 잡히는 것 없어도 나의 하나님은 좋은 하나님이시다. 비록 내게 모욕적인 언사를 하실지라도 이것은 나를 시험해 보기 위해서 그렇게 하시는 것이지 나를 망하게 하기 위해서 하는 것은 아니라는 것을 알았기 때문에 이 여인은 모욕적인 언사를 받았음에도 불구하고 이것을 긍정적으로 받아들였었습니다.

절대로 마음을 고깝게 해서 받아들이거나 부정적으로 받아들이지 아니하고 이 말조차도 내게 유익 되게 하기 위해서 주신다는 것을 믿고서 받아들였기 때문에 그는 긍정적으로 주의 말을 수용할 수가 있었던 것입니다. 그래서 그는 말하기를 "주여 옳소이다 마는 개들도 상 아래에서 떨어지는 부스러기를 먹나이다" 라고 말할 수 있는 마음의 여유가 있었습니다.

그리고 또 이 수로보니게 여인은 주님께 고할 때 머리로 구하지 아니하고 그는 아주 논리 정연하게 구했었습니다. 변호사가 의뢰인을 위해서 법정에 나가서 재판장 앞에 논리 정연하게 변호해 주듯이 수로보니게 여인은 주님 앞에 무조건 병고쳐 달라는 것이 아니라, 개에게는 안 준다고 말하니까 개들도 밥상 아래에서 떨어지는 부스러기를 먹는다는 논리 정연한 말을 함으로 말미암아 예수님께서 후퇴할래야 할 수 없이 예수 그리스도를 코너에 몰아세운 것입니다. 우리 하나님은 우리가 논리 정연한 기도를 통해서 코너에 몰아세우기를 원하는 것입니다. 성경은 뭐라고 말합니까? "너희는 와서 서로 의논하자 너희 죄가 주홍 같을 지라도 흰 눈같이, 진홍같이 붉을지라도 양털같이 희게 되리라"고 말씀하신 것입니다.

이러므로 하나님은 우리가 의논하기를 원하고 논리 정연하게 자신의 요구를 하나님 앞에 세우기를 원하는 것입니다. 그러므로 무조건하고 아주 자기 멋대로 부르짖지 말고 하나님 말씀을 가지고서 약속을 가지고 나가십시오. 천지를 지으신 하나님! 저 하늘이 무너지고 이 땅이 꺼져도 일점일획도 변하지 아니하는 말씀을 가지고 나왔습니다. 성경말씀에 하나님이 이렇게 약속하시지 않았습니까? 나는 그 약속을 믿고 순종하고 나왔으니 주여 이 말씀하신 것 그대로 이루어 주옵소서. 하나님이 말씀하시고 어떻게 부인할 수가 있습니까? 하나님은 거짓말할 수 없는 확실한 인격이심으로 예수 이름으로 구합니다. 응답하여 주시옵소서. 스스로를 설득시키고 하나님을 설득시킬 수 있는 논리정연한 태도로써 기도하십시오. 그러면 수로보니게 여인에게 "여인아 네 믿음이 크도다"하신 말씀대로 믿음을 보고서 하나님이 "네 믿음이 크도다 네 믿음대로 될지어다"하고 말씀하실 것입니다.

4. 예수께서 주시는 이 중대한 선언

이 스토리에서 우리가 배워야할 교훈은 예수께서 주시는 이 중대한 선언입니다. "이 말을 하였으니 귀신이 나갔느니라" 사람의 말이 얼마나 권세가 있는지 성경은 말하기를 죽고 사는 권세가 혀에 있으니 혀를 사용하기 좋아하는 사람은 그 열매를 먹으리라고 말한 것입니다. 성경에는 우리 입의 말로 우리가 묶였으며 우리 입의 말로 우리가 사로잡힌바 되었다고 말하고 있는 것입니다. 성경에는 무엇이든지 땅에서 매면 하늘에서도 매일 것이요 땅에서 풀면 하늘에서도 풀리리라고 말한 것입니다.

성경 마가복음 11장에는 예수께서 이러한 과대 용법으로 설명을 하고 있습니다. "하나님을 믿으라 누구든지 이 산더러 명하여 저 바다에 던지라 말하고 그 말한 것이 이룰 줄 마음에 믿고 의심하지 아니하면 그대로 되리라" 이 얼마나 과장법입니까? 세상에 우리가 명한다고 산이 옮겨서 바다로 던질 수가 있어요? 그러나 예수님이 이런 과장용법을 사용하신 이유는 우리 입에서 나오는 말이 얼마나 중요한 결과를 맺는지 우리의 살고 죽는 얼마나 거대한 영향력이 있는지 이것을 우리에게 강조하다 못해서 우리의 말 한마디면 산이 바다로 옮긴다고 까지 우리에게 인상 깊게 말씀하신 것입니다.

이러므로 우리가 그저 장난으로 한 말 한마디라도 그것이 자신과 세계에 얼마나 영향력을 미치는지 압니까? 말은 인간과 인간과의 대화의 광장입니다. 그와 함께 또 다시 말은 인간과 하나님의 대화의 광장이며, 인간과 마귀와 그 귀신들과의 대화의 광장이 되는 것입니다. 그렇기 때문에 우리가 하나님께서 주신 말을 하면 하나님이 같이 계시고 귀신이 좋아하는 말을 하면 귀신이 들어옵니다. 이 성경에 주님께서 말씀하기를 "이 말을 하였으니 귀신이 나갔느니라" 말로써 귀신이 나가기도 하고 말로써 귀신이 들어오기도 하는 것입니다. 자신의 말로써 하나님이 찾아오시기도 하고, 말로써 귀신이 찾아오기도 하는 것입니다.

죽고 사는 권세가 혀에 있다는 것을 아셔야 합니다. 그렇기 때문에 우리가 늘 시기하고 분노하고 질투하고 남 험담하고 헐뜯는 말만 하면 귀신이 그 말을 통해서 들어옵니다. 오늘날 우리 한국 사람의 중대한 문제는 세 사람만 모여도 그저 앉아서 떠나갈 때까지 시아버지 흉, 시어머니 흉, 남편 흉, 아내 흉, 뭐 시집식구 친정식구 흉, 늘 흉보다가 볼일 다 봅니다. 그러므로 뭐라고 한 줄 압니까? "네가 이 말을 하였음으로 마귀가 들어왔느니라" 일어나서 나갈 때는 모두 얼굴이 검게 되서 나갑니다.

오늘의 우리 한국을 보십시오. 라디오나 TV나 신문이나 어디를 보아도 늘 스캔들 이야기만하고 좋은 일은 이야기하지 않고 늘 헐뜯습니다. 헐뜯습니다. 헐뜯습니다. 그래서 늘 여당과 야당이 얼굴이 다 검습니다. 왜 우리가 허다하게 좋은 일이 많은데 왜 좋은 일을 말하지 않습니까? 늘 부정적이고 파괴적이고 절망적인 말을 합니까? 나는 못한다. 나는 안 된다. 나는 할 수 없다.

나는 파멸된다. 이 말을 하였음으로 마귀가 네게 들어왔느니라.

그러므로 우리가 무슨 말을 할까요? 우리는 하나님 중심, 성경중심, 예수님 중심, 십자가 대속 중심의 말을 해야 할 것입니다. 나는 예수 그리스도의 십자가 보배로운 피로 말미암아 죄 사함을 받았습니다. "오냐 네가 이 말을 하였음으로 죄가 너를 떠나갔느니라"나는 예수 그리스도의 십자가 화목을 통해서 성령이 나와 같이 계십니다.

"그래 네가 이 말을 하였음으로 하나님의 성령이 네게 임하였느니라" 나는 예수 그리스도를 믿음으로 말미암아 귀신이 쫓겨나가고 저가 채찍에 맞았음으로 질병에서 고침을 받았습니다. "오냐 네가 이 말을 하였음으로 네가 병에서 놓여났느니라" 나는 예수 그리스도의 십자가 대속을 통해서 저주에서 해방을 받고 낭패와 실망과 가난에서 놓여남을 받았습니다.

"오냐 네가 이 말을 하였음으로 네가 저주와 가난에서 놓여남을 받았느니라" 나는 예수 그리스도를 믿음으로 말미암아 저가 재림하실 것과 내가 부활해서 승천할 것을 믿나이다. "네가 이 말을 하였음으로 그리스도의 재림날 너는 티끌에서 부활해서 일어나서 눈물과 근심과 탄식과 이별하는 것이나 곡하는 것이나 앓는 것이나 죽는 것이 없는 영생에 참예하게 되리라" 이렇게 말씀할 것입니다.

우리가 먼저 말로써 익스티비를 잡으면 이를 통해서 하나님이 역사하시는 것입니다. 내가 먼저 땅에서 매어야 하늘에서 하나님이 묶으십니다. 내가 땅에서 먼저 풀어야 하늘에서 하나님이 푸시는 것입니다. 우리가 하나님을 움직이는 그 위대한 능력을 우리 입 속에 가지고 있는 것입니다.

누구든지 예수 그리스도를 주로 믿으면 의에 이르고 입으로 예수를 주라고 시인하면 구원에 이른다고 말한 것입니다. 우리가 먼저 믿고 입으로 시인할 때 하나님은 그에 따라서 역사하여 주시는 것입니다. 이러므로 오늘 이 말씀을 잊지 마십시오. 예수께서 수로보니게 여인에게 한 이 말인 것입니다. "네가 이 말을 하였음으로 귀신이 네 딸에게서 나갔느니라" 당신의 말이 하나님의 마음을 감동시키고 마귀를 박멸시킬 수가 있는 것입니다.

20장 주님의 말을 믿으면 기적을 체험한다.

(마 8:5-13)"예수께서 가버나움에 들어가시니 한 백부장이 나아와 간구하여 이르되 주여 내 하인이 중풍병으로 집에 누워 몹시 괴로워하나이다. 이르시되 내가 가서 고쳐 주리라. 백부장이 대답하여 이르되 주여 내 집에 들어오심을 나는 감당하지 못하겠사오니 다만 말씀으로만 하옵소서, 그러면 내 하인이 낫겠사옵나이다. 나도 남의 수하에 있는 사람이요 내 아래에도 군사가 있으니 이더러 가라 하면 가고 저더러 오라 하면 오고 내 종더러 이것을 하라 하면 하나이다. 예수께서 들으시고 놀랍게 여겨 따르는 자들에게 이르시되 내가 진실로 너희에게 이르노니 이스라엘 중 아무에게서도 이만한 믿음을 보지 못하였노라. 또 너희에게 이르노니 동 서로부터 많은 사람이 이르러 아브라함과 이삭과 야곱과 함께 천국에 앉으려니와 그 나라의 본 자손들은 바깥 어두운 데 쫓겨나 거기서 울며 이를 갈게 되리라. 예수께서 백부장에게 이르시되 가라 네 믿은 대로 될지어다 하시니 그 즉시 하인이 나으니라."

옛말에 "돈을 잃는 것은 조금 잃는 것이고 명예를 잃는 것은 많이 잃는 것이요. 건강을 잃는 것은 모두 다 잃어버리는 것이다"라는 말이 있습니다. 그렇기 때문에 모든 사람들은 건강하기를 원합니다. 그래서 요새 식품, 건강 산업이 가장 유망한 사업으로 등장하는 것입니다. 사람들은 병에 걸리면 한 사람도 예외 없이 병을 고치려고 수단과 방법을 가리지 않습니다. 오늘날은 의학이 발달하여 웬만한 병은 병원에서 다 고치고 하루가 다르게 새 의약품이 개발되고 발견됨으로 말미암아 많은 불치의 병이 고쳐지고 있지만 그래도 죄악이 관영하기 때문에 날이 갈수록 병의 종류가 많아지고 약과 의술로 고칠 수 없는 병들도 늘어나고 있습니다.

그런데 우리의 기독교 신앙생활 가운데서 보면 우리 하나님은 바로 병을 고치시는 하나님이십니다. 하나님의 이름 중 "여호와 라파"가 있는데 이를 번역하면 "여호와 하나님은 치료의 하나님이시다"라는 뜻입니다. 이처럼 기독교는 병을 치료하는 종교입니다. 예수 그리스도의 사역을 살펴볼 때 편견 없는 마음으로 신약성경을 읽어보면 마태, 마가, 누가, 요한복음에 예수 그리스도의 사역 중 상당한 부분이 병을 고치는데 있었다는 것을 우리는 볼 수 있습니다. 그러므로 저는 오늘 신앙과 치료의 관계에 관해 알아보고자 합니다.

오늘 읽은 성경 가운데 보면 로마의 한 백부장의 종이 중풍이 걸려 몹시 심하게 앓아누워 있었습니다. 의원에게 보이고 약을 먹이기도 하면서 백방으로 치료하려 애썼으나 결국 그 종은 죽게 되었습니다. 그런데 소문으로 듣고 실제로 보니 예수님께서 수많은 병을 고치셨습니다. 그래서 이 백부장은 로마의 군인으로서 예수님 앞에 나와 간청을 하면 자신이 위태로워질 수 있는 것을 알면서도 종을 사랑하는 마음으로 예수께 나와 많이 간구하여 가로되 "내 하인이 중풍으로 고생하니 고쳐주옵소서"라고 했습니다. 그러자 주님께서 "내가 가서 고쳐주리라"하십니다.

이 백부장이 "어찌 감히 우리 주님께서 우리의 천한 집에 들어오실 수 있습니까? 제가 감당할 수 없으니 말씀 한 마디만 해주십시오. 그렇게 하면 제 종의 병이 낫겠습니다. 저도 권세하에 있고 제 밑에도 군사가 있으니 이더러 가라하면 가고 오라하면 오고 이것을 하라하면 하나이다"라고 하였습니다. 예수님께서는 그 말씀을 듣고 굉장히 감동하셨습니다. "내가 이스라엘 백성들 가운데 이만한 믿음을 본적이 없다"고 하셨습니다. 그리고 나서 "네 믿음대로 될지어다"하시니 이 사람의 하인이 즉시로 나았다고 성경은 말씀합니다. 여기서 병 고치시고자 하시는 주님에 대한 교훈을 얻을 수 있습니다.

1. 예수님은 바로 치료하시는 예수님

백부장이 찾아온 예수님은 바로 치료하시는 예수님이시라는 것입니다. 그 당시에 로마는 이스라엘을 점령하고 있었기 때문에 로마의 군대는 끊임없이 이스라엘 백성들 가운데 모반이나 반역이 일어날 지를 신경을 곤두세우고 지켜보고 있었습니다. 이러할 때 예수님께서 나타나시자 수많은 군중들이 구름 떼 같이 일어나 예수님을 따라다녔습니다. 이러므로 로마의 군인들은 당연히 신경을 곤두세울 수밖에 없고 더군다나 유대에 주둔해 있는 이 백부장은 예수님의 일거수일투족을 예의 주시하고 있었습니다. 혹시 예수님께서 민란을 일으키지 않으실까? 유대인을 사주하여 독립 운동을 일으키지 않으실까? 정치적인 큰 변혁을 도모하지 않으실까? 하며 살펴보고 있었는데 예수님의 생애를 보니 그러한 위험은 전혀 없었습니다.

예수님은 가시는 곳마다 죄인의 죄를 용서해 주시는 일을 하시고 귀신을 쫓아내셨습니다. 병든 자의 병을 고쳐주셨고 배고픈 자를 먹이시고, 죽은 자를 살리시고, 마음에 평안을 주시고, 다가올 천국 복음의 메시지를 전하셨습니다. 백부장은 기독교인도 아니고 유대인도 아니었지만 그가 백방으로 살펴보아도 예수님의 사역은 비정치적이고 비폭력적, 비집단적이었고 오직 천국의 복음을 전하는 것이어서 그는 안심하였습니다.

그래서 예수 그리스도는 정말로 사람의 영혼을 구원하고 사람의 병을 고치는 구주이시라는 것을 그 백부장은 마음속에 확신할 수 있었던 것입니다. 오늘날도 그 누구를 막론하고 편견 없이 성경을 공부하는 사람은 예수 그리스도의 생애를 살펴보고 그는 정치인이 아니었다는 것을 알 수 있습니다. 혁명가도 아니었고 폭력을 주장하신 분도 아니었습니다. 순수하게 예수님께서는 이 땅에 천국 복음을 증거 하시려고 오신 것을 알 수 있습니다. 예수님은 장차 다가올 천국 백성을 모집하고 계셨습니다. 그리고 이 땅에 계신 동안 이 저주받은 땅에서 고난당하는 사람들을 용서하시고 자유롭게 하시고 병 고쳐 주시고 살려주고 은혜를 베푸는 일을 하셨다는 것을 알 수 있습니다.

오늘날도 많은 사람들이 마음과 육신에 병들어 있는데 마귀는 와서 "너의 병은 하나님이 주신 것이다. 그러므로 너는 병으로 죽어야 한다."라고 끊임없이 말합니다. 과연 병을 하나님께서 주신 것일까요? 하나님께서는 아담과 하와를 죽지 않는 사람으로 지으셨습니다. 그들에겐 죽음이 없었습니다. 영원히 살도록 만들어 놓으셨습니다.

그러나 아담과 하와가 하나님을 반역하고 범죄 하였을 때 하나님께서는 "너희는 흙이니 흙으로 돌아가라"고 말씀하셨습니다. 몸이 병들어 죽지 않고서는 흙으로 돌아 수 없습니다. 이렇기 때문에 사람이 병들어 죽게 된 것은 하나님께 범죄 하였기 때문입니다. 그런데 죄의 주관자는 마귀이기 때문에 마귀는 자연적으로 병을 가져오고 병을 주관합니다.

그러므로 우리가 마귀에게 틈을 내주지 않아야 병들지 않습니다. 우리가 죄를 지으면 하나님께서 우리를 내던져 버리시기 때문에 죄로 말미암아 마귀가 들어오면 도적질하고 멸망시키고 죽이는 일을 하는 것입니다. 그래서 그 많은 병들이 우리에게 달려드는 것입니다. 사람들은 방종하고 무질서한 생활을 합니다. 그래서 방종한 삶을 사는 사람들이 많은 병에 걸립니다. 성인병이나 에이즈 같이 도저히 약으로 고칠 수 없는 병이 만연하고 있는 것입니다. 혹은 어떤 사람들은 하나님께서 주신 건강의 법칙을 무시해서 과로나 영양실조에 걸려 그를 통해 마귀가 들어와 병을 가져오고 또는 비위생적인 생활이나 환경을 통해 마귀는 들어와 인간에게 병을 주기도 하고 체질의 허약을 틈타 마귀가 공격을 하기도 합니다.

성경을 보면 병은 근본적으로 직간접적으로 마귀가 가져다주는 것임을 알 수 있습니다. 욥의 경우를 보면 마귀가 와서 욥을 쳐 정수리부터 발등까지 악창이 나게 하였다고 하였습니다.

사도행전 10장 38절에 "하나님께서 나사렛 예수에게 성령과 능력을 기름 붓듯 하셨으매"라고 하였습니다. 그래서 그가 두루 다니시며 선한 일을 행하시고 마귀에게 눌린 모든 자를 고쳤다고 말씀하고 있습니다. 이러므로 병은 근원적으로 마귀가 가져다주는 것입니다. 예수님은 이 마귀의 일을 멸하려 오셨습니다. 예수님은 구주로 오셨는데 병이 죄로 말미암아 왔었기 때문에 죄를 용서하시는 주님은 별 도리 없이 죄의 결과로 온 병을 고치시고, 최후에는 죄의 결과로 온 사망을 멸하시게 되는 것입니다.

예수 그리스도가 강림하실 그 때 사망은 철폐되어버리고 만 것입니다. 그러나 예수 그리스도의 강림 전 까지는 죄를 용서함 받은 우리들의 병을 주님께서 고치시는 것은 너무나 당연한 것입니다. 죄의 값으로 병이 왔기 때문에 죄를 용서함 받으면 병 고치는 역사가 우리에게 일어날 것은 너무나 당연한 것입니다. 이러므로 메시아는 당연히 병을 고치시는 분이셔야 합니다. 구원은 병 치료를 동반합니다.

누가복음 7장 19절로 23절을 보면 세례요한이 감옥에 갇혀 고난 중에 있다가 예수님에 대한 의심이 생겼습니다. 예수님이 참으로 메시아인지, 또 다른 사람이 올 것을 기다려야 할지 몰랐습니다. 그래서 그가 제자들을 보내어 예수님께 물었습니다. "당신이 진실로 오실 메시아입니까? 그렇지 않으면 또 다른 사람을 기다려야 합니까?" 이에 대해 성경은 "요한이 그 제자 중 둘을 불러 주께 보내어 가로되 오실 그 이가 당신이오니까 우리가 다른 이를 기다리오리까? 하라 하매 저희가 예수께 나아가 가로되 세례 요한이 우리를 보내어 당신께 말하기를 오실 그 이가 당신이오니까 우리가 다른 이를 기다리오리까 하더이다 하니 마침 그 시에 예수님께서 질병과 고통과 및 악귀 들린 자를 많이 고치시며 또 많은 소경을 보게하신지라 대답하여 가라사대 너희가 가서 보고들은 것을 요한에게 고하되 소경이 보며 앉은뱅이가 걸으며 문둥이가 깨끗함을 받으며 귀머거리가 들으며 죽은 자가 살아나며 가난한 자에게 복음이 전파된다하라 누구든지 나를 인하여 실족하지 아니하는 자는 복이 있도다 하시니라"라고 하셨습니다.

여기서 예수님이 메시아이냐 그렇지 않으면 다른 사람이 메시아로서 올 것이냐 질문했을 때 예수님은 메시아 된 증거로서 병 고치시는 것을 내놓으셨습니다. 예수님께서는 "내가 지금 앉은뱅이를 걷게 하고 소경을 눈뜨게 하고 문둥이를 깨끗하게 하고 귀머거리가 듣고 죽은 자가 살아나며 가난한 자에게 복된 소식을 전하고 있다 하라"하셨습니다.

이것이면 예수님께서 메시아이신 것이 충분히 증명된다는 것입니다. 왜냐하면 복된 소식을 전해서 죄 사함을 얻게 하면 죄의 결과로 오는 그 병을 반드시 메시아는 고치게 되어 있는 것입니다. 그렇기 때문에 예수님은 당신이 메시아 된 증거로서 병 고치는 것을 내놓으신 것입니다.

성경은 "예수 그리스도는 어제나 오늘이나 영원토록 동일하시니라" "너희 두 세 사람이 내 이름으로 모인 곳에 나도 너희 가운데 있으리라" 고 말씀하셨습니다. "볼지어다 내가 세상 끝날까지 너희와 항상 함께 있으리라"라고 하셨습니다. 그러므로 이 자리에 우리의 메시아 예수님은 와 계신 것입니다. 예수님께서 와 계시므로 우리의 죄를 다 사하십니다. 죄를 사하시는 메시아는 죄 사함의 결과로써 우리의 병을 고치시게 되어 있는 것입니다. 그러므로 오늘 이 자리에서 우리는 죄 사함을 받고 병 고침을 받는 기적을 체험하게 되는 것입니다.

이것은 예수 그리스도의 복음이 증거 되는 곳마다 반드시 일어나야 합니다. 메시아가 있는 곳에는 치료가 함께 있는 것입니다. 용서가 있는 곳에는 병 고침이 반드시 따라오게 되어 있습니다. 이것이 없으면 우리는 잘못된 복음을 증거하고 있다 할 수밖에 없는 것입니다.

2. 병 고치는 것이 정말로 예수님의 뜻

"병 고치는 것이 정말로 예수님의 뜻일까?" 라는 생각에 대해 살펴보고자 합니다. 많은 사람들이 "예수님께서 죄를 사하시고 많은 병을 고치시기는 하시는데 나의 병을 고치시는 것이 예수님의 뜻일까?" 라는 생각을 많이 합니다. 이 성경에 보면 백부장이 와서 자기의 종이 중풍으로 죽어가니 그를 고쳐달라고 예수님께 와서 많이 간구 했습니다. 우리는 하나님께 기도할 때 간절히 기도해야 합니다. 기도를 장난삼아 하듯 희미하게 하면 영적으로 아무런 효과가 없습니다.

영적인 기도는 하나님 앞에 간절하고 뜨겁게 하는 기도입니다. 간구 한다는 것은 뜨거운 소원을 아뢰는 것이고 진실한 마음으로 아뢰는 것입니다. 회개하는 것을 의미하고 간절히 기도하는 사람은 쉽게 낙심하지 않고 끝까지 매달리어 기도합니다. 이러한 의미에서 우리가 간구 할 때 새벽 기도하고 철야하고 금식하며 기도하는 것은 참으로 좋은 것입니다.

이것은 간절히 기도한다는 확실한 증거이기 때문입니다. 많은 사람들이 하나님의 역사를 체험하지 못하는 이유는 그들이

기도를 희미하게 하고 뜨겁게 하지 않고 간절히 간구하는 마음이 없기 때문입니다. 성경은 "너희는 내게 부르짖으라"라고 하십니다. 너희는 가만히 쳐다보고 있으라 하지 않으셨습니다. 주님께 우리가 간절히 부르짖을 때 주님께서는 응답하십니다. 백부장은 하나님을 믿지 않는 로마 사람임에도 불구하고 예수님께 와서 간절히 간구 했습니다.

그러자 예수님께서 어떻게 하셨습니까? 병 고치는 것이 주님의 뜻인지 아닌지 주님께서는 이곳에 분명히 나타내셨습니다. 예수님 말씀하시기를 "내가 가서 고쳐 주리라" 고 하셨습니다. 우리 주님께서는 "내가 가겠다" 고 하셨습니다. "환자를 데리고 이리로 오너라 내가 기다리고 있으마" 가 아니라 "내가 가서 고쳐 주리라" 라고 적극적으로 자원하시는 마음으로 말씀하셨습니다. 치료에 대한 예수님의 태도는 소극적이 아닙니다.

이러므로 예수 그리스도의 복음을 증거 할 때 병 고치는 것을 소극적으로 미루어 놓거나 뒤로 제쳐놓아서는 안 됩니다. 예수 그리스도의 복음을 전하고 죄 사함을 받을 때 주님께서는 적극적으로 나오셔서 병 고치시기를 원하십니다.

이러므로 우리가 예수님의 복음을 증거 할 때 적극적으로 병 고침에 대한 것을 증거 해야 하고 병을 고치기 위해 우리가 기도해 드리고 하나님의 역사가 일어나도록 간구해야 하는 것입니다. 예수님은 가서 위로만 해 주겠다고 하신 것이 아니라 가서 고쳐주겠다고 하셨습니다. 이것은 병에 대한 주님의 분명한 태도로 병을 고쳐야 한다는 갓입니다.

한번은 예수님께서 산상교훈을 말씀하고 내려오시는데 많은 군중이 예수님을 따라오고 있었습니다. 그런데 갑자기 전신에 문둥병 걸린 사람이 뛰어와서 예수님 앞에 엎드렸습니다. 그 당시에는 문둥병 환자가 군중 앞에 나오면 군중은 돌로 쳐서 그를 죽였고 문둥병 환자가 군중 앞에 서면 "나는 부정하다! 부정하다!"하고 소리를 쳐야 했기 때문에 모든 사람들이 놀라 손에 돌멩이를 들었습니다.

그런데 이 문둥병환자는 돌에 맞아 죽을 각오를 하고 예수님이 원하시기만 하면 고침을 받아 나을 수 있다고 생각한 것입니다. 예수님이 병 고치는 힘이 있다는 것을 확실히 알았고 주께서 병 고치기를 원하신 다는 것도 확실히 알았지만 자기의 병을 고치시는 것이 하나님의 뜻인지 아닌지 몰랐기 때문에 그는 뛰어나와 죽으면 죽고 살면 살 각오로 주님께 무릎 꿇고 말했습니다. "주여 원하시면 저를 깨끗케 하실 수 있나이다"

그러자 예수님께서는 그 많은 사람이 보는 앞에서 그 문둥병자의 고름이 흐르는 머리 위에 손을 얹으시며 "내가 원하노니 깨끗함을 받으라"라고 말씀하셨습니다. 그러자 그 문둥병 환자는 즉시로 깨끗함을 받았습니다. 여기서 예수님은 병을 고치시는 것이 주님의 간절한 뜻임을 확실히 보여주셨습니다. 병 고치는 것이 주님의 뜻이 아니었다면 주께서 왜 인간의 병을 짊어지셨 겠습니까?

이사야서 53장에 "저가 실로 우리의 질고를 지고 우리의 슬픔을 당하셨다"고 말씀하셨고 "저가 채찍에 맞으므로 너희가 나음을 입었다"고 하셨습니다.

마태복음 8장 17절 이하에는 "저가 실로 우리의 연약한 것을 담당하시고 병을 짊어지고 가셨다"고 말씀하셨습니다.

이러므로 병에 대한 우리 주님의 뜻은 단호하신 것입니다. 병은 고침을 받아야 한다는 것입니다. 이렇기 때문에 오늘날도 교회에 주님께서 말씀하시기를 "너희들 중 병든자가 있느냐, 저는 교회의 장로들을 청할 것이요 저들은 주의 이름으로 기름을 바르며 위하여 기도할지니라. 믿음의 기도는 병든 자를 구원하리니 주께서 저를 일으키시리라. 무슨 죄를 범하였을지라도 사하심을 얻으리라. 그러므로 너희 죄를 서로 고하며 병 낫기를 위하여 기도하라"고 하신 것입니다.

예수님께서는 부활하여 승천하시기 전에 마지막 명령을 내리실 때 "믿고 세례 받는 사람은 구원을 얻을 것이요 믿지 않는 사람은 정죄를 받으리라"하셨습니다. 그리고 난 후 복음 증거 후에는 이 기적이 따라야 한다는 것입니다. "믿는 자들에게는 이러한 표적이 따르리니 저희가 내 이름으로 귀신을 쫓아내며 새 방언을 말하며 뱀을 집어 올리며 무슨 독을 마실지라도 해를 받지 아니하며 병든 자에게 손을 얹은즉 나으리라 하시더라"

그래서 우리 주님께서는 복음 증거에는 반드시 죄의 용서와 영혼의 구원과 마귀를 쫓아내고 병을 고치는 치료의 역사가 필히 따라야 할 것을 말씀해 주시고 있는 것입니다.

이렇기 때문에 우리 예수님을 믿는 사람들이 우리의 죄 사함을 받은 동시에 그리스도를 간절히 찾을 때 주님께서는 우리를 마귀에게서 해방시켜 주시는 주님이시라는 것을 추호도 의심하지 말고 끝까지 믿고 간절히 매달려야 하는 것입니다.

3. 주님께서는 백부장의 믿음을 크게 칭찬하셨다.

주님께서는 이 백부장을 바라보시고 그 믿음을 크게 칭찬하셨습니다. 그 믿음을 위대한 것으로 칭찬하신 이유는 백부장이 주님께 많이 간구 한 것도 믿음이 있다고 할 수 있는데 게다가 주님께서 "내가 가서 고쳐주리라" 하실 때 그가 "주여 우리 같이 천한 사람의 집에 주님께서 들어오시는 것을 감당하지 못하겠습니다. 말씀 한 마디만 하옵소서, 그러면 제 하인이 낫겠사옵나이다"라고 했습니다.

이 말 속에는 깊은 의미가 있습니다. 예수님께서 말씀 한 마디만 하셔도 내 하인이 낫겠다는 것은 이 백부장이 예수님을 하나님으로 인정한 것이기 때문입니다. 왜냐하면 하나님께서는 이 자리에 계시나 우리 집의 하인이 있는 곳에나 동시에 와 계실 수 있기 때문입니다. 하나님은 시간과 공간의 제한을 받지 않으시니다. 바로 예수님께서 친히 몸으로 오실 필요 없이 말씀 한마디만 하시면 여기 계신 예수님이나 내 하인 곁에 계신 하나님이나 동일하신 분이므로 내 하인이 낫겠다는 뜻으로 이 백부장은 예수님이 참 하나님으로서 사람이 되어 오셨다는 것을 인정한 것이기 때문에 이는 위대한 믿음이었습니다.

오늘날도 우리가 예수님이 하나님이신 것을 인정하면 그 믿음은 위대한 것이 됩니다. 백부장은 그렇기 때문에 예수님께서 구태여 집에까지 오실 필요가 없다는 것입니다. 하나님은 어느 곳에나 계시니 그저 말씀 한 마디만 하시라는 것입니다.

또 이 백부장의 믿음이 위대한 이유는 예수님께서 절대 주권자이시라는 것을 인정했기 때문입니다. 백부장이란 요새 계급으로 말하면 육군 대위입니다. 이 사람이 말하기를 "내 위에도 높은 사람이 있어 저는 그 권세에 있고 제 밑에도 병사들이 있어서 이더러 가라 하면 가고 저더러 오라하면 오고 이것을 하라하면 하나이다" 라 했습니다.

권세는 명령으로 이루어지는 것이지 직접 몸으로 가서 일하는 것이 아닙니다. 예수님은 하늘과 땅의 모든 권세를 다 가지고 계시니 이 우주의 유일한 주권자이십니다. "유일한 주권자의 말씀 한 마디면 되었지 직접 가실 이유가 있겠습니까?" 라는 뜻입니다. 하나님은 우주의 유일한 주권자이십니다. 그러므로 하나님만이 선하고 악한 것을 판별할 수 있습니다. 이것이 좋고 저것이 나쁘다는 것은 하나님만이 선택할 수 있는 것입니다. 사람은 좋고 나쁜 것을 선택할 권한이 없습니다. 주권자만이 이것을 결정하고 우리는 그것에 따르기만 하면 되는 것이기 때문입니다. 예수님은 절대 주권자이시기 때문에 예수님께서 말씀하시면 그대로 이루어지는 것입니다.

그래서 이 백부장은 "주님께서 말씀 한 마디만 하시면 그대로 됩니다." 라고 했습니다. 예수님께서는 그 말을 들으시고 깊이 감동하셨습니다. 주위를 둘러보시고 "이스라엘 중에 이만한 믿음을 내가 발견한 적이 없다" 고 말씀하셨습니다. 유대 민족은 예수님을 하나님의 아들이라 믿지 아니하고 주님의 주권을 시인하지 않으므로 나중에 바깥 어두운데 쫓겨나 이를 갈며 울 일이 있지만, 많은 이방인들은 예수님을 하나님의 아들로 인정하고 예수님을 주권자로 인정해서 믿으므로 아브라함과 이삭과 야곱과 함께 천국에 들어와 잔치에 참여할 것이라고 말씀하신 후 이 백부장을 보시고 "네 믿은대로 될지어다"라 말씀하시매 즉시로 그 백부장의 하인이 병에서 고침을 받은 것입니다.

우리가 정말로 주님을 간절히 간구하고 백부장처럼 "주님은 병을 고치시는 하나님이요 반드시 병을 치료해 주시는 분이심을 믿고 기도하면 주님께서 우리에게 레마를 주십니다. 이 백부장은 이미 하나님께서 치료해 주실 줄을 믿고 주의 말씀만 기다린 것입니다. 사람의 믿음은 하나님의 말씀을 받을 토대를 만듭니다. 아무 토대가 없으면 그 곳에 아무것도 얹을 수 없습니다. 그러나 토대가 있으면 얹을 수 있습니다. 그래서 하나님께 간절히 기도하고 기다리면 주께서 말씀을 주시는 것입니다. "네 죄 사함을 받았느니라. 네 침상을 짊어지고 돌아가라 너희 마귀는 떠나가라" 오늘날도 주님께서는 우리에게 말씀을 주십니다. 우리가 주의 말씀을 마음속에 받아들이면 기사와 이적이 일어나고 문제가 해결되고 병은 고침 받고 귀신은 쫓겨 나가고 하나님의 역사는 일어나게 됩니다.

그러므로 병 고침은 예수님의 뜻임을 우리의 마음속에 추호의 의심이 없이 받아들여야 합니다. 예수님은 정치가가 아닙니다. 혁명가도 단순한 교육가도 아니고 예수님은 우리의 메시아입니다. 우리를 구원하시기 위해 오셨고 하나님을 반역하고 죄악 가운데 떨어져 하나님께 버림받아 죄 가운데 죽어가며 마귀에게 팔려 짓밟히고 병들고 저주받고 영원한 지옥에 떨어져갈 인생들을 대신하여 주님은 십자가에 못 박히어 몸 찢고 피 흘려 이 죄값을 하나님 앞에서 청산하시고 우리를 그의 품에 안아 구원하시기 위해 오신 구세주이신 것입니다.

그렇기 때문에 가톨릭도 우리를 구원하지 못하고 프로테스탄트도 우리를 구원하지 못합니다. 어떠한 종교도 우리를 구원하지 못합니다. 오직 하나님의 아들 예수만이 우리를 구원하십니다. "내가 곧 길이요 진리요 생명이니 나로 말미암지 않고 아버지께로 올 자가 없느니라"고 주님께서 말씀하셨습니다. 천하 인간에서 구원받을 만한 다른 이름을 주신 적이 없습니다. 예수님만이 나와 우리를 위해서 몸을 찢고 피를 흘리셔서 죄 값을 다 청산하셨습니다.

그러므로 천지를 지으신 정의의 하나님께서는 우리가 뛰어와 예수님의 품에 안기면 우리 죄를 가지고 우리를 심판하실 수가 없습니다. 우리의 죄, 우리의 병, 저주와 죽음도 예수님으로 말미암아 다 청산되었기 때문에 예수님 안에 진실로 영혼이 잘되고 범사가 잘되는 길이 있고 치료를 받아 강건하게 되는 길이 있는 것입니다. 예수의 품에 안겨서 사는 사람이 기독교 신자입니다. 세상 사람들은 예수님의 품에 있지 않고 예수님을 떠나 자기 마음대로 삽니다. 그들은 하나님께 버림을 받고 있습니다. 죄악으로 인해 이미 심판을 받고 있습니다. 마귀의 지배하에 있어서 영과 마음과 몸이 텅 빈 가운데 병들어 있습니다.

그리고 절망을 향해 걸어가고 있습니다. 그러나 오늘도 주님께서는 우리를 찾으십니다. "수고하고 무거운 짐 진 자들아 다 내게로 오라 내가 너희를 쉬게 하리라" 죄악의 짐, 질병의 짐, 절망, 죽음, 그리고 슬픔의 짐을 지고 가는 사람들을 보시고 십자가에서 내게로 오라고 외치십니다. "내게로 오라, 내게로 오라, 내가 피를 흘려 너를 값주고 샀다, 몸을 찢어 너의 모든 대가를 지불했다, 너는 이제 빚을 짊어질 필요가 없다, 버림받을 필요가 없다, 내게만 오면 구원을 받고 영생을 얻게 된다, 그리고 내가 용서해주마, 내가 치료해 주마, 마귀를 내어쫓아 주마, 내가 구원해 주마"하고 말씀하시는 것입니다.

예수님은 2천 년 전에 죽어서 사라지신 분이 아닙니다. 죽었다가 부활하신 예수님은 시간과 공간을 초월해서 성령으로 말미암아 오늘 이 가운데 와 계신 것입니다. 오늘 당신을 초청하고 계십니다. 저를 통해 주님께서는 말씀하고 계십니다. 우리가 예수님께 믿음으로 나오기만 하면 백부장의 하인을 중풍 병에서 고쳐 살리신 그 분께서 우리를 구원하시고 우리를 치료하고 살리시기를 원하시는 것입니다.

우리 하나님은 좋은 하나님이십니다. 예수님은 우리를 구원하시는 구주이십니다. 구원이란 반드시 영혼의 구원과 육신의 병의 치료를 포함하고 있습니다. 영혼의 구원 없는 구원은 있을 수 없고 구원 속에 병 고침이 없는 구원은 있을 수 없습니다. 헬라어로 구원을 소테리아스라 합니다. 이 말의 의미를 사전에서 찾아보면 영혼을 죄에서 구원한다, 병을 고친다, 건강을 가져다 준다는 의미가 있습니다. 그러므로 주님께서는 오늘 이 시간에 당신에게 찾아오셔서 우리의 영혼을 구원하시고, 마음의 병을 고치고, 육신의 병을 고치고, 생활의 병을 고치셔서 우리로 하여금 영과 몸과 마음이 주 앞에 온전케 되도록 만들어 주시는 하나님이신 것입니다.

그러므로 우리는 조금도 의심하지 말고 여호와 라파(치료하는 하나님)라는 하나님 앞에 우리의 연약과 질병을 짊어지신 예수님의 이름으로 담대하게 나오십시오. 그리고 간절히 하나님을 찾으십시다. 아침, 점심, 저녁때도 간절히 부르짖으십시다. "주여 나의 병을 고쳐주시옵소서" '예수 이름으로 나의 병은 치유될 지어다' 그럴 때 주님께서는 백부장에게 하신 말씀대로 말씀하십니다. "네 믿은대로 될지어다. 병에서 놓여 평안할 지어다. 건강할 지어다" 당신의 병이 낫는 것은 하나님의 뜻입니다. 치료받은 것은 예수님이 원하시는 것입니다. 당신은 오늘 건강을 얻을 수 있습니다. 왜냐하면 예수님은 당신의 마음 안에 계시기 때문입니다.

이 책을 통해 예수님이 땅끝까지 전파 되기를 소원합니다.
(출판으로 인한 이익금은 문서선교와 개척교회 선교에 사용합니다.)

말의 권세를 사용하라.

발 행 일 l 2013.10.15초판 1쇄 발행

지 은 이 l 강요셉

펴 낸 이 l 강무신

편집담당 l 강무신

디 자 인 l 강무신

교정담당 l 원영자/최옥희

펴 낸 곳 l 도서출판 성령

신고번호 l 제22-3134호(2007.5.25)

등록번호 l 114-90-70539

주   소 l 서울 서초구 방배천로 4안길 20(방배동)

전   화 l 02)3474-0675/ 3472-0191

E-mail l kangms113@hanmail.net

유   통 l 하늘유통. 031)947-7777

ISBN l 978-89-97999-15-6 부가기호 l 03230

가   격 l 18,000원

이 책의 내용은 저자의 저작물로 복제,복사가 불가합니다.
복제와 복사시 관련법에 의해 처벌을 받게 됩니다.